羅光全書

冊三十三

人生哲學訂定本

人生哲學修訂本

臺灣學生書局印行

冊三總目錄

三之一 人生哲學 訂定本

第三章　人生的因素

第四章　人的生活

第五章　人格

三之二 人生哲學 修定本

第三章 人生的實際標準……二九三

第八章　人生的成就

羅光全書

冊三之一

人生哲學訂定本

臺灣學生書局印行

訂定本序

民國七十三年，爲親身體驗教授人生哲學的情況，我到大衆傳播學系講授這門課，還寫了講義，同時把講義付印。後來有幾位教授使用這本書，作爲人生哲學課的課本。過了五年，我把這本書修訂了一次，出版了《人生哲學》修訂本。今年，我從輔仁大學校長職位退休，學校出版社向我報告，教授採用這本書作課本的已經很少了，我乃決定把《人生哲學》一書再加修訂，作爲訂定本。

費了幾乎兩個月的工夫，把全書修改完了，修改後的書成了一本新書，原書的結構完全改了，內容也改了一半。

這次修改的標準，是把教科書改爲教授參考書，加強了內容的學術性，又按照我自己的生命哲學思想，解釋人的生命。

人的生命需要由生命在兩個方向的連繫去解釋。一方面，人的生命和宇宙萬物的生命相連，這是橫的方面。另一方面，人的生命和生命的根源相連，這是縱的方面。縱橫方面的連繫，既是生命的連繫，生命是仁，連繫的關鍵便是仁愛，人的生命乃是仁。這一點，和儒家的思想相符合，孟子和《中庸》曾說「仁者，人也。」朱熹也曾說「天地以生物爲心，人物得天地之心爲心，故仁。」和天主教的思想更相符合。聖若望在書信裡曾說：「天主是仁愛。」人的生命乃是分享天主的生命，人的生命也是仁愛。人生哲學所以可說是「仁愛的哲學」，人的生活在各方面都要從仁愛去解釋，也要從仁愛取得意義。

全書內容的色彩，顯出儒家和基督信仰的色彩。書中所引的文據，除現代自然科學家的文據外，多是儒家四書和基督聖經。這些文據雖是古書，但他們的意義和精神，很適合當前的時代。四書代表中華民族的人生之道，講人生哲學而不引四書，看來似乎是放棄中華民族文明的傳統，那不是復興中華文化的路途。引了而予以新的含義，便能使儒家思想現代化。基督聖經不反對四書，而是加以發揮，使四書的語言，能有世界性的內涵。兩者融合，顯出新時代人生的輪廓。

當前歐美青年人和壯年人的心身，籠罩著尼采的自我超人氣息，和佛洛伊德的性慾昇華氣味，金錢和肉慾放浪在社會裡。台灣社會現在也走入了這種濃霧中，失去了中華民族傳統的人生之道，好心人士大家都在追求如何淨化社會人心，我認爲講正確的人生哲學，才是根本的良方。

民國八十一年七月十九日

修訂本序

民國七十三年，我寫了這本《人生哲學》，作爲輔仁大學人生哲學課的講義。但是我只講了一個學期，第二個學期，因爲我去美國三個星期，回國後，又在醫院住了三個星期，便把大傳系的人生哲學課請系主任代講。這冊講義的後半部，印出來以後，我就沒有再讀。

民國七十五年，我晉鐸金慶和晉牧銀慶時，輔大教授和朋友們編了一冊紀念論文集，集中有鄔昆如教授的一篇〈讀人生哲學感言〉，鄔教授指出了這冊書的優點，又列出這本書缺點。缺點在於忽略了西洋的現代思想，放過了一些當前的青年問題。我讀了以後，覺得鄔教授說得對。

今年我寫完《儒家哲學思想的體系》續集，暫時不寫書，乃將以往所寫較爲普遍閱讀的書，加以修改。先改了《生命哲學》，又改了《中國哲學大綱》，然後修改《人生哲學》，一方面減少了所引古書，一方面加些現代西洋思想，如論人、論生命、論自由、論真理、論幻想。再又添加了附錄四篇，討論婚姻和社會問題。我希望能夠更適合青年學生的要求，更能了解人生之道。

民國七十八年五月十六日

序

輔仁大學在新莊復校，就設立人生哲學爲全校必修課，二十年來沒有變動。近來常有系主任來說：學生們不喜歡人生哲學課，因爲教授所講多係日常事故，沒有學術性，耽誤時間，而且系內本科的課目多得不能分配，要求把人生哲學一科取消。

取消人生哲學課，我當然不答應。大學教育首在培養學生的人格，人生哲學乃是講授培養人格之道。輔仁大學的特色，就在於這種倫理教育。

我在輔大雖教了二十年的哲學，但沒有在系裡開課，只教研究所的學生。現在既然系主任們說人生哲學課不容易被學生接受，我想自己親身經歷一下，究竟應該怎樣講授，便決定大傳系的人生哲學課，今年由我自己來教，而且先寫講義。

人生哲學講人生之道。人生是具體的活事，不是呆板的事物，隨時隨地常有變化，況且每個人的個性不同，生活也就不同。對這些不同的生活，給予普遍的原則，便應該有哲學的根據。講授原則時又不能只留在抽象的理論上，還要貼合實際的生活。聽講的學生不是學哲學的，對於哲學的術語和原則，常覺得很生疏，因此，只講人生原則，聽來就很枯燥生硬；僅講實際問題，聽來淺薄無味。有原則的理論又有實際的運用，纔可以吸引學生的興趣。由聽的興趣，又要進入青年的心中，對於他們生活真能有啓發性的效力。

中國傳統的教育，以培養人格爲主。《大學》開端就說：「大學之道，在明明德，在親民，在止於至善。」《中庸》開卷也說：「天命之謂性，率性之謂道，修道之謂教。」《大學》和《中庸》指出了教育的目標，又指出教育的途徑。中國歷代的教育傳統，乃有所謂「尊師重道」。老師教人做人之道，學生便要尊敬老師，看重人生之道。

人生之道就是人生哲學，在學校裡老師不教了，即使教，也只當做一門學課去教，從學理方面去講；口不講做人之道，身不教做人之道，學生和老師的關係，緊縮到聽課的關係，那裡還能要求學生「尊師重道」呢？現在要求老師擔任導師的責任，導師要懂心理輔導，但又要懂人生哲學的生活原則，否則輔導不當，或者自己生活不正，仍舊不能使學生「尊師重道」。

這冊《人生哲學》，即是我對大傳系學生所講的，也是我平生所實行的。

生活爲生命的發揚，生命發揚有自己的高尚目標，有自己的正確原則。《中庸》以率性爲生活的原則，完全率性的人則達到參天地化育的目標。得有孟子「仁民而愛物」的「浩然之氣」。人的生命怎麼可以沉沒於肉慾的污泥中，怎麼可以拿金錢作爲終生的嚮往？人雖然是心物合一的主體，人的思慮則是精神。有思慮乃有自由選擇，自由選擇使人成爲自己的主人。思慮超越物質而趨向無窮，生活的目標便應超越物質而趨向永恆。

民國七十三年十一月

人生哲學 訂定本

目 錄

第二章 人的生命……三三

第三章　人生的因素

第四章 人的生活……一四七

第五章　人格

第一章　思想史

人生哲學的名稱，爲近代的哲學名詞，內容則早已含在歷代哲學裡。人生哲學爲研究人生理論的學術，在理論方面，對於人，對於生命，在歷代形上本體論，研究「實體」和研究「存有」時，就研究到人的實體和存有。對於人生的理論，在傳統哲學的心理學和倫理學必詳細研究。但若就中國哲學說，中國哲學本身就是人生哲學，研究人的生活之道。孔子講學，講人生之道，求學是求知人生之道，人生之道就是人生哲學。

俄國彼得・克魯泡特金(Pietro Kropotkin)的《人生哲學—其起源及其發展》，一九二二年在莫斯科出版，可以說是「人生哲學」專書的開始，克氏分析了歐洲歷代哲學家，社會學家和天主教的人生哲學思想，他所注意的是道德問題，同時他主張人生哲學要建立個人和別人間的和諧，由自然界和人類的歷史去觀察反省。但是他的人生哲學如同所標出的子題，研究起源和發展，是一本研究人生哲學思想的歷史書，不是一本系統講論人生之道的書。

我講人生哲學，講人的生活之道。中國哲學原本是講人生之道，但沒有一位哲學家系統地作了講述；我則用系統的研究法，就中西哲學和宗教對於人生所講的理論，就個人對人生的理想和經驗，寫成這本書。

一、人生觀

人類生活和禽獸不同，禽獸自然地依照本性而生活，人類具有自由，一個人怎樣生活由自己決定。爲作決定，人運用自己的理智去思考，運用自己的意志選定一個意向目的，因此一個人爲自己生活，有生活的思想。一個人的生活不是孤單的生活，而是生活在人群中。同居在同一社會裡的人，在生活的方式上便常相同，結成生活的文化，文化的深處，有生活的思想，這種思想稱爲人生觀。人生觀的思想，在每個人的生活裡，作爲每個人作事的「意向因」，不常常浮現出來，但必含在每個人的心中，普通的人想不出也不能系統地說出來。民國初年丁文江和張君勱兩批人，作了一場人生觀論戰，參加的人相當多，收集起來的文章約二十幾萬字，胡適在序文裡就說：「誰也沒有說出來人生觀是什麼，這一場大戰爭真成了一場混戰，只鬧得個一鬨散場。」(一)在中西哲學的思想史裡，每一家的哲學都有他的人生哲學思想，我在講人生哲學思想以前，先很簡要地予以述說。

1. 中國人生觀

中國傳統哲學乃是一本人生哲學。孔孟以講學爲講哲學，講哲學是講人生之道，教人好好做人。中國哲學稱爲人文主義，以人爲中心，以現生爲範圍，以精神爲最尊。

儒家代表中國的傳統思想，儒家的人爲倫理的人，人的生命爲道德的生命。人和禽獸的差別，在於人有心靈，人的心靈生來具有仁義禮智四端，人的生活是爲培養這種善端，培養之道，在於遵照人性。人性具有天理，天理即是天生的規律。天生的規律在宇宙自然界爲天道地道規，定萬物變化的次序，以達到宇宙變動的目的。宇宙變動的目的，爲了萬物化生；爲能化生，宇宙的變化常得其中，《易經》稱爲中正，符合時間空間的環境。人得宇宙的天理，即《易經》所謂人道，人道和天道地道相通。天地的心爲使萬物化生，人得天地之心爲心，人心爲仁。人心因仁而相愛，人心的愛由近及遠，先施於自己的家人，施於家人的愛爲孝，孝父母爲生命的根源。由家擴充到社會，以國爲家，君主代表上天，國人對於君主的心爲忠。忠孝兩德，爲社會的兩支柱石。人生的目的，在於發展人心的善端，尤其是仁愛，使能參加天地的化育，使萬物都能受惠。人生的幸福，在於人心安定、滿足。知足常滿，勿多貪求，常以正義爲標準，不以金錢爲最要，欣賞自然界美景，心不爲物所役使。處世接物力求適合環境，不拘守文字的規定，立身端重，但心情清淡，知道與山水同樂。儒家的人生觀是入世的人生觀，負責盡職，爲人服務；然而爲自己的心靈保持相當自由的空間。相信上帝規定人的命運，然不被命運所困；追求食色的享受，然保留欣賞藝術的境界；動勞節儉不奢侈，然也知道絲酒之樂。儒家的人生哲學，樂觀負責，不講來世，祇講現世，追求不朽，以立德立功立言爲途徑，使名譽垂芳百世，因而有「殺身成仁，捨生取義」的精神，有「窮則獨善其身，達則兼善天下」的胸襟。

道家的人生觀，以老子和莊子作代表，普通稱爲避世的人生觀。老子的人生以「道」爲標榜。「道」爲萬物的根源，先天先地。「道」的變化，完全自然，不聲張，不做作，以虛靜爲本，以退爲進。老莊的人生觀，主張虛靜，一切自然，捨棄人爲的文明，逃避名譽和職位。遠居鄉間，隱跡山林，與世無爭。莊子主張養生，放棄自己的軀體，培養自己的心靈，心靈爲天地的元氣，爲人生命的根基，不多勞作，避傷元氣，不多求酒色，不守人間的禮法，不求人間的知識，完全符合自然。這種人生觀，是一種自然主義的人生觀，在生活上有兩種表現，或者如同王維清靜的高雅生活，或者如同李白醉酒的頹廢生活。

佛教相信宇宙爲空、萬物爲虛。人因著無明的愚昧，誤以爲萬物爲有，造成「我執物執」，終生痛苦，世世輪迴。佛教人生哲學，教人明心見性，在假我假心裡見到真心真我。

尼出家，度戒律的生活。

真心真我為佛，為眞如，為唯一實體。為明心見性，須守戒律，絕情絕慾，靜坐習禪，長齋供佛，若能達到明見自性，則可以斷絕輪迴，進入涅槃。佛教的人生哲學為出世人生觀：僧尼出家，度戒律的生活。

2. 歐洲古代人生觀

希臘的神話和荷馬詩篇，充份表現一個享樂主義的民族，裸體的人像雕像，又顯示希臘人的藝術嗜好。同時，希臘的哲學，則以追求真理為目標，柏拉圖和亞里斯多德培植了雅典人的學術風氣，面對自然宇宙，探索宇宙的秘密，再進行人的反省，了解自己，以得到充實的生活。柏拉圖的《觀念論》，建立了真理的獨立性，在觀念中有美有善，因著美而有愛。亞里斯多德由宇宙的變，肯定有變動的至上原因，乃絕對不變的上帝。這兩種思想為古希臘人生觀的基本思想。古希臘哲學中有兩派標舉特異的人生觀；一派是斯多亞學派，一派是伊必古魯學派。

斯多亞學派(Stoic School)由齊諾(Zeno, 336/5-264/3 B.C.)所創。他的思想集中在人的倫理生活。人生的目的，在於尋得幸福，幸福不在外面的事物中，而在自心的自由，人要完全地在精神中追求，修養善德，善德使人幸福。善與惡不能並存，在苦難和善行之間，沒有選擇，祇能行善。人修煉自己，對於困難痛苦，絕不低頭，絕不退縮，而且沒有畏怯的表情，決不以受苦而動心。

伊必古魯學派由伊必古魯斯(Epicurus, 270 B.C.)所創。他主張人生以快樂爲目的，快樂乃是幸福的目的和本質，爲第一善和自然的善。由感官的滿足，但爲達到幸福之路，最初應限制自己的欲望能和別人的生活得到平衡。道德是一種合理的利己主義，在不得平衡時，人便傾於自私。這派學說末流，則流爲縱慾主義，感覺慾樂第一，善德則退居末座。

這兩派古希臘的人生觀，雖然在後代並沒有繼承的人，然而在歐美社會思想裡，則常留有遺跡。目前，大家以禁情主義爲斯多亞派，以縱情主義爲伊必古魯派。

古羅馬民族爲一個實踐精神的民族，不像希臘民族的玄想，在政治上和法律上爲全世界各民族的模範。組織了橫跨歐洲和北非返東亞細亞的大帝國，以法律支持軍隊統治帝國數百年，而羅馬法在現在仍舊作全球法學的基礎。羅馬人的人生觀表現權力主義，羅馬公民享有多種民權，奴婢則看爲「物」，沒有人權，祇爲物權的所有物；男人有主權，女人則爲禮貌的對象。羅馬人的生活，奢侈豪華，雖不盡情縱慾，卻盡量享受權力和財富。但是羅馬人所注重的是主權者的大國風度，莊重沈著，講法講理。哲學家瑟耐加(Seneca, 4 B.C. -65 A.

D.)、政論演講家西塞洛(Cicero, 106 B.C.-22A.D.)都主張倫理爲人生中心，追求人格的尊高完美，反對伊必古魯學派的縱慾享樂主義，以道德爲人心的安慰。瑟耐加在被羅馬皇尼祿賜死時，談笑自若，有斯多亞派的風度。

3. 歐洲中古人生觀（天主教人生觀）

古羅馬帝國在被北方東方的蠻族毀滅以後，歐洲大陸陷入沒有文明的野蠻社會。天主教的信仰適時傳遍了歐洲，天主教的教士，肩負起重建歐洲文明的責任，歐洲中古的社會是信仰天主教的社會，人生觀也是天主教的人生觀。

天主教的人生觀以信仰爲基礎，整體的人籠罩在宗教信仰以內，以神爲中心。宇宙爲上帝天主所造，由上帝主管照顧，人在萬物中爲上帝的最後創造品，且肖似上帝，具有理智的靈魂，靈魂永遠生存。

上帝創造人類，一男一女，賦予多種特恩，作爲萬物的主宰，萬物供人的使用。上帝爲決定整個人類的命運，給人類原祖一種考驗，原祖違背了上帝的命令，沒有勝過考驗，上帝撤走了所給的特恩，原祖和後代的人類成了上帝的仇敵，雖保全了人性的善良，但充滿了強烈的情慾，常被情慾引向罪惡。

上帝天主仍憐惜人類的遭遇，乃遣聖子降生人世，取名耶穌基督，講道教誨人得救之道，自願遭受不義的迫害，捨身自作犧牲，向上帝天主贖人類的罪。又恩賜聖神，支持人類向善。凡信從的人，和基督結成一種新的人類，成爲天主的子女。

人類因著基督的犧牲，乃能稱上帝天主爲父，敬愛天父在萬有之上，又愛人如己。

但是人的情慾並不因受洗信仰基督，而自然順從理智，誘人向惡的影響力仍舊強大，人必須時時努力克制慾火。慾火的發作，常在人身體的感官，人便體驗到靈肉的衝突，心靈引人向善，軀體引人向惡，人便要壓制軀體，克己苦行，齋戒禁慾。物質的享受，須符合倫理規律。

人的心靈爲靈魂，靈魂永生不滅。在人死後，靈魂常存，按照人在現世的行爲善惡，領受賞罰。人在世的生活，所有目的，常在靈魂的永生。

靈魂既肖似上帝天主，若能清明不染罪污，便和上帝相結合，平安快樂。忍受人間痛苦，配合基督所遭受的痛苦，獻於上帝天主，表示孝愛，接受上帝一切安排。

人人既是上帝的子女，彼此就爲兄弟，須相愛相助，以服務爲行動的意向。

在古代的天主教會內，特別強調靈肉的衝突，力行克己，三世紀和四世紀時，成千的天主教苦修人，在北非的荒野地，穴居野處，露宿風霜。六世紀時，義大利人聖本篤(S. Benedictus, 480-547 A.D.)創立了修會， 絕財絕色絕意，獻身於基督，共居於一修院，白天黑夜，按時祈禱作工。本篤修會傳遍歐洲，各處建立院會，修士抄書耕地，教育了蠻族人民，延續了羅馬文化。

中世紀時，天主教會興起了兩個赤貧修會，聖方濟(S. Franciscus Assisi, 1189-1226 A.D.)創立了方濟會，聖道明(S. Dominicus, 1170-1221 A.D.)創立道明會，會院與會士均不能有財產，以乞食爲生，從事講道讀書，在歐洲各國創立大學，提高了歐洲的學術智識，天主教會的人生觀，加高了人類理智的價值，追求靈魂和軀體兩方面生活的平衡。

文藝復興以後，接著有自然科學的興起，人的身價漸漸成爲人生觀爲中心。天主教會仍繼續以上帝天主爲最尊，人和萬物都歸屬於上帝。但在上帝和人物的關係中，人物爲上帝所造，顯示上帝的智慧和愛心，具有高尚的價值。人在生活中，可以愛護自己的身軀，可以合理地享用萬物；但不能留戀現世，人生最終目標，乃是來生的永福。

天主教的人生觀以愛爲中心，「愛天主在萬有之上，愛別人如同自己」，人人平等，不分種族，現世事物，按理使用，節制情慾，遵守誡律，以獲得身後永生的幸福。

4. 近代人生觀

從文藝復興以後，歐洲興起了人文主義的思想，源流是希臘的人體藝術觀，主流是自然科學的理性主義，歐洲社會漸漸脫離宗教信仰的指導，事事以人的自由理念爲依據。近代歐洲哲學放棄傳統的士林哲學系統，先後建立了各派學說，每派哲學各有不同的人生哲學思想，這些思想再滲合各種社會思想和政治思想，造成了近代歐洲社會的人生觀。

甲、浪漫人生觀

浪漫人生觀，爲對自然科學的理性主義的反響。牛頓等科學家因著在物理和天文方面的發現，造成了科學可以解釋宇宙秘密的信心，以宇宙爲一合理的機械。十七世紀歐洲的社會爲啓蒙時期，到了十八世紀，歐洲學者和文藝家不甘心生活完全紀律化，興起浪漫主義，先在文藝界創作浪漫文學作品，著名的有德國的歌德、法國的雨果、英國的拜倫。然後在政治上有法國盧梭和法國的革命。浪漫主義的人生觀，偏重感情，使用想像，使人遠離現實的人事，不守道德的限制，以得自己心靈的滿足。

乙、實用人生觀

實用的人生觀。十六世紀中葉霍布士主張社會契約，一切的社會制度都是建立在利益和榮譽上，以實用代替人性的道德律。英國洛克和休謨否定理性的價值。德國康德和黑格爾雖回到理性的崇高的地位，然而仍舊抵不住自然科學的強盛。馬克思更以生產爲文明的主力。人們的注意力專注在生產，造成了工業社會。工業社會的思想，便是實用主義。英國的邊沁(Jeremy Bentham, 1748-1832 A.D.)，彌爾父子(James Mill, 1773-1836 A.D.;John Thuant Mill, 1806 -1873 A.D.)， 美國詹姆士(William James, 1842-1912 A.D.)，杜威(John Dewey, 1859-1952 A.D.)都是實用主義思想家， 一切以實用爲標準，真理在於適合解決問題，適合者爲真，不適合者爲假。這種思想在新大陸的美國特別盛行，美國人成爲講究實用的民族。在歐洲大陸馬克思的共產主義，採納了實用主義的思想；毛澤東曾主張真理就是實用，凡是一種思想，或一項政治措施，即使是一種國際條約，若不適合當前的環境，便需要更改，而所謂自由，乃是自己知道，而且願意適合環境。在共產黨政權以下，只服從共黨政策和法令，便是自由。這是一種純粹實用的人生觀。

丙、消費金錢人生觀

消費金錢人生觀。工業發達以後，必然興起商業，工業的產品需要售出的市場，市場的情況限制工業的產品。售出產品所收入的是金錢，所得金錢用於支持並擴張工業，擴充工業隨即再又推廣商業，這種連環的經濟制度，便是當前開發國家的政策。商業所得爲金錢，爲得金錢需出賣產品，爲出賣需要買者，買者購物花錢，乃是消費；消費在現在社會裡不是現象，而是政策，必須鼓勵，於是造成消費主義，造成消費的人生觀。

消費人生觀，意義不在花錢，是在享受花錢所買的東西。花錢越多，享受越高，這是消費人生觀的兩面，消費人生觀就是享樂人生觀。

爲能有錢，需要買賣；爲能買賣，需要產品；爲有產品，需要工廠或農場。君子充分守己，小人投機取巧。取巧的人多，造成社會投機主義的風氣，目前台灣就有投機的人生觀。

丁、淨心的人生觀

金錢主義濫行，消費享樂人生觀造成社會道德墮落，人心思變。對於物質的享受，心起厭惡，輕浮投機的風氣，令人煩亂，社會裡乃興起一股追求心靈清淨的趨向。在歐美天主教的神秘生活重新受人嚮往，在清靜的祈禱裡，求與上帝相契合，精神超出塵世的物質享受。

古代印度的瑜珈靜坐生活，在歐美的青年人心中也產生了吸引力，教導他們實習東方的神秘生活。台灣目前已經流行佛教的坐禪生活，政界的人和大專學生不滿台灣社會物慾放浪，生活靡爛，按時進入佛教寺廟，跟法師學道，靜坐以空虛心中慾望，取得安定心境。

戊、自然主義人生觀

自然主義人生觀，是胡適和丁文江造的名詞，在民初「科學與玄學論戰」時，所爭論的就是哲學人生觀和科學人生觀，實際上兩方都沒有落實，都沒有說明人生觀的意義和內容，張君勱僅只說：「人生觀之特點所在，曰主觀的，曰直覺的，曰綜合的，曰自由意志的，曰單一性的，惟其有此五點，故科學無論如何發達，而人生問題之解決，決非科學所能爲力，惟賴諸人類之自身而已。」(二) 胡適在那次論戰文集的序文裡，標出科學的人生觀以自然科學爲根據，自然科學爲天文學、物理學、生物學、心理學和人文科學的社會學。根據這些科學，胡適聲明宇宙和萬物的變化都是自然的，用不著什麼超自然的主宰或造物者，生物界是物競天擇，無所謂上天有好生之德，人不過是動物的一種，和別的動物只有程度的差異，沒有種類的差別。社會的道德禮教，隨時變遷。物質不是死的，是活的，人的小我要死滅，人類大我是不朽不死的，「爲全種萬世而生活」，即是最高的宗教。胡適說：「我們也許可以給他加上『科學的人生觀』的尊號，但爲避免無謂的爭論起見，我主張叫做『自然主義人生

觀』。」㈢

胡適所說自然主義人生觀，實際乃是唯物主義人生觀。和道家的自然主義人生觀不同，道家所重的是在精神。在目前，台灣一般人的人生觀，思想方面就繼承了這種人生觀思想，在實行上則傾向消費享樂主義。

二、價值觀

1. 中國傳統價值觀

人生哲學的思想出自各派的哲學和宗教，結成系統，建立各派的人生觀，人生觀包括全部人生的原則和理論，在實際上，則以價值觀作爲中心。

價值觀是什麼？是人心對事物所看重，因著看重，人心便喜愛。耶穌曾經說：「你的財寶在那裡，你的心必定在那裡。」（馬竇福音 第六章第二十一節）價值觀是人所定的，人按照自己的人生觀，對於事物有所選擇，選擇時當然作一個評估。在人生觀裡佔地位高的事物，評估的價值高；佔地位低的，價值便低。對價值高的事物，大家都追求；價值低，人們都予以冷落，這種價值觀是人們主觀的評估。但是從哲學方面去分析，價值觀有自己的客觀因素，或者是美，或者是利，或者是善，或者是真，或者是享樂。在客觀上完全沒有價值，當然不能吸引人心；但是客觀價值的多少，不能作為主觀價值的共同標準。共同的標準，在於當時的環境，影響價值的環境，第一是「物以稀為貴」，需要者多，供應品少，供應的價值就會貴重。第二是一時的風氣，社會一時大多數人都喜歡一件物品時，物品的價值就會提高。社會風氣常能構成一時的人生觀。目前，我們談社會問題，常講價值觀，就是因為當前人心的趨向，同時也改變了當前人生觀的思想。昔日讀書人為趕考做官，現在讀書人則看重科技以成專家。昔日婦女們看重貞操，「男女授受不親」，今天則看重愛情，男女公開表示親暱。這種價值觀就是風氣所造成的；但是無論因物稀而貴，或因風氣而貴，根本上還是人心的喜好。大家都爭著買時髦的衣服，一個女子心裡不喜歡那種時裝，在她眼中，那種時裝便沒有價值。古代儒家、道家、佛教，三者的價值觀不相同，因為三者的人生觀不同，使人心的喜好便異。儒家喜歡做官，以為能造福民眾；道家輕看官爵，認為是個累贅；佛教根本以世事為假，那還去求做官？所以價值觀的形成，有客觀的因素，有主觀的因素，最重要的成素還是社會人生觀造成人心的喜好。

中國社會傳統的價值觀，由孔子的人生觀所建立，成為中國的傳統。這種傳統以心靈生命的福利爲高，心靈生命爲發育仁義禮智之端，以「盡性」而達到參天地的化育。人生價值以道德爲重。

「君子謀道不謀食，……君子憂道不憂貧。」（衛靈公）

「君子喻於義，小人喻於利。」（里仁）

「子曰：富與貴，人之所欲也，不以其道得之，不處也；貧與賤，人之所惡也，不以其道得之，不去也。君子去仁，惡乎成名。君子無終食之間違仁，造次必於是，顚沛必於是。」（里仁）

「子曰：飯疏食，飲水，曲肱而枕之，樂亦在其中矣。不義而富且貴，於我如浮雲。」（述而）

孔子很清楚地把自己的價值觀，教給了弟子們。人生以義爲貴，以仁道爲高，仁義比生命還更高貴。孟子也明白地講述這種價值觀：

「孟子見梁惠王，王曰：叟，不遠千里而來，亦將有以利吾國乎？孟子對曰：王何必曰利，亦有仁義而已矣。」（梁惠王上）

「孟子曰：魚，我所欲也，熊掌亦我所欲也，二者不可得兼，捨魚而取熊掌者也。生亦我所欲也，義亦我所欲也，二者不可得兼，捨生而取義者也。……是故所欲有甚於生者，所惡有甚於死者，非獨賢者有是心也，人皆有之，賢者能勿喪耳。」（告子上）

孔孟的價值觀爲中國傳統的價值觀，「殺身成仁，捨生取義」都是以仁義之倫理道德高於一切。女子的貞操價值，也高於一切，貞女坊，就是這種價值觀的象徵。歷代中國社會的人格標準是「君子」，君子的價值觀成爲中國社會的傳統價值觀。

道家在中國的社會裡，在漢末魏晉以後，沒有繼承的系統，但是它的主要思想則留傳在社會裡，也爲儒家所接納。道家人生觀的價值觀，最貴重的是清靜的生活。清也俗，世俗的名，世俗的富貴，世俗的排場，都不要；所看重的是樸素，是自然，是高雅閒靜；世俗的營利，世俗的職務，世俗的應酬，都不要；所看重的是清靜無爲，是鄉間山中的田園生活。在

《論語》裡孔子在當時的南方，遇到一些隱士，他們就是實踐道家生活的人，他們批評孔子的價值觀，不贊成孔子平治天下的大志。到了後代在南北朝時，竹林七賢，以狂妄輕世為價值觀，則已脫離了老莊的思想。陶潛的高雅生活，還保全了老莊的清靜原則。唐朝王維可以代表道家，「中歲頗好道，晚家南山陲」（終南別業）。李白則是頹廢竹林七賢的流派，「五花馬，千金裘，呼兒將出換美酒，與君同消萬古愁。」（將進酒）杜牧更頹廢而以女色為高，「落魄江湖載酒行，楚腰纖細掌中輕，十年一覺揚州夢，贏得青樓薄倖名」（遣懷）。中國歷代儒家的文人學士，在政務以外，遊山玩水，飲酒賦詩，呼妓伴歌，則是夾帶道家清靜的價值觀。宋朝王禹偁在〈愛岡竹樓記〉說：「公退之暇，被鶴氅衣，載華陽巾，手持周易一卷，焚香默坐，消遣過慮，江山之外，第見風帆沙島，煙雲竹樹而已。待其酒力醒，茶煙歇，送夕陽，迎春見，亦謫居之勝概也。」這是道家價值觀留在後世的一點。目前台灣的週末休閒，已經不承接這一點道教價值觀，而是走消費享樂的價值觀。

佛教的人生觀可以說是沒有價值觀，佛家以世界為虛，不是心理方面的虛，而是本體方面的虛。普通的人都把我自己看得很重，作為生活的中心，把身外的萬物作為滿足「我」的需要品，構成了「我執」和「物執」。佛教認為這兩執的價值，造成人生的一切痛苦和一切罪惡，必須予以破除，「我」既不存在，「物」也不存在，一切都是虛，還有什麼價值？

「我」是假我，「物」是假名，知道一切是虛假，一切是真空，心也空了。

可是，人並不能都達到這種心空的境界，人常輪迴在假我和假名的生活中，逃不出人生的價值觀。普通人的價值觀，要以「佛道」爲最高，按照「佛道」修行，成千成萬的男女，皈依佛門，爲僧爲尼，在家的信士，常靜坐唸佛，排除世慮，唐常建〈題破山寺後禪院詩〉說：「曲徑通幽處，禪房草木深，山光悅鳥性，潭影空人心。萬籟此俱寂，惟聞鐘磬音。」這種生活的價值觀，以心靈安靜爲最高。

目前台灣有達官、名士、學生、學習禪靜，漸漸進入「心靈安靜」的價值觀。

2. 歐洲傳統價值觀

歐洲傳統的價值觀爲基督信仰的價值觀，以靈魂的來生幸福爲最重，來生幸福由今生的道德行爲而建立，道德行爲在痛苦艱難中磨鍊而成。

「耶穌一見群眾，就上了山，坐下；他的門徒上他跟前來，他遂開口教訓他們說：

『神愛的人是有福的，因為天國是他們的。
哀慟的人是有福的，因為他們要受安慰。
溫良的人是有福的，因為他們要承受土地。
飢渴慕義的人是有福的，因為他們要得飽飫。
憐憫的人是有福的，因為他們要受憐憫。
心裡潔淨的人是有福的，因為他們要看見天主。
締造和平的人是有福的，因為他們要稱為天主的子女。
為義而受迫害的人是有福的，因為天國是他們的。』」

（馬竇福音　第五章第一節—第十節）

「若是你的右眼使你跌倒，剜出它來，從你身上扔掉，因為喪失你一個肢體，比你全身投入地獄裡，為你更好。若你的右手使你跌倒，砍下它來，從你身上扔掉，因為喪失你一個肢體，比你全身投入地獄裡，為你更好。」

（馬竇福音　第五章第二十九節—第三十節）

「人縱然賺得了全世界，卻賠上了自己的靈魂，為他有什麼益處呢？或者，

人還能拿什麼作為自己靈魂的代價？」（馬竇福音 第十六章第二十六節）

靈魂的生命是永久的，永久生命或樂或苦，由現生的善惡而定。若在現生無罪而受苦，苦痛可獲永生的快樂。因此，現生的價值觀，常以靈魂爲高。

靈魂的價值觀，又以上帝天主爲最高。

「你應全心全靈全意，愛上主你的天主。」（馬竇福音 第二十二章第二十七節）

耶穌是天主三位的第二位，天主三位同性同體，是同一的天主，所以耶穌說：

「誰愛父親或母親超過我，不配是我的（門徒）；誰愛兒子或女兒超過我的，不配是我的；誰不背起自己的十字架跟隨我，不配是我的，誰獲得自己的性命，必喪失自己的性命；誰為我的緣故，喪失了自己的性命，必要獲得性命。」（馬竇福音 第十章第三十七節—第三十九節）

這種價值觀是徹底的價值觀，遇到需要作選擇的時候，也要選擇基督，即使要犧牲性命，也不能猶豫。二千年來，天主教會成千成萬的殉道者，諡封爲聖人。還有更多的男女，爲靈魂生命，爲愛基督，自願捨棄現世的名、利、色，實行苦修克己的生活。他們的價值觀，在於以基督天主爲至上。

當今歐洲社會稱爲世俗化的社會，人民生活脫離宗教，社會風尚傾向享樂主義接受實用主義的人生觀，所有的價值觀，重在現世供人享樂的事物，不在來世靈魂的福樂。

3. 現代人的價值觀

現代的大眾傳播工具，將世界各地的當天新聞，和本地的當天新聞，作成全球報導，各人都能足不出門得知天下事。現代的交通工具，縮短了各國各洲的距離，中國和歐洲或者和美洲，相離只有一天的里程。人類已開始感覺到自己是世界的居民，生活的習俗漸漸相同，生活的觀念和方式，也逐漸合一。在各地的國際級飯店裡，幾乎都是同樣的生活型態。雖然各國的社會生活，還呈現各國的特有風味，在年輕一輩人的生活觀念裡，價值觀已漸趨一致。以前的中國青年所有最高的希望是「揚名顯親」，有如孟子所說：「窮則獨善其身，達則兼善天下。」（盡心上）普通一般人所看重的，是一個安定的家庭；現代中華民國的青年，心目中所看重的，和美國青年所看重的，差不了多少，是名，是利，是愛情。

甲、名

名，不是名字，而是名譽。名譽，是社會一般人對於一個人的估計。估計，似乎太俗，把人當做了商品，然而實際上名譽就是代表人們對於一個人的評價。

社會上的人對於人的評價，有評價的標準。在魏晉南北朝時，社會崇尚清談。所謂清談是幾個學者聚在一起，對於一個人、一樁事，大家共同討論，有些相似今天的座談會。在魏晉南北朝清談的題目中，有一條是評論當時的人，給他們高低的聲譽。

通常，在社會上的名譽，不由清談而生。社會上對於人的評價，已經有自己的標準，標準是德、學、才、功、位、財、色。按照這些標準，社會上對於合符標準的人，大家表示尊重，這人便得有好的名譽，即是美名或美譽，若是一個人恰恰和標準相反，大家對他表示輕視，給他一個壞名，他便有壞名譽，即是惡名或臭名。普通所稱的聖人、君子、小人、英雄、豪傑、義士、奸賊、美女，都代表一種名譽。

「名譽爲第二生命」，名譽代表一個人的人格，象徵一個人的生命的收穫。名譽好，算是生命的收穫好，取得社會人士的敬重，自覺生命有意義；名譽壞，表示生命的收穫不好，生命看來沒有意義，所以每個人有一種基本的人權爲保障自己的名譽，國家的法律也予以保障。

名譽既然代表人格，每個人有責任去爭取一個好名，因爲每個人有義務建立自己的人格。中國傳統孝道也使兒子應該「揚名顯親」，以盡孝道，若自己名譽不好，連累父親的名譽，乃是不孝。

名譽不僅代表生命的收穫，又代表生命的延續。中國古人稱「不朽」，即是名譽的不朽。人死了不活了，他名譽留到後世，就象徵他的生命存留到後世。「流芳百世，遺臭萬年」，在中國人的心目中，常常作爲生命的目的。孔子作《春秋》一本書，運用倫理道德標準，對於國家和社會的人，予以評價，或褒或貶。《春秋》這本書的意義，就能使亂臣賊子懼，不敢作壞事，免得在後代留個臭名。歷史的教訓，也有這種留名後世的教訓。所以人若面對歷史，考慮將來歷史對他的評價，因爲人要對歷史負責。

求名，乃是人生的大事，而且很有意義，但是求名不能作爲人生的目的。人的生命常求生命的發展，生命的發展在於追求真美善。人若努力發展自己的生命，以成爲一個成全的人，好名譽該隨著而來；雖然在人世的社會裡，人們的評價不常跟著客觀的因素成正比，好人好事不常得好名；然而人所求的，該是生命的真正發展，在道德、學術、事業上求進取，不能專心只求外面的名。耶穌曾訓誡門徒不要求虛名：

「所以，當你們施捨時，不可在人們面前吹號，如同假善人在會堂及街市上所行的一樣，為受人們的稱讚。……當你祈禱時，不要如同假善人一樣，愛在會堂及十字街頭立著祈禱，為顯示給人。」（馬竇福音　第六章第二節、第五節）

孔子曾告弟子說：

「子曰：不患無位，患所以立；不患莫己知，求為可知也。」（論語　里仁）

不要求外面的名，應求名譽的實。一個人努力做好自己該做的事，不存心於名譽，好名譽來了，自心可以滿足；好名譽不來，自問內心無咎，心裡也能滿足。因此，人的價值，不應當以名為標準，而以名之實為標準。孔子曾經說：子貢問：一鄉的人都喜歡他，這個人怎樣？孔子說：還不可以說他是好人。子貢又問：一鄉的人都討厭他，這個人怎樣？孔子說：還不可以說他是壞人，倒不如一鄉的好人喜歡他，同時壞人討厭他，這才是真正的好人。

人應關心自己的名譽，也要關心別人的名譽，不容人傷害，也不傷害別人。不名譽的事一定不做，但不一心只求名。只求名，則成僞君子，假善。

乙、愛情

色，名詞不好聽，常指壞的一面，表示淫，而且指責男人濫用女人。孟子曾經說：「形色，天性也；惟聖人然後可人踐形。」（盡心上）形色的美，乃天然之美；喜愛形色之美，也是人的天性；但是只有聖人才能夠真正合理地去愛美色，因爲聖人沒有情慾，男女的交往，一定不會放縱情慾。這就表示男女的關係，不能任性。以往，祇講男人好色，可以選擇女人，女人則祇忠於一個男人，無所選擇。現在男女平等，男女的交往，不能以色字代表，而以愛情代表。愛情已經成爲人生重大價值之一，爲愛情自殺，爲愛情而殺人，並且在女人的生命中，別的價值如名、位、金錢，沒有像在男人生命中的意義，因此，女人的生命，常以愛情作爲價值觀。

男女的愛情，在西洋人的心中，價值很高，中古的騎士專以「護花」爲榮譽。天主教且常以象徵人對神——天主的愛。

男女的愛爲互相授予的愛，兩人互相以心相贈予，兩心合爲一心，兩人互相以身相贈予，兩體結成一體；兩人互以生命相贈予，兩個生命溶成一個生命。這種贈予不是一次，不是一日，不是一年，而是一生。兩性的愛，目的在於結婚，百年偕老。

男女愛情的神聖和可貴，在於奉獻自己給對方，不是在佔有對方；在於心靈的結合，不在於肉體的結合；在於生命共融，不在於個性的表現。愛情是犧牲，而不是享受；在犧牲中有心靈的滿足和愉快。

愛情具有高尚的價值，青年男女必以它作自己生命的重點；但是愛情的價值觀，要有它應有的意義。第一，愛情爲生命中最可貴的；但不是生命。在愛情追求時，決不能以生命爲代價，爲愛情而自殺或殺人，都不合理合法。第二，愛情的目的在於結婚，沒有結婚的目的，或有不能結婚的事實，便不能談情說愛，否則不是愛情，而是玩弄或畸戀。第三，愛情以心靈感情的結合爲主，結婚以後才有肉體的結合，否則不是愛情而是淫情。第四，愛情專於一，白頭偕老；在結婚以前，沒有找到可以以身相許的對象時，決不談愛情，而只談交友；結婚以後，愛情已經範圍在結婚以內，決不能外溢。

天主教以愛由天主而來，天主自己是愛，天主造宇宙萬物，乃是愛的表現。人肖似天主，人的心靈能知能愛。儒家《易經》以天地有好生之德，天地的心就在於化生萬物，人得天地之心爲心，人心乃仁，仁即生命之愛。因此，愛情爲神聖而高貴的，純潔而慷慨的。天主教的神父和修女，獨身守貞，不談人世的愛情，乃追愛情的根源，專心愛天主基督，又能

因天主基督而遍愛世人世物，如孟子所說「仁民而愛物。」（盡心上）

在以往的時代，愛錢的人雖然多，但還不成爲社會的風氣，農業社會的人，有飽食暖衣就心滿意足了，現在工商業社會所標舉的目標，則在於金錢。多生產，多進出口交易，以求盈利，一切不僅以金錢計算，而且目標就在於多有盈利的金錢。社會人心，便都看著金錢作爲生命的價值觀，社會盛行金錢主義。

丙、金錢

金錢是什麼？經濟學上一定有正確的定義，一般說來，金錢是物質的價值代表，作爲彼此交易的標準。在人類原始時代，人類對於物品的交易，是以物易物，後來文明開端了，交易乃用一種中間物作爲物品價值的代表，便產生了錢幣。錢幣在古代用實質的五金，後來爲便利計，改用紙幣，現在手裡拿著一張紙幣，都認爲，可以代表多少金元銀元，似乎覺得很滑稽；然而這種滑稽卻代表人的聰明。

金錢代表物質品的價值，它對於人生命的意義，第一，代表生命所需用的物品，衣食住行所需的一切，要用金錢去買。第二，代表事業的成敗，一切事業需要基金，一切事業需有利益，這一切都是金錢。第三，代表生活的享受。人的慾望不僅在於飽食暖衣，還求衣食住行各方面的舒適，現行科學以所有發明供人利用，已經造成社會的享樂主義，爲享樂需有錢使用。金錢在這三方面，有非常重要的價值，因此政府極力提倡發展經濟，提高國民生活水準，增多國民的平均收入；國民也盡心想賺錢。

在中國傳統的思想裡，不必說道家和佛教看不起金錢，就孔孟儒家也輕視錢財。孔子明白講君子和小人的分別，君子好義，小人好利。義是道德，利是金錢；愛錢的人，乃是小人。小人，在中國社會裡就是被人看不起的人，並不一定是壞人，只是偏愛物質，賺錢不擇手段。

孔子的人生觀是快樂的人生觀，他自己曾說明他自己是怎樣的一個人：葉公向子路問孔子的爲人，子路一時不知道怎麼回答。孔子說：你爲什麼不這樣說：他這個人哪，發憤讀書，連飯都忘了吃，常常快樂，把一切憂愁都忘記了，連自己快要老了都不知道呢！

孔孟儒家所看重的在於仁義道德，有了仁義道德，就算沒有錢，心中也快樂。所以孔子說：

「君子謀道不謀食，……君子憂道不憂貧。」（衛靈公）

「飯疏食，飲水，曲肱而枕之，樂亦在其中矣。不義而富且貴，於我如浮雲。」（述而）

孔孟的價值觀，以仁義道德爲重，有了仁義道德，心中便可以安定滿足。金錢代表物質的享受，金錢的來源屢次不合於道德，孔孟因而輕視金錢。

但是中國古代的人，並不能都實踐孔孟的思想，歷代實踐的人也不少。當時賺錢在於做官，所謂「貪官污吏」即是愛錢的人。做官有了錢，便在鄉間中造成「豪門富第」，盛氣凌人。不過這等人在社會人們的心目中並不受重視，社會上所尊敬的，是有德的長者。

目前，在工商的社會裡，價值觀改了，金錢取得了很高的地位。人們似乎有一種心理：有錢，萬事都可以做，俗語說「有錢能使鬼推磨」，沒有錢，一切路都不通。

究竟應該怎樣呢？

金錢是有它的價值，但也有它的限制。

金錢對於人的存在具有價值。每個人天生具有生存權，爲生存每個人有置產的權利，金錢就是財產，每個人所有財產爲私有產，私產制乃天生的人權。消滅私產即是反對人權，人追求私產爲執行天生的權利。但是財產代表人類生活的資源，生活的資源乃是爲供一切人的需要；因此，私產供給一個人生活的各種合理需要並適當的享受，所有盈餘則應用爲國家和社會的公益，還要用爲協助旁人生活的需要。財產本身帶有兩層意義，爲私益，爲公益，兩者不可偏廢。爲生存而求金錢乃是合理合法的事，求錢的方法也該合理合法。

金錢對於事業具有價值，工商業時代的事業不僅爲私人謀利，也爲國家社會謀利。一座工廠辦得好，出品多而美，銷路很廣，廠主當然獲利，國家和社會的經濟也得利益。現在，不論國營事業或私營事業，都以發展國家經濟爲目的。大事業，營利高；小事業，營利低；肉軀的感官容易和物質品相接，人的慾情又常由感官而激動，人便常傾於肉軀的物質享受，使心靈的精神受到傷害，因此，歷代的明達人都教導人類克制感官的慾情，限制物質的享受。目前，社會風氣卻崇尚物質的享受，造成了享受主義的價值觀，產生各種的罪行：賭博、吸毒、色淫、偷竊、經濟犯罪。爲挽救頹風，應該改正享受主義的價值觀。

現世的人生不是爲享受，而是爲發展自己的生命，在發展生命中，增加一點一點的好，心靈和肉軀感到滿足快樂，便造成生活的享受。因此，人生的享受，應該是生命發展的成果，使心靈和肉軀都得到益處，即是增加自己的成全。決不能爲享受而追求享受。

註：

(一) 胡適序 科學與人生觀（科學與玄學論戰） 問學出版社 民國六十五年上冊頁十三。

(二) 張君勱 人生觀 科學與人生觀 上冊 頁九。

(三) 同上，序文 頁二十七。

第二章 人的生命

一、人

1. 人的來源

宇宙爲一個偉大的神秘物，科學家現在還不能解說宇宙變化的歷程，也不能測量宇宙怎樣廣大，只能說宇宙爲百萬銀河所構成，每一銀河裡含有無數的星辰，星辰中以恆星爲座標，圍著恆星有許多層次的行星，結成一個系統，太陽系只是無數系統裡的一個。

地球表面的岩石，經由放射性同位素測量，大約成立已經五十億年。生物的出現大約在三十億年前，一群單體細胞植物相結合。兩性分別成立，大約在二十億年前，海洋充斥藍綠藻。六億年前寒武紀大爆炸發生以後，很多的新生命出現。不到一千萬年前，第一個類似人類的生命出現(一)。考古學家大多數似乎同意人類大約在五百萬年前和猿分支演變出來。直立行走的人類，四百萬年前生活在衣索比亞中部的阿瓦希(Awash)，二百萬年前，至少有三種古生人類住在東非。人類出現時極爲重要的發展是：兩足改爲直立姿勢，腦形變大，以及工具的製造(二)。人類演化的化石證據，有「非洲南猿」，由解剖學家達特(Raimond Dart)在一九二四年辨識，被定在三百萬年到八十萬年之間。南非早期古生人類，最早者大約在百萬年以前，從五百五十萬年到五十萬年之間，非洲各地曾經出現許多骨頭化石證據。真正的人類，大約在一百五十萬年前出現，尼安德塔(Neand erthals)的最早智人(Home sapiuns)，大約在紀元三十萬年到二十萬年。古人類生活的遺址，索特加納和爪哇遺跡，在五十萬年間，周口店在四十萬年間，托拉巴(Torralba)遺址在二十萬年間(三)。

以上爲古生物學的學說，學說的主要觀念是，人類由猿猴演化而出。這種進化論，常是一種可能的學說，沒有確實證據可以作證。發現的各類化石，定爲人類原始者的頭骨或肢骨，但沒有方法可以確定真正爲人類原始者的化石。

在中國文化史中，有人類原始的神話。《太平御覽・七八引風俗通》說：「俗說天地初開闢，未有人民，女媧摶黃土爲人；劇務力不暇給，乃引繩絚泥中，舉以爲人。故富貴賢知者，黃土人也；貧賤凡庸者，引絚人也。」這是女媧氏造人的神話。

中國佛教說明人的來源，來於十二因緣：

無明—過去世無以來之煩惱。

行—依過去之煩惱而作之善惡行業。

識—依過去世之業而變現世受胎之一念。

名色—在胎中，心身逐漸發育。

六處—爲六根具足，即將出胎。

觸—二三歲間，於事物無識別苦樂，但具觸能。

受—六七歲以後，具識別事物苦樂之感受。

愛—十四五歲以後，生起各種強盛之愛欲。

取—成年以後，愛欲愈盛，馳驅諸境，求取所欲。

有—依愛取之煩惱，作種種業，決定未來之果。

生—依現在之業，定未來之愛生。

老死—於未終之時，老死之過程。(四)

佛教相信輪迴，人因前世行業種下惡果，死後，輪迴再投胎。然而人類最初由何而來，佛教沒有講明。

天主教的教義相信宇宙萬物和人類，都由天主所造。由哲學方面說，天主造宇宙使用自己的「能」，「能」爲「創造力」。創造力爲萬能，由無中造有。由無中所造爲變動的宇宙，稱爲「創生力」。創生力宇宙的本體質，由「創造力」無中造有；宇宙的理，爲天主創造宇宙的理念，宇宙的「在」爲動的在，即「創生的力」，來自「創造力」。宇宙因著自身的「創生力」不停變動，動即化生物體，所化生物體的質，來自宇宙的質，即已存在的一物體的質，所化生物體的理，來自創造力經過創生力的理，所化生物體的存在，則是分得宇宙的「創生力」。

人的來源，是在宇宙中（地球中）的環境可以供人生存時，宇宙「創生力」使宇宙已有一種與人體相近的物體起變動，「創生力」由創造力從天主，接來人的「理」，與變動的物體的質相結合而成人，人的「存在」爲分享「創生力」，也就是「生命」，在具體上，父母的精卵，即是「新人」的質，父母因著創生力的「動」相結合，創生力由創造力接得「新人」的理—靈魂（人性與理性），便孕育了「新人」。

2. 人爲宇宙的主人

古代希臘肯定人爲有理性的動物，高出一切物體以上，中國古代哲學肯定人類是一種有道德心靈的動物，人類的特徵在於道德心。這兩種對人類的肯定，並不互相衝突，而是自相完成。

「有理性」和「有道德」是人類的特徵，都是以人的心靈作根基。中國古代哲學家荀子就說過：「心能知，能主宰。」（荀子 解蔽）知就是理性作用，主宰則是道德作用。

人的理性當然使人比一切別的動物都高尚，人類的一切進步和發明，也都是理性工作的成果，但是每一個人的人格，則是道德的成就，受人尊重。中國儒家則以人爲有倫理者。孟子和《中庸》都說：「仁，人也。」（盡心下）仁是愛惜生命，凡是物都愛惜自己的生命，人當然也愛惜自己的生命。

然而人愛惜自己的生命，不是自私，而是像天地一樣愛惜一切物的生命，因爲《易經》說天地有好生之德，使萬物生長（繫辭下 第一章）。孔子也說仁人是「己欲立而立人，己欲達而達人」（論語 顏淵）朱熹說我們人得天地的心爲心，天地有好生之德，我們人的心便是仁（朱子語類 卷五十三）。孟子更以人心生來有仁義禮智之端，若是沒有這四端便不是人（公孫丑下）。中國傳統的文化，不僅以人爲有理智的動物，更是有倫理的人，生來心裡就有倫理的種子，人之所以爲人，不僅在於有知識，而是在於自己主宰，使生活合於規律。

人不僅是自己作自己的主宰，而是宇宙的主人。宇宙的廣大，可以說是超過人的想像，宇宙變化的神妙，也可以說是超過人的智力。但是這個無限廣大和變化莫測的宇宙，若是沒有人類，就塊然無靈，沒有一點意義。人類出生在地球上了，人類發展了自己的智力，宇宙的萬物被認識了，宇宙的美被欣賞了，宇宙的能被利用了。人類把宇宙在人的心靈內連貫起來，給每件萬物一個名詞，賦予它們一項意義。人類使用智力賦予宇宙的事物一項意義，建立了對事物的主權。這種主權顯示人類有權使用萬物，以滿足自己生活的需要。爲滿足需要，人類又利用宇宙的事物作資料，創造新的事物，這就是所謂科學的發明。

人類主宰宇宙，但不是絕對的宇宙。宇宙的整體，具有變動的內在原則，地球的物體，具有互相關連的規律，人類對宇宙和地球的行動，長久違反這些原則和規律，就會破壞宇宙和地球的本體，連帶傷害人類自己的生命。目前的環保運動和拯救地球的呼聲，表示人對地球的破壞已經很嚴重，必須大家深加檢討，謀求補救的辦法。

3. 心靈

人是心物合一的，心是心靈，或稱爲靈魂；物是身體。研究身體的科學，有生理學，有病理學，有實驗心理學，研究心靈的學術，有哲學，有理性心理學，有宗教學。

身體爲物質體，對於人的生命，供給兩個層面的生活，一層是生理生活，一層是感覺生活，同時對於理性生活也供給神經器官。

心靈爲精神體，超出人的感官，不能由科學的實驗去研究，只能由人的經驗去推知。人在生活裡有三種關於心靈的經驗：一種是知識的經驗，一種是意志的經驗，一種是感情的經驗。簡單地說：人能有知識，人能推理，人能思考。荀子曾說：「心，虛壹而靜。」（荀子解蔽）心因爲是虛的，才能容納無數的知識。我們常說知識是無限的，學問是無止境的，知識不是物質的，可以無限的納進心中，心不是物質的，才可以接納無限的知識。人的思考非常靈活，一秒鐘可以繞地球一周，真是神妙莫測。但是唯物論的學者說心靈的動都靠腦神經，腦神經若是累了，或是損傷了，相關的心靈活動就不行了，心靈因此並不是精神體。這樣的事實，是人的心靈和身體結成一個人，人的活動都是心物合一的活動。感官的活動，必須跟心靈相合，不然，就像《大學》所說的：「心不在焉，視而不見，聽而不聞，食而不知其味。」（大學 第七章）

「靈魂乃一實體，它是自存的，也是簡單的，非物質的……。明顯的，這個實體是單純的，非物質性的。所謂單純並非指它是構成每種事物的部份，亦非是未分割的，而是不能分割的。」

天主教和基督新教，相信人的靈魂不朽，人死後靈魂仍舊存在，西洋傳統哲學也抱有這種主張。

「第一個論證採自人類的共識。人天生就相信靈魂不朽，這可由若干民族與種類，甚至原始部落對殘存遺物（靈魂）的自發信仰獲得證明。……第二種論證採自倫理。明顯地，好人通常遭遇不幸，倍受痛苦與災難折磨，而壞人終生健康，生活富裕，事事順利。人都會根深蒂固地反對這種永不改變的觀念，所以應該有道德律的制裁，但這種制裁也只為善得賞，作惡受罰的後世生命中才有可能性……。

以下回到更專門的歷史哲學的論證，我們得以不同的傳統術語來表達靈魂的不朽。

存有若非因自身的因素，即是因外在的因素而停止存在，自身的因素影響其本質，外在的因素影響其存在，存有的本質直接因腐爛而消失，間接因失去支持而滅亡。存有的存在乃因靈魂寂滅而消逝。

人的靈魂不會因分解與失去支持而滅絕。」㈥

歐美當代的哲學，則趨向靈魂寂滅論，不僅馬克思的辯證唯物論不承認靈魂爲一精神性實體，別種無神論也不接受靈魂的理念，而用理智或心（Mind）作代名詞。

中國傳統哲學不講靈魂，講心。孟子從倫理方面講心有仁義禮智四端，心爲人之所以爲人之理。荀子由本體論講心，肯定心爲虛靈精神體，心能徵知，能主宰。宋明理學家都接納了孟荀的思想。從宗教方面說，中國哲學主張人有魂魄，魂爲陽氣，魄爲陰氣；魂主心靈生命，魄主身體生命。人死，魂魄分離，魂上升天際，回歸天地元氣中，魄隨身體埋入土中而腐化。魂在人死後是否長存，爲一個沒有答案的問題。

4. 我

我們人都是「人」，可是世界上找不到一個「人」，卻常看到每一個「我」，每個人都是「我」，雖然我看別人仍是「非我」，但每一個「非我」的本人都是「我」，所以世界只有我。

「我」是人，這是當然的事；若不是人，便不能是「我」，若單單是人，卻也不是「我」，「我」較比「人」要多一些成份。在哲學上，我們稱「我」是一個「單體」，有人格，有一致性。

什麼是「單體」？單體是一個具體的物體，是一個普遍的抽象觀念。世上有千千萬萬的人，這千千萬萬的人都是一個一個的人，一個人就是一個單體。所以「我」是一個「單體」。「單體」的人較比抽象觀念的人要多有什麼？要多有「個性」，「個性」乃是「我」的成份，使「我」和別人不同。「個性」在外面有身體的相貌，高、低、胖、瘦、美、醜；在內面有天才、興趣、脾氣、專長。中國傳統地說這些都是天生的，也是所謂「才」。

人的觀念指著人性，每個人都有人性而成爲人。人性有型理和質料（元形、形質）型理是心靈，質料是軀體；心靈爲精神，沒有量；軀體是物質，有量。心靈上有各種的「能」，「能」爲能力，就是才，所以普通稱爲才能；在理智方面人有各種「能」，在情感方面人有各種「能」。當靈魂（心靈）和軀體相結合時，即是人在母胎受孕爲胚胎時，軀體的「量」就限制了心靈的各種「能」，每個人的軀體各不相同，「量」也就不相同；軀體的量所給予心靈的「能」之限制便不相同。這種受限制之「能」，造成每個人的個性，就是每個人的才，一個人的聰明高，一個人聰明低；一個人長於文學，一個人長於數學，一個人長於藝術；一個人生性內向，一個人生性外向；一個人嗜好讀書，一個人嗜好運動；一個人愛色，一個人愛酒；一個人柔順，一個人容忍，一個人暴躁。至於軀體方面的相貌、高低，更是來自軀體的「量」。

朱熹以型理爲理，質料爲氣。他認爲單體的個性都來自氣，因爲氣有清濁，氣清則佳，氣濁則惡。

若問爲什麼軀體的「量」不相同？或問朱熹爲什麼氣的清濁不相同？我的氣爲什麼濁，你的氣爲什麼清？朱熹說：那是因爲理限制了氣。實際上，理限制氣，使氣成爲人的氣，但是因爲理是性理，性是類，理並不限制氣使成爲單體的氣。在相應的西洋哲學質料之「量」，也不來自型理，哲學只能說那是天生的，宗教信仰則說那是造物主天主所安排的。

每個人有自己的個性，每個人的生命，當然是人的生命，然而更是「我」的生命，在具體的生活上，表現不同。

世界上沒有兩個完全相同的「我」，兩個雙生兄弟或姊妹在外貌上可以相同，分不出彼此；但是在心理方面彼此一定有分別。普通講人生哲學只就「人」這一方面講，不就「我」這一方面講，那是因爲在學術上只能在普遍的觀念上以求普遍的原則，不能就個別的事實講方式；但是爲求人生哲學所有原則的實踐，則必定應該注意「我」的個性，以免俗語說「削足適履」。

在實際生活上，每個人依照「個性」而生活，然而每個人的生活絕不能是孤單的生活。每個人都是生活在宇宙中，在萬物中，在人群中，和這一切都具有密切的關係，因此乃有生活的原則，以適合各種關係。若只求發展個性，則造成自私的心。

現代哲學中的存在主義，所講的主題，就是「我」。「我」是單體，是「爲我存有」，但是海德格和沙特都肯定有「在世的我」，「我」單體不是孤獨，而是存在於人群中，這種存在便是「在世的我」。「在世的我」並不淹沒「爲我存有」，以「關懷」他人，更能凸顯「爲我存有」。

「我」單體，不僅有「在世存有」，在人群中存在，而且存在於宇宙萬物中，真正地有意義完滿的「在世存有」，「我」的意義也更完滿。

5. 在世存有（宇宙存有）

宇宙是一個整體，整體爲一個創生力，無論銀河多到億萬，星辰更是無數，創生力則是同一的創生力，運動整個宇宙。星辰彼此相連繫，銀河也互相連繫，連繫的力已經不用解釋爲地心引力，科學家還不能說明；但是地球上的萬物，彼此互相連繫，又和太陽連繫，現在科學家已經可以解說。土壤和樹木花草相連以保持水土的關係，水土和蟲鳥相連以保持空氣的清新，空氣清新則是人生活的必須條件。目前全球都鬧環保危機，乃是人類追求生活的舒適，傷害了自然界的生命，回頭傷害了自己的生命。全球各國政府人民都實行保護瀕臨絕種的生物，加強森林的種植，取締空氣的污染，這一切事件證明宇宙萬物的生命互相連繫，彼此相關。

中國傳統的哲學，早已指出這種關連。

《易經》的宇宙論，以宇宙常在變化，宇宙裡沒有一樣物體不變的，宇宙變化的目的在於化生萬物，所以說「生生之謂易。」（繫辭上 第五章）宇宙變化的程序，先有太極，次有兩儀，再有四象，後有八卦。《易經》說：「是故易有太極，是生兩儀，兩儀生四象，四象生八卦。」（繫辭上 第十一章）這種程序是畫卦的程序，卦爲一圖形，由三畫而成，每一畫或者是直線「—」，或者是兩段「--」。

太極爲變化的起點，爲太虛之氣，不分陰陽。兩儀爲陽氣陰氣，陽爲白，爲直線—；陰爲黑，爲兩段--。兩儀爲陽陰兩畫的連繫，八卦演變爲六十四卦，爲六畫的連繫。

儒家以宇宙的變化由陰陽兩氣相合而成，《易經》說：一陰一陽的相合相生，運轉不息，爲宇宙萬事萬物盛衰存亡的根本，這就是道。繼續陰陽之道而產生宇宙萬事萬物的就是善。成就萬事萬物的天命之性。（繫辭上 第五章）

陰陽兩氣變化無窮，繼續不停，宇宙乃生各種物體，每種物體又常繼續變化，生生不息。儒家便以宇宙爲一大生命，長流不止。這種變化象徵上天好生之德，愛惜萬物的心。

《易經》說：「天地之大德曰生」（繫辭下 第一章）

《易經》講述宇宙變化有幾項基本的原則：

第一，陰陽相合相成。陰陽爲兩種元素，性質不相同，陽爲剛，陰爲柔，但是兩者不是相反相否定，如同黑格爾和馬克思所講的正反合的辯證式，而是互相調協，互相成全，才能成家生育子女。自然界的物體，不是自相鬥爭以求生存，而是按照自然的次序，互相調協。

第二，自然界常求平衡。宇宙間陰陽變化互相調協以求平衡，礦物、植物、動物彼此間互有天然的次序。這種次序不容破壞，否則萬物都要受害。因此，各物都應各得其所，在自己的地位上，按照自己的本性及遵循自然的次序而變化，《易經》所以講「中正」。《易經》的「中正」，在於陰爻和陽爻該在的位置，卜卦時，常看陰爻和陽爻的位置以決定吉凶。這種自然界的平衡力又自然會予以補償，以恢復平衡。但是現在人類卻以科學的餘毒破壞自然界的平衡，自然平衡力沒有辦法可以彌補，人類和萬物都要受到傷害。

第三，自然界的物體，互相連繫，按照自然的次序，互相協調。宇宙間，沒有一個物體能夠孤獨存在，天覆地載，草木蟲角鳥獸，彼此爲著生存，都連繫在一起。天地之氣週遊在宇宙萬物裡，萬物乃能存在。每一物爲存在，需要借助其他物體，而且爲飲食還要傷害別的物，這樣的傷害，如動物吃草、動物吃動物。這也是自然界生命的次序，也是表示彼此相連，並不是達爾文所說的弱肉強食。

第四，自然界的變化乃是爲生命繼續不斷。在中國以農立國的社會，人們對自然的觀察，都從農作物去看。宇宙的變化以一年四季爲代表，一年四季的變化乃是爲五穀能夠生長。春生、夏長、秋收、冬藏，代表五穀成長的過程。中國古人看宇宙是一道生命的洪流，長流不息，象徵上天對萬物的愛。老子以一切自然變化，沒有意義，他說：「天地不仁，以萬物爲芻狗。」（道德經 第十五章）儒家《易經》卻以宇宙的變化，顯示天地好生之德。

第五，宇宙的變化，循環不已。循環的原則，儒家和道家都有。宇宙變化的現象，白天黑夜，春夏秋冬，常是循環不已，假使白天黑夜不繼續了，宇宙一切都亂了。生命的現象也是生死循環，舊的物消失了，新的物就生了。

第六，循環中常生新的現象。宇宙變化的循環，是大氣的循環，循環中所化生的事物則都是新物，這一點代表自強不息的精神。《易經・乾卦象》曰：「天行健」天是陽，陽常運行，強健剛正，宇宙中便有新物化生。

二、生命

1. 生命的意義

生命，爲一個最普通的名詞，凡是人都可以懂得，但是要解釋生命的意義，則生物學家和哲學家就各有各的意見。

在第十七世紀，歐洲自然科學開始發達的時候，哥白尼(Nicolas Copernicus)，伽利略(Galileo Galilei)，牛頓(Isaac Newton)建立了新的宇宙論，推翻了古代的「地球中心論」，以宇宙由無數銀河所構成，太陽爲一銀河系統中的恆星，地球繞著太陽運轉。牛頓發明「萬有引力定律」，主張有絕對的空間，世界由絕對時空內運行的物質微粒所構成，物質微粒運動的方式有如一部機器，遵守不變的定律，宇宙乃成爲一個機械化的宇宙，一切運動可以用數學去計算。

笛卡兒開啓歐洲的近代哲學思想，他以數學家的專長，使科學的方法運用到哲學上，接納宇宙機械論，以心靈的現象可以用生理化學的方法來描述。

十八世紀，生物學方面出現了細胞論，植物和動物的軀幹由細胞而成，細胞中含有遺傳的因素，由遺傳細胞解釋物種的進化，因而細胞成爲生命的因素，單純細胞分裂成另一細胞，即是生命的開始，生命可以說是細胞的分裂。細胞的演化，可以用化學和物理學去解釋，於是生物學中產生了「生命的機械觀念」(七)。

於一九六五年得諾貝爾醫學及生物學獎的法國莫諾(Jacques Monod)主張「不僅生物的演化被認爲由於偶發事件爲既有組織接受淘汰所致，生命本身也被認爲是純粹的偶然。生命出現以前，『其先起的概然幾乎是零』。生命出現以後，人類出現的可能性，也是微乎其微。由於這樣的事實，莫諾居然結論說：『我們的號碼出自嘉洛山的賭場』。生命、生物的進化以及人類的出現都出自純粹的偶然，這就是莫諾所要告訴當代人的訊息。」(八)

莫諾既然主張生命出於偶然，則生命不屬於機械論，但是他認爲生命的偶然，乃是由於大自然的客觀性要求，客觀性要求無論是人所已經知道的或不知道的，都是必然性的機械要求。

最新的物理量子力學，已經遠遠超過宇宙機械論，修改了牛頓的宇宙科學，原子、電子、光子的運動，使物理上已往的定律都不固定。

生命更不能是機械性運動，也不能由機械性的進化解釋演化的過程。

在輔仁大學所編大學生讀物「當代德國思想譯叢」第三集的《人與科學》一冊中，有兩篇文章討論生命的來源，一篇是魏柴克(Carl Friedrich Von We izsacher)的〈生命的演進〉，另一篇是海特勒(Walter Heitler)的〈生命不是化學作用〉。魏柴克贊成生命有演進，然而不知道演進的原因，達爾文的學說，至今還沒有確實的證據。海特勒說生命有四個層次：無生物、植物、動物、人。「當生命被當做和物理及化學作用相等的時候，便無異宣告所有生命的毀滅，我們可以從今日整個自然環境的瘋狂破壞上看出端倪，然而人的生存與其他的生物之間，具有相互依賴的關係。環境的破壞將會造成自然對人的反搏，而終將導致人自身的毀滅。」(九)

中國儒家哲學由《易經》開端，以整個宇宙具有生命，《易經》講宇宙變易，以宇宙變易爲「生生」，即化生生命。《易經》說：「天地之大德曰生」（繫辭下 第一章）又說「生生之謂易」（繫辭上 第五章）宇宙的變易，由陽陰兩動力而成，「一陰一陽之謂道，繼之者善也，成之者性也。」（繫辭上 第五章），陰陽兩力繼續變化，化生萬物，宇宙乃爲一道生命的洪流。陽陰在所成的每一物體內又變動不停，宇宙萬物，就算是一塊石頭，陽陰兩力在裡面也繼續變動，所以可以說是生物。朱熹曾說：宇宙萬物同一理，但每物的氣不同．理的表現更不同，他便說：「理一而殊」理是生命之理，因氣不同的清濁，生命的表現不同，生命乃有層次，人的氣最清，生命之理在人就完全表露，人的生命乃最高。

西洋哲學家來不尼茲(G. W. Leibniz)以物體由「單元」而成，單元常動，即是生命。單元的動爲知覺，爲希求，即是生命的活動，一切物體都可稱爲生物，但生物分有等級。黑格爾則以生命爲同化，有生物吸收外物，使和自體同化，以保全自己，同化的最高程度則爲自我意識，在心靈內使外物和自己相合，同時又相分。

整個宇宙爲一創生力，創生力含兩元素，常變動不停，互相結合。結合的「質」，爲宇宙物質，結合的「理」，爲創生力中之理，創生力由造物主的創造力所來，創生力中之理來自創造力。宇宙創生力變動使「理」和「質」相結合而化生萬物。整個宇宙變動不居，萬物乃繼續化生。整個宇宙的動，由創生力而動，創生力爲宇宙的創生力，在宇宙以內，宇宙創生力的動爲內在的動，內在的動即是生命；中國儒家乃以宇宙爲一道生命洪流。一切化生以後，物體就自立存在，成一實體，實體以內仍舊分有宇宙的創生力，創生力在物體以內繼續變動，實體內便有生命。

實體內的創生力，第一，使實體各份子結成一體，保持存在。第二，使實體繼續發揚，物性得以成長，達到完成。創生力在實體內爲生命，生命的表現，就分高下層次，最低的生命，只使實體結成一體，維持存在，外面沒有變動，普通稱爲無生物。由最低級上升，生命在實體內外漸能有發展的表現。依著發展的程度，排列生命的高下，動物較植物爲高，人較動物又高，人的生命在宇宙萬物中爲最高，最完全。

2. 心物合一的生命

甲、成全的生命

在宇宙萬物裡，生命疊成一個梯次，梯次的頂點爲人，人得全部生命之理。宋朝哲學家朱熹曾經說過，人得生命之理的全部，物各得生命之理的一部份㈩。

中國古人最看重人，最古的第一本哲學書《易經》稱人和天地爲三才（說卦 第二章）代表整個宇宙。上面的星辰由天代表，下面的山水由地代表，中間的萬物由人代表。《禮記》以人得天地的秀氣而生，爲萬物之靈。人有心靈，心靈靈敏，能知，能主宰（禮記 禮運篇）。西洋哲學以人爲有理智的動物；由物開始，物分爲生物和無生物，生物分爲動物和植物，動物分爲有感覺的和有理智的，人爲有理智的動物，居一切萬物的頂端。中國儒家則以人爲有倫理者。孟子和《中庸》都說：「仁，人也。」（盡心上）仁是愛惜生命，凡是物都愛惜自己的生命，人當然也愛惜自己的生命。然而人愛惜自己的生命，不是自私，而是像天地一樣愛惜一切物的生命，因爲《易經》說天地有好生之德，使萬物生長，孔子也說仁人是「己欲立而立人，己欲達而達人。」（論語 顏淵）朱熹說我們人得天地的心爲心，天地有好生之德，我們人的心便是仁（朱子語類 卷五十三），孟子更以人心生來有仁義禮智之端，若是沒有這四端便不是人（公孫丑上）。中國傳統的文化，不僅以人爲有理智的動物，更是有倫理的人，生來心裡就有倫理的種子，人之所以爲人，不僅在於有知識，而是在於自己主宰，使生活合於規律。

在中國傳統的文化裡，人的地位很高，和天地並列。天地化生萬物，天覆地載，《中庸》說：天地的道理，可以一句話包括盡的，就是對待萬物都是至誠不變，所以化生萬物不可測量。天地的道理，就是廣博、深厚、高大、光明、悠遠、無窮。（中庸 第二十六章）人和天地相配，以自己的道德，和天地相連，贊助天地化育萬物。《中庸》又說：偉大啊！聖人的道德，充滿在宇宙之間，足以發育萬物，其高大可與天相齊。（中庸 第二十七章）《中庸》又讚美孔子說：上效法天道的自然運行，下順應水土一定的道理。好比天地沒有不能負載的，沒有不能覆蓋的，又好比四季的更替運行，和日月的交替輝映，萬物一齊生育而不互相傷害。（中庸 第三十章）

但是，天主教把人看得還更高。天主教相信人是天主所造的，並且相信宇宙萬物都是天主所造的。天主造人則按照自己的肖像所造，作萬物的主宰，人便相似天主，是宇宙萬物的主人。

生命之理，在礦物只有「內在之動」以維持存在，在植物裡有「內在之動」以繼續生長，在動物裡有「內在之動」以發展感覺，在人則有「內在之動」以維持存在，以繼續生長，以發展感覺，以運用心靈。因此，人有四層生命：實體自立的生命，生理發育的生命，感覺的生命，心靈理智的生命。人包括有礦物，植物，動物各級的生命，再加上心靈、理智的生命。

存在論哲學家卡爾・雅斯培(Karl Jaspers)說：「人有三種特徵。首先，就肉體的生命形式而言，人是屬於大自然中的一種動物。其次，人是屬於歷史中會思考、會行動、會創造的生物，人一方面創造歷史，一方面隸屬於自己所創造的歷史中。最後一特徵：人可以說將自然和歷史結合於自身的存有。」(十)

在中國哲學方面，漢朝董仲舒曾以人的身體爲一小宇宙，「唯人獨能偶天地。人有百三十六節，偶天之數也。形體骨肉，偶地之厚也。上有耳目聰明，日月之象也。體有空竅理脈，川谷之象也，心有哀樂喜怒，神氣之類也。……天以終歲之數成人之身，故小節三百六十六，副日數也。大節十二分，副月數也。內有五臟，副五行數也。外有四肢，副四數也。乍視乍瞑，副晝夜也。乍剛乍柔，副冬夏也。」(十一)

當然我們現在的人不接納這種思想，過於虛想，過於牽強。想是人爲一小宇宙，中外都有這種說法，因爲人的身體，含有宇宙萬物所具的因素。人的骨骼，同於礦物；人的軀體同於植物；人的感官，同於動物。病時，人吃藥，是吃礦物、植物；飢時，人用飲食，是吃植物、動物。王陽明因此常說在生命上，人和萬物同一體。再者，我們也常稱讚人的軀體：「頂天立地」，站在天和地的中間，成為三才。

人的特徵在於心靈，心靈為靈魂，為每個人生命的中心，也就是人的創生力。人的生命都以創生力為根基，創生力即靈魂分佈在人軀體的各部份。靈魂不是物質，沒有量，不受時間空間的限制，心靈要思想時，上到太古，下到未來，遠到星球，近入人體，都可以想，而且從一地到他地，從一事到他事，一秒之間都可想到。

乙、心物合一的生命

心靈為人的特徵，人卻具有一個軀體，為一個心靈和軀體結成一體的人，人的生命為心物合一的生命。「心物合一」結成一個單體，這個單體是個實體，實體為自己一切活動的主體。每一個人為一個主體，主體只有一個「存在」，人的存在為生命，生命不可分裂，常是一個生命。一個人—「我」的生命，為一個整體生命。心物的活動常由一主體而發，不能分成若干部份。在外面的表現上，因使用的器官不同，有不同的生命層面：有生理生活，有感覺生活，有夢寐生活，有情感生活，有理智生活，這些不同層面的生活都是「我」的生活。在不同層面的生活中，都是心物合一的生活，生理生活須有心靈，因為心靈為生命的根基；理智生活須有軀體，因為理智活動需要用腦的神經系統。每個人的個性不同，天分和天才也不相同，每個人的心物合一生活則都不相同，表現出各人的人格。

人生命的特徵爲心靈生活；心靈生活有知識，有思考，有感情，有自主，有記憶，有自我意識各方面的活動。

知識活動，爲心靈的初步活動，小孩開始使用智力，從感官的印象裡，認識外面的事物，從書本的講習裡，獲取許多觀念。以後隨著年歲的長大，這些知識增多，再加自己的經驗，結成本人知識的寶庫。

小孩智力運用漸高，便有思考活動，把所有的單獨知識，連繫起來，追求中間的關係。根據已有的知識，推求未知的理論和原則，漸漸進入學術的研究，發揮思考能力。思考能力不受空間時間的限制，可以登天入地，創造各種學術技術的發明。

情感的活動，從小孩開始，終生不斷。情感和內在感官以及神經相連，一有活動就牽動整個的「我」。所以情感活動最能表現每個人—自我的人格，發自人的心物相連的深處，絕不能假借別人。情感又常和慾情相連，慾情是感覺官能天生的傾向，常傾於物質的對象，阻礙理智的活動。情感和慾情相連而發動時，喜怒哀樂愛恨的情緒非常強烈，便常不免越規犯律，造成罪惡。

一個理智力的運用，達到成熟階段的人，他就會使用自己的意志，主宰自己的情感和慾情。主宰爲意志的活動，意志屬於心靈，人所最可貴重的爲意志，意志代表主體，主體即是自己作主。作主便對行動負責，自己運用自由，作了決定，自己便對「決定」，肩負一切的責任。

爲作決定，當然要有自我意識。自我意識爲一種反省活動，自己反觀自己內心，自己知道自己在作一項活動，知道自己是自己，知道自己的動作是自己的動作。在當代的哲學思想裡，「自我意識」非常被看重，看作爲「我」，沒有自我意識，就沒有「我」。又看作爲「自我一統」，沒有意識就不能使以往的我和今天的我，同爲一個我，但是這種思想並不正確，「自我意識」爲一種理智活動，只可以代表「我」，卻不是本體的我。

上面所講各層面的心靈活動，雖爲精神性活動，然常使用神經系統，也就是心物合一的活動，感覺和生理兩層面的活動，也需有心靈，作爲活動的基礎。人的生命在心靈和軀體的活動中，需要維持平衡。

3. 永恆的生命

門生曾問孔子對於死後的事，「季路問事鬼神。子曰：未能事人，焉能事鬼！敢問死。

曰：未知生，焉知死！」（先進）這句話，造成了儒家的傳統，不講死後的事。但是儒家的傳統主張祭祖，「事死如事生」，既然祭祖，便常問祖宗死後究竟還活不活呢？這個問題，常在每個人的心中。我曾爲北京社會科學院的世界宗教研究所，擬在民國八十一年五月召開的基督信仰與中國文化國際學術會議，（這個會議後來因中共的壓力未能召開），就來生的問題，提出一篇論文，現在我摘出幾段抄錄在下面：

甲、基督信仰的來世觀

耶穌基督報明自己降生的目標：「我來，是叫他們獲得生命，且獲得更豐富的生命。」（若望福音 第十章第十節）耶穌所說的更豐富的生命，即是永遠的生命。他又說：「正如梅瑟（摩西）曾在曠野裡高舉了蛇，人子（他自己）應照樣被舉起來，使凡信的人，在他內得永生。」（若望福音 第三章第十四節）「耶穌講完了這些話，便舉目向天說：天啊！時辰來到了求你光榮你的子，好叫子也光榮你。因爲你賜給了他權，掌管凡有血肉的人，是爲叫他將永生賜給一切你所賜給他的人。永生就是：認識你，唯一的真天主，如你所派遣來的耶穌基督。」（若望福音 第十七章第一節－第三節）

永生不是現在，而且和現生相對待。耶穌對尼苛德摩說：「我實實在在告訴你：人除非由水和聖神而生，不能進入天國。由肉生的屬於肉，由神生的屬於神。」（若望福音 第四章第五節）又對宗徒們說：「誰獲得自己的性命，必要喪失性命；誰爲我的緣故喪失自己的性命，必要獲得性命。」（馬竇福音　第十章第三十九節）喪失現生性命，可以獲得永生性命。

聖保祿後來特別強調這種對待的精神，而且標明兩者的衝突。「你們原已脫去了舊人和他的作爲，且穿上了新人，這新人即創造他者的肖像而更新，爲獲得知識的。」（哥羅森人書　第三章第九節）「如果你們真聽從基督，按照在耶穌內的真理，在他內受過教，就該脫去你們照從前生活的舊人，就是因順從享樂的慾念而敗壞的舊人，應在心思念慮上改換一新，穿上新人，就是按照天主的肖像所造，具有真實的正義，和聖善的新人。」（厄弗所書第四章第二十一節）

人由天主（上帝）所造而且按照天主的肖像所造，具有靈魂和肉體。肉體和靈魂合成一個生命，這個生命是永久的，因爲靈魂爲精神體，永久生存。在創造人類的天主理念中，人的靈魂肖似天主，將以欣賞天主的真美善爲永生的快樂。不幸，人類的原祖違背天主的訓令，成了天主的仇敵，失去了欣賞天主的真美善的資格，又因反背天主的心理，常隨慾情而傾於惡，作惡便要受罰，因罰而脫離天主的永生，成爲一種永死。快樂永生的象徵，稱爲天堂；痛苦永生的象徵，稱爲地獄。因爲地獄象徵永死；永生的名詞，便只代表天堂的快樂永生。耶穌訓誡門徒說：「倘若你的眼睛使你跌倒（作惡），剜出它來，從你身上扔掉，爲你

有一隻眼進入生命，比有雙眼而被投入永火中更好。」（馬竇福音 第十八章第九節）

基督降生，用自己的現世生命作犧牲，被釘死在十字架上，贖人類的罪，把欣賞天主的真美善的快樂永生，重新賜給人類，凡是信從祂的人，接受祂的洗禮，就分有這種永生。所以基督說祂來給人豐富的生命，分有這種生命的人，就是聖保祿所說的新人。

領受洗禮的人，並沒有就死而進入身後的永生，仍舊活在現世的人間，還繼續領洗以前的現世生命。但是在心理上要有一番改變，聖保祿稱為一種心理的死亡，在心理上要脫去現世生命的舊人，穿上永生的新人。把生活的目標，定在和天主相結合一點；把生活的價觀，放在精神的道德上；把生活的慾望，傾向於真美善上。聖保祿說：「為此，你們要致死屬於地上肢體，致死淫亂，不潔，邪情，惡慾和無異於偶像崇拜的貪婪……你們該當如天主所揀選的，所愛的聖者，穿上憐憫的心腸、仁慈、謙卑、良善和含忍。」（哥羅森書 第三章第五節 第十二節）

永生的信仰構成了來生的人生觀，永生為精神的生命，永生的人生觀以精神生活為主，精神生活的實質是和天主相結合，即是天人合一，精神生活的方式則是遵守倫理規律，執行宗教儀典。

這種以來生為目標的精神生活，為來生的快樂永生作預備。在現生度這種精神生活的人，身後的來世便有永生。永生的快樂，在於欣賞天主的真美善，欣賞的程度就是快樂的程度，欣賞程度的決定，決於現世所行善事的多少。

「你們不要在地上為自己積蓄財寶，因為在地上有蟲蛀，有蟻蝕，在地上也有賊挖洞偷竊；但該在天上為自己積蓄財寶，因為在那裡沒有蟲蛀，沒有蟻蝕，那裡也沒有賊挖洞偷竊。因為你的財寶在那裡，你的心必在那裡。……沒有人能事奉兩個主人，……你們不能事奉天主而又事奉錢財。」（馬寶福音 第六章第十九節—第廿四節）

但是，人是心物合一的，人又是活在物質的世界，人的身體有生活的要求，又有享受的慾望。物質的世界爲天主所造，應該是美好的，人身體的要求，發自人的天性，不能說是惡的，從基督信仰的來世觀，人怎樣使用物質世界以滿足自己身體生活的需求。天主教本世紀的最大集會：第二屆梵蒂岡大公會議，討論了這種問題，並指示答案：「人是由肉體、靈魂所組成的一個單位，以身體而論，將物質世界匯集於一身。於是，物質世界便藉人而抵達其極峰，並藉人而高唱頌揚造物主的聖歌。故此，人不應輕視其肉體生命，而應承認其肉體的美善而重視之，因爲肉體爲天主所造，末日又將復活，但因罪惡的創傷，人才體驗到肉體的

抗命不從。所以人性尊嚴求人在肉體內光榮天主，不允許肉體順從心靈的惡劣偏向。」（論教會在現代世界牧職憲章 第十四節）

乙、中華傳統文化的現世觀

中華傳統文化的宇宙觀，常以宇宙為一整體，《易經》為這種思想的根源。《易經》講宇宙，以宇宙為一變易的宇宙，變易的因素為陰和陽，變易的實體為天地人，變易的原則為天道地道人道。天地人稱為三才，代表整個宇宙。宇宙的變易，為化生萬物。「易傳」說：「生生之謂易」（繫辭上 第五章）漢朝易學更以一年四季象徵宇宙變化的循環，四季乃是；春生夏長秋收冬藏。全部農家的生活，都表現出來。「易傳」乃說「天地之大德曰生，聖人之大寶曰位，何以守位？曰仁。」（繫辭下 第一章）生和仁的思想，貫穿又總括了儒家的人文哲學。

漢儒創始氣成萬物的思想，整體宇宙的氣，天地人物都成氣而成，氣分陰陽，再分五行，變化不停。人由氣而成，自少到老，常在變易。人的生命和宇宙萬物相連，生命為氣的變化。氣的變化由於陰陽兩氣的消長，到了終極。陰陽分離，陰為魄，歸於地，陽為魂，上升於天。陽魂歸到天的氣中，回復原先的散漫狀態。因此，儒家主張人的生命在宇宙以內，生自宇宙的氣，死歸宇宙的氣。

《詩經》雖有祭文王的詩，歌頌文王的魂在上帝的側邊；那是商朝和周朝相信先王死後登天，乃祭祖宗。祭祖的典禮，後代成了孝道的習俗；然而祖先身後是否尙有魂在，在中華民族中常是一個疑問，通常也流行一句話：「若是先人在地下有知！」

佛教到了中國，就想填滿這個缺洞。佛教人信死後要輪迴轉生，要受報應。按照現生人的行爲善惡，死後有五趣，即五條路可走：西天，人，地獄，餓鬼，畜生。生命輪迴著，直到人能絕慾入涅槃。生命的輪迴，仍舊是生在這個世界裡；成了佛入涅槃，涅槃的佛世界則超出現世界。不過成佛的人，少有聽說，一般人都在輪迴裡旋轉，所以常是在現世生活。雖有來世，佛教的來世只是種生命的過程。

道家莊子主張至人或眞人。莊子的思想以至人能和天地的元氣相結合，元氣爲宇宙的元素，長久不滅，至人便能「與天地而長終」。道教便相信有仙人，仙人不吃人間煙火，參天地的眞氣，乃長久不死。至人和仙人，是現世生命的延續，不是來世的生命。

中華傳統文化的各家生命思想，都留在現世的範圍內，佛教雖有來世的思想，而是過去、現在、將來，三世的延續。

通常中國人所追求是得生命的福，避生命的禍。最古的《書經》說明了人生的禍福爲五福六極，「五福：一曰壽，二曰富，三曰康寧，四曰脩好德，五曰考終命。六極：一曰凶短折，二曰疾，三曰憂，四曰貧，五曰惡，六曰弱。」（洪範）這些禍福都是現生的遭遇，有些是身體方面的，有些是精神方面的，然都不出乎現世的生活。孟子曾經說：「君子有三樂，而王天下不與存焉！父母俱存，兄弟無故，一樂也；仰不愧於天，俯不怍於人，二樂也；得天下英才而教育之，三樂也。」（盡心上）孟子的三樂也是現世人生的精神快樂。

在現世的生命觀，中華民族的傳統文化爲生命的文化。人的生命既透不過死亡，便求能長久存現世裡。中華民族的孝道，爲生命的文化，父母子女以生命相連，父母爲子女生命的來源，子女的生活乃爲孝順父母的生活。孝道的重點，要能爲父母留後，留後則父母的生命延續不絕，有後人獻祭祀。人的善惡所有賞罰，也由後人承受，「積善之家，必有餘慶。」

人的生命不能突破死亡，人爲不朽，乃有立德立功立言，以求名譽存留在人間。中國人怕歷史的定論，從孔子以《春秋》立史事人物的褒貶，「蓋棺論定」便成爲一個人能否有「不朽」的判詞。

4. 和諧的生命

甲、中庸

《易經》講論宇宙的變化，講到宇宙變化的原則和精神，以「中正」代表原則，以「和諧」代表精神。宇宙變化的目的爲「生生」，「生生」爲化生萬物。在古代農業時代，農民所看的生物是「五穀」，五穀的化生需要「風調雨順」，《易經》乃強調四季的順序，《易經》又格外看重「時」的意義。在《易經》各卦的解釋裡，常說：「時之義大矣哉」宇宙的變化，由陰陽兩氣的變化而成，兩氣的變化是互相結合，結合的型態，依照四季而定：在春天，陰漸衰，陽漸盛；在夏天，陽盛陰衰；在秋天，陽漸衰，陰漸盛；在冬天，陰盛陽衰。陰陽符合這種型態，便是「中正」，五穀乃能春生，夏長，秋收，冬藏，宇宙間的現象，呈現和諧，草木茂盛，禽獸繁殖。孔子將宇宙變化的原則和精神，運用到人事上，把「中正」稱爲「中庸」，把「和諧表現爲禮樂」。「中庸」的中，爲「恰得其當」，不多不少，不偏不倚，又指著「中立不倚」，站在合理原則上不妥協，不腳踏兩邊船。「故君子合而不流，……中立而不倚，……國有道，不變塞焉，……國無道，至死而變。」（中庸 第十章）中庸的庸爲庸常，即日常的事，凡是行事，都要符合時和地的環境，不偏不倚。

《易經》和孔子的中正和中庸，不是爲一個人單獨處世之道，而是爲社會中大家相處之道，有了中正或中庸，大地萬物和人類，乃能和諧相處。爲能達到這種境地，孔子乃建立禮樂的制度，以禮制定個人在社會的地位，以樂結合大家的心情，「禮分，樂和」，爲儒家的傳統。

在我們現代的社會裡，禮樂已經不是社會的制度，只是社會教育的工具。現代社會爲和諧生活，建立自由平等制度；大家都享有同等的基本人權，大家都具有人類特性的自由。彼此互相尊重，互相和平問題。

基本的人權，出自人類的本性，爲保障人的生命，爲發展人的生命，人有權利使用這些行爲，如求食物、求職業、結婚、居住、行動、言論、信仰宗教，對於這些權利，國家的憲法常予以列出。中華民國現代憲法列舉；平等權，人身自由的保障，居住遷徙的自由，言論著作出版的自由，秘密通訊的自由，信仰宗教的自由，集會結社的自由，生存權工作權財產權的保障，還有人民有自由結婚的權利。

基本人權存在於人的本性上，憲法所給予的是予以保障，使能運用。
和諧生活的基本乃在於人運用自由「恰得其當」，所以中庸之道便是自由之道。

自由爲人的特徵，人的生命爲一種自由發展的生命，身體的自由不受人自由的支配，人只能用自由去協助；人的心靈生命，則完全由人自己決定，是自我意識的行動，便是自由的生命。

乙、自由

自由的意義，是自己爲自己行動的主人。我的行動，是我的行動；既是我的行動，便屬於我自己；屬於我自己，是我自己所願意的；我自己所願意的，就是由我自己作主。願意是我的心願意，心代表我自己，無論誰也不能代替，身體的四肢百官，別人都可以拿去，也可以代爲，別人可以開可以閉，也可以挖去。心則看不見，摸不著，只有我自己知道，只由我自己作主，外力不能強迫。

自己作主，是說一項行動，無論思言行，是我所願意做的才做；或是一項行動，無論思言行，是我所不願做才不做。這種意義是自由的本來意義，也是自由的高貴點。

普通說自由是在兩項或多項的行動中選擇一項，或都不選擇，這是選擇的自由，是人類的自由；但是對於真正的真美善，則是不有選擇的自由。

選擇的自由似乎較比不選擇的自由更好更高，實際上卻不是這樣。自由是自己作主，自己作的事必定對於自己的生命有益，這是生命的天然原則，生命絕不傷害自己。爲生命有益的是真善美，因爲生命本體是真善美，生命的活動則在於追求真善美的發揚。真善美的本體，爲絕對真善美，即是絕對的實有體，宇宙間的一切，只是相對的真善美，但雖是相對的，卻能是真正的真善美。對於絕對的真善美不能有選擇的自由，對於相對的真善美，也應該選擇，這種選擇，怎麼能說是自由？因爲是自己願意選的。

自由的根基，在於心靈，心靈能知，能主宰，也就是理智和意志。不知，不能有自由；不主宰，也不能有自由。知越成全，自由越大；主宰越成全，自由也越大。然而人是有限的相對性實有體，人心的理智對事物的認識也就有限，對於客體事物不能都認識，也不都認識清楚。對於不認識的事物，人心不能願意。

選擇的自由，不僅因爲人的認識智力有限，又因爲萬物的眞善美也都是有限，不過具有高下的差別，便不能必定吸引人的心。

男女青年追求結婚的對象時，都是在比較更好的對象中去選，假若遇到一個最美最善的對象，必定馬上選擇，否則，失去了便再找不到了。這都是因爲世上事物各自具有相對的有限的眞美善，人心不能被決定於一，所以人心可以有選擇的自由，但這不是自由的眞諦，自由的眞諦在於自己作主。自己作主，對於不足以全部滿足人心的對象，便可以選擇自以爲較好的對象，於是乃有選擇的自由。

選擇的自由，也並不是任意選擇，在善與惡的中間，只能選擇善，因爲人的本性，必定選擇有益於生命的事物，惡的事物對於生命常有害，是因人錯認惡爲善，有時兩惡之中選擇較小者，也是以小惡對自己爲善。例如強盜要錢，否則要命，便祇好把錢給他以保性命。

自由是在內心，內心沒有外力可以強迫，軀體的行動則可以被外力驅使。若是心裡不願意，外面被強迫的行動，不歸屬於自己，不算自己的行動，或善或惡，都不負責。女子如遭人強暴，心中始終反對，她並沒有失節。

人有自由，是因人有心靈。心靈爲精神體，不天生被定於一，要自己決定。這是因爲人心有理智和意志，理智能知，意志能斷；人的自由便由理智和意志而成。

理智能知，知識是人行動的照路燈，沒有知識，人不會行動。若說生理的生活，天然行動不停，不算爲人自我的活動，嬰兒、白癡、睡眠的人都有這種天然活動。真正人的活動，是人有意識的活動，有意識的活動，必先有知識。有知識，才有自由。知識越清楚，越完全，自由也越大，越完美；知識不明白、懷疑、不定、甚至錯誤，自由隨著減少，甚至消失。

理智的運用，常和客體的可認識性成比例。客體簡單明瞭，理智便能認識清楚；客體若複雜，若曖昧，若艱深，理智便分辨不清。但是理智運用也可以受內心的牽制，那就是情慾。當情慾對於一客體，有強烈愛或恨，就可以蒙蔽理智，使客體看不清。俗語說：「當局者迷，旁觀者清。」作事的決定，須人心冷靜，才能正確。

自由的基本因素，在於人心意志的決定，人心看清了客體的事物，意志便作決定，乃有選擇。意志的決定—代表人自己的決定，就是自由。

意志的決定能受外力和內心的限制。外力的限制，或者使自己的決定不能實行，俗語常說「心有餘力不足」；或者使自己不能決定，而由外力強迫去做。內心的限制就是情慾，情慾對意志影響力很大，能夠予以左右，除非常加修養工夫，鍛鍊意志，否則意志抵不過情慾的誘惑。還有習慣也能左右意志，有壞習慣、沈酒好色、吸毒嗜賭，這等人的意志發揮不了效力。

自由的選擇，不是良心，自由是人心所定。人心選擇以後，良心會告訴選擇的好不好。普通所說：「懸崖勒馬」即是選擇錯了，臨時因良心的指示乃不動，也是真正的自由，因爲是自己戰勝了自己。

5. 發展的生活（仁愛生活）

甲、儒家的仁

生命常動，動爲發展，生命本性爲發展的生命。生命一旦停頓不動，生命就毀滅，生命一旦停止發展，就退縮枯萎。身體生命走這條路，心靈生活則永恆不停，若遭遇阻礙，就永久痛苦。

儒家從《易經》開始，以生命發展爲「仁」，天地以化生萬物爲心，故稱爲仁。仁就是生，桃杏的生命在果子的骨核中，稱爲桃仁杏仁。宋朝理學家朱熹以人的心和天地的心相同，人心乃是仁心，即是發展人的生命的心。孟子曾說：「仁者，人也」（盡心下）又說「仁，人心也」（告子上）萬物的生命，本性常向發展；天地使萬物發展，天地之心爲仁，這是因爲上天愛萬物。人心爲仁，人心常發展自己的生命，這種心也就是愛。

人的身體在母胎受孕，從胚胎發育成胎兒，胎兒出生，由嬰孩發展成小孩，成兒童，成少年，成壯年，然後退縮成老年，一直到死，一刻都不停止。

人的心靈，從嬰孩的懞懞無知，漸漸發展感覺知識；由感覺知識，到理智知識；由單純理智知識，到思考推理；由思考深入內心，達到反省的自我智識。理智的知識對於宇宙事物，追求無盡。

人的情意，由單純的痛苦、快樂經驗，到喜怒哀樂的情感；由單純的愛或恨，到複雜深沉的愛和恨；由盲目的衝動，到熟思考慮的抉擇。情意生命的發展，和知識的生命，並駕齊驅。

人的生命，無論在身體或心靈方面，一旦停止發展，生命就成爲不正常的生命。

心靈的生命，爲人的上部份生命，爲人生命的主腦，而且受人心的主宰，心靈生命的發展，便是人自己的生命。生命發展稱爲仁，仁特別代表心靈生命的發展，仁在人的生命中乃有特別重要的意義。

孔子曾說自己的思想，用一個字去貫通；這一個字就是仁。孟子則以人爲仁，不仁，便不是人。

發展生命，是愛生命，仁，就是愛。沒有人不愛惜自己的生命，尤其愛惜自己的精神生命。儒家的整個傳統思想，教人發展精神生命，一面求知識，一面求修德。《中庸》說：「故君子尊德性而道問學，致廣大而盡精微，極高明而道中庸，溫故而知新，敦厚以崇禮。」（第二十七章）

心靈的生命，有知識，有善德，儒家以善德爲重要。孔子乃以「仁」代表一切善德，爲善德的總綱。《易經》以「仁」爲乾，代表生命之元。仁原是愛生命之愛，仁用爲善德，仁便是愛，愛爲一切善德的總綱，心靈生命，便是愛的生命。這種生命，實現於孟子的「親親而仁民，仁民而愛物」。（盡心上）

墨子也說愛，仿效天志而兼愛，不分親疏。儒家的愛爲推己及人，由近及遠，分親疏，分遠近。孔子說：「己所不欲，勿施於人」（衛靈公）「己欲立而立人，己欲達而達人。」（雍也）

乙、基督的信仰

若望第一書說：

「可愛的諸位，我們應該彼此相愛，因為愛是出於天主；凡有愛的，都是出於天主，也認識天主；那不愛的，也不認識天主，因為天主是愛。天主對我們的愛在這事上已顯靈出來，就是天主把自己的獨生子，遣派到世界上來，好使我們藉著祂得到生命。愛就在於此，不是我們愛了天主，而是天主愛了我們，且遣派自己的兒子，為我們作贖罪祭。」（第四章第七節—第十節）

「天主是愛」，天主的生命就是愛，天主三位一體，彼此生命流通，流通的生命就是愛。聖父聖子聖神爲三位，然是一體，彼此共同「存有」在一個生命裡，既是絕對的「存有」，沒有任何需求，彼此中間的共同「存有」，就是互相的愛，愛是天主的「存有」，是天主的生命。

天主向外的行爲，便是施予自己的生命，施予自己的愛。天主創造宇宙萬有，就是愛的施予，因愛而造萬物。中國儒家主張天地有好生之德，天地愛生物，乃化生萬物，好生之德便是仁愛。天主造萬物，使萬物「存有」；天主的「存有」是生命，生命是愛，萬物的「存有」，便也是生命，也是愛。

新約聖經記述耶穌的話說：「田中的野花，天上的飛鳥，不播種，不紡織，天父上帝照顧牠們，飛鳥快樂地活著，野花顏色美麗鮮艷，這是天父的愛。」（馬竇福音 第五章）

人類有罪，失去了生命的目的，常墮落在罪惡的痛苦裡，天主因愛惜人類，遣派聖子降

世成人，取名耶穌。耶穌自己聲明愛惜人類，如同牧人愛惜羊群，自願爲救羊而捨棄性命。（若望福音 第八章）

耶穌教誨門徒們，天主所立的誡命，以兩條爲主要誡命：「第一條是：『以色列，你要聽！上主我們的天主是唯一的天主，你當全心，全靈，全意，全力愛上主，你的天主』第二條是：『你應當愛近人如你自己』。再沒有別的誡命比這兩條更大的了。」（馬爾谷福音第十二章第二十九節）

保祿宗徒在書信裡，也教訓信友們：愛，包括一切的誡命，是諸善的總綱：

「唯要以愛德彼此服事，因全部法律總括在這一句話內：愛人如己。」（迦太基人書 第五章第十三節）

「在這一切以上，尤該有愛德，因為愛德是全部善德的聯繫。」（哥羅森書第三章第十四節）

在默示錄裡，基督責斥厄弗所教會說：「我有反對你的一項，就是你拋棄了你的生命，你起初的愛德。」（默示錄 第二章第四節）

生命就是愛，天主的生命是愛，人的生命也是愛。誰不愛，就沒有生命。

生命常不停發展，發展是活動，生命的活動，不會也不能妨礙自己的發展。草木禽獸按照本性活動，從不傷害自己的生命，人有自由，可以違反人性而行，人所以有自己傷害自己，或自殺。在這些生理的活動上，人明白看出是違背人性；在心靈方面的活動，當人恨別人，或自私求利而傷害別人時，不容易看到是違背人性，因爲被慾情所掩蔽。傷害別人，就是傷害自己，愛是生命；傷害仁愛，也就是傷害自己的心靈生命。

註：

㈠ 宇宙的奧秘　卡爾沙根著　蘇義穠譯　桂冠圖書公司　頁四九。

㈡ 古人類古文化　賈世衡譯　五南圖書公司　頁七九。

㈢ 同上，頁九六到一一九。

㈣ 佛法哲學概論　釋白晉著　佛印月刊社　頁一〇五。

㈤ 哲學人類學　J.F.Donceel S.J.著　劉貴傑譯　巨流公司　頁四一二—四一三。

㈥ 同上，頁四一七—四一八。

㈦ John Herman Randall: The Making of Modern Mind. New York. Colombia Press.

1976, P.480.

(八) 人之哲學　項退結　中華文藝復興出版　民七一年　頁一〇六　參考所引莫諾著「偶然與必然」(Le hasard etla necessi'te)的各節。

(九) 當代德國思潮譯叢（3）　孫志文主編　聯經出版公司　民七十一年頁一二三。

(十) 朱熹　朱子語類　卷四。

(十一) 雅斯培　人是什麼　當代德國思潮譯叢（2）　孫志文主編　頁六六。

(十二) 董仲舒　春秋繁露　卷十三　人副天數。

第三章　人生的因素

一、人生的目的

1. 人生以福利爲目的

歷史哲學研究歷史有不同意義，有不同目的，歷史哲學的兩大派別各有各的意見：理論歷史哲學派認爲歷史有意義，有目的；批評歷史哲學派否認這一切。英國卡爾•波普（Karl Raimund Popper）說：「我不想在這裡涉及『意義』的意義問題，當大多數人說起『歷史的意義』或『人生的意義或目的』的時候，他們很明確地懂得所指的是什麼意思，我認爲這是當然的。在這個意義上，即在提出歷史的意義這個問題的意義上，我回答說：歷史沒有意義。」㈠因爲批評歷史派的學者以爲歷史爲單獨的事實，不能連繫起來。每樁事件可以有意義，可以有目的，整體的人類歷史則不能有，而且還不能有一本真正代表全人類的世界史。

同樣，一個人的生活，能夠有他所想的目的和意義，整個人類的生活不能夠有共同的目的和意義。但是從理論方面講，歷史是人類生活的歷程，人在生活中每樁活動常有意向，意向常可能隨著每樁事件而變。再從深處著想，人有共同的人性，人性表現在共同的人心，人心在基本上相同。既然人心有共同的基本點，人心的基本傾向必相同。歷史的事件是人的事件，事件雖然各不相同，但在基本的意向上，必有共同點。哲學從理論方面，研究人性的共同點，歷史從具體的事件上，研究人性的共同點，從歷史所表現的共同點，可以看到人性的特點。這種特點就代表歷史的意義和目的，也代表人生的意義和目的。

現在所有的歷史，普遍都是政治史，以文化爲世界史剛剛開始；在政治史裡也可以看出人性的傾向。種種歷史的事實都顯露出人類常是追求保全自己的存在和發展自己的存在，在國家方面，也常追求國家民族的生存和發展。這一點乃是一切物體的天性，有生命表現的動植物，更是明顯地顯露這種天性。有人或者要說這種天性有什麼特別應當注意的地方，這只是一種空空的天性，怎麼可以作歷史的意義和目的？爲普通人可以這麼說，爲研究哲學的人則真正有特別的意義。追求生存和發展生存，爲一切物體的天性，怎樣去追求，則按每種物體的本性而不同。人是心物合一的人，他是從心靈和身體去追求，追求的活動就是人的生活，生活的歷程就是歷史。因此，追求生命的保存和發展，爲歷史的意義和目的，也就是人生活的意義和目的。

軀體的生命，是軀體各器官的活動。人便追求保全軀體的各種器官；各種器官和神經系統相連，構成人的心理生活，乃有滿足的快樂和不滿足的痛苦，人便追求器官的快樂。告子曾說食色是人的天性，人就追求食色器官的滿足。

心靈的生命，是理智、意志、感情的活動，人便追求真美善。因爲人是心物合一體，真美善便常使心靈的快樂泛溢到軀體，使軀體也感到滿足。

人的生活所有動作，無論大小，都是明顯地或隱藏地傾向這個人生目的。至於意義則看追求的動作和目的的關係而定。有些動作和這個人生目的直接有關係，而且關係很大，動作的意義就很高。有些動作，關係只是間接的，意義就不高。有些動作和人生目的相反，不但沒有人生的意義，還有對人生或重或輕的傷害。

爲什麼生活的動作相反人生目的，而傷害人生呢？那不是人直接追求，而是誤以爲傷害人生的動作爲有益的動作。沒有人願意傷害自己，就是自殺的人也不是直接願意傷害自己，而是誤以爲這樣做，使自己在兩害中選擇小的傷害。吸毒的人，不是願意傷害自己，而是誤以爲吸毒爲自己有好處，同樣酗酒和嗜賭的人也是這樣。人活著的目的，必定是求自己的好處。人求自己的好處，好處的學術名詞爲「福利」，人常是求福免禍。中國的古代文字，現存最早的是甲骨文，甲骨文是刻在龜殼和牛骨的文字，龜殼和牛骨當時用爲卜卦，卜卦是爲求預先知道事件的吉凶，吉凶就是福禍。中國最早的經書爲《易經》，《易經》是一冊周代卜卦的書，是接替龜殼和牛骨卜卦用的。孔子在「十翼」的思想裡，以行善避惡代替卜卦，行善有賞，行惡有罰，賞罰便是福禍。行善爲得福，避惡爲避禍。漢朝盛行的「天人感應」說，自然界的祥瑞或災殃，預示上天的賞罰，也預告君王行善以接受祥瑞預示的福，改過以避免災殃所預示的禍。求福避禍，所以代表人的天性。

天主教的信仰，以人生的目的，在於追求來生的永福，永福爲欣賞天主上帝的絕對真美善，即能認識天主的本性。天主爲絕對真美善，當面直接認識，不假觀念，因認識而欣賞，因欣賞而快樂。如同我們現在認識「美」而欣賞，而快樂。爲能達到身後面見天主，需要心靈純淨無罪，人在現世便要勉力行善避惡。胡適和錢穆曾譏刺天主教爲功利主義，行善爲求福。實際上人爲行事，沒有一事不是爲求福，只是福的解釋是否合理。

墨子主張求利，孔子主張求義，排除求利。實際上，孔子的利爲私利，墨子也排除；墨子的利爲公利，等於孔子的義。

人的生命以心靈爲高，人所求福利，應以心靈福利爲目的。

2. 立志

人生的目的，爲人生命本性的傾向，人本性傾向於求生命的保全和發展，這個傾向是追求人生命的福利。追求福利爲人生的目的。

追求福利的目的，乃是一個抽象的觀念，是一個理想，在實際上由每個人按照自己的個性和環境，要選擇一項實際的福利，作爲自己一生的目標，把目標作爲自己的志向，以發動自己的行爲。因此，人須立志。

每樁事，自己都要定奪，定奪應有一個長久的標準，以免生活飄忽不定。這種長久的標準，乃是志向。

志向，是我們行動的目標。每樁行動都有目標，行動不是單獨的動，而是互相連結的動，連結的動結合人的生活；每樁行動的目標也要互相連結，而成一總目標爲生活目標。生活目標即是志向，乃人所決定，作爲一生行動的趨向。

一個人決定一志向，即按他的價值觀而定。價值觀對於人生的意義，由每人所決定的志向而顯出，價值觀正確，志向也必正確。

人生的志向，按理說應當是求自己生命的完成：在物質生命方面，求身體的發育；在精神生命方面，求人格的成全。每一個人的志向，應該是在完成一個理想的我。理想的我，在內部培養一個完全的人格，在外面則表現在工作的成就。孔子曾說成全人格的理想：現今成全的人格，只要做到看見利能想到義，看見危難能交出自己的性命，跟人有舊約，不要忘掉平日許人的諾言，這也可以說是人格完備的人了。

這種成全的人格，在現在的社會裡還可以作爲人生的目標。看到「錢」就要想到「義」，這是有職業的道德；在要爲國爲道德須殉難時，敢交出自己的性命，這是有氣節；一個女子，寧願死，不願被強暴，事事講信實，重承諾，這是誠實可靠的人，在現在的社會裡，具有這樣人格的人，一定受人尊重。

有一次，門生詢問孔子有何志向，子曰：

「老者安之，朋友信之，少者懷之。」（公冶長）

立志成一個人格高的人，這是一個人一生的志向，是倫理方面由良心指揮的行爲規範。一個人在另一方面，在社會工作方面也有一生的志向，規定自己一生要做什麼工作，要有什麼目標。這種志向非常重要，就好比射擊的人所定的射擊牌，爲青年人生活的第一義。自己將來做什麼職業？要有什麼成就？有了既定的目標，行動才有意義，生活也有意義。

志向的建立，需要先認識自己，認識自己所有天賦的才力和傾向，經過心理測驗和反省，慎重地評估。又要對生活環境有所認知，將來工作可能有的發展，仔細考慮。對於這些知識，一個人自己的知力常嫌不足，便首先向父母請教，同師長商量。孔子說自己十五歲立志求學，當時求學不是一般人所做的。孔子在十五歲立定這個志向，終生做讀書人，屬於古代士農工商的士，現代立志求學，則是終生作教師，作學術研究，活動的範圍很狹小。工商界的活動，則是夜以繼日，海闊天空。但是無論選擇何種職業，總不能以賺錢爲目標，立志成富豪，可能爲求富將來不擇手段，人格卑下。

工作的志向，不能和人格的志向分開，在工作的志向裡，包含人格的志向。工作志向的範圍，眼睛要看得遠，胸襟要寬，決不要包在一個人的福利以內。基督宣講真福八端，是山上講的；基督死時看見的目標，也是在山上從十字架上去看，看到世界的人類，決定志向，要有「登泰山而小天下」的氣概。

志向決定了，就須抱定決心貫徹到底，只有志向而不實踐，較比沒有志向更糟。爲貫徹志向，需要堅強的意志；意志的堅強，由平日鍛鍊而成。《易經》乾卦〈文言〉說「天行健，君子自強不息。」自強不息就是常常鍛鍊意志。

鍛鍊意志由消極和積極兩方面去努力。消極的努力，在於消除意志力的阻礙。我們一遇到困難，意志力就遇到阻礙，困難愈大，阻礙也愈大。因爲遇到困難，心理方面就發生恐懼，若是因著困難而失敗，就可能心灰意冷，或者後退，或者改變主意，志向就遭破壞。要緊把困難當作試金石，當作煉金的火爐，絕不後退。人世沒有一樁不遇困難；不遇困難的事，必定是毫無價值的事。一個人所立定的志向，在實踐上不費舉手之勞，則所定的志向必無意義。

意志的鍛鍊在積極方面，是培養自己的意志力。例如立志求學，就規定讀書或研究的時間，努力遵守。又如，正當想抽煙時，故意不抽；想看電視時，故意不看，願意做自己該做的事，好好去做。這樣，自己鍛鍊做自己的主人，不作情慾或墮性的奴隸。有些年輕人自以爲自己有性格，做事和人不同，目標新奇，不接納別人的意見，實際上則是成了自私的奴才，不能表現自己是有理智，有品德的人。

鍛鍊意志，在日常生活上下功夫，守時間表即是一種考驗。不輕易許諾，有了就必實踐，守信是一種考驗。知道什麼事錯了，就決意改正，改過是一種考驗。應該作的事，不怕困難或困擾，困難困擾就是一種考驗。

現在我們講教育就是人格教育，人格教育就是意志教育，意志教育則是規律的教育。或是遵守自己所屬團體的規律，或是恪守自己所定的規律，遵守規律就是鍛鍊意志。經過意志的鍛鍊，不會輕易動怒，不會輕易許諾，失敗不會灰心，成功不會心驕。孔子曾說：

「三軍可奪帥也，匹夫不可奪志也。」（子罕）

意志堅強的人，有的是天生的，有的則是經過鍛鍊的。有堅強的意志，才能保持自己的志向。孟子曾說：

「人有不為也，而後可以有為。」（萬章下）

不是想做甚麼事，就做什麼事，爲一個意志堅強的人。想做的事雖好，自己卻能說既不是應該做的事，我這次不做；若是想做的事是不好的事，自己決定不做，這種人才是意志堅強的人，才可以有作爲。古今的聖賢豪傑，莫不是意志不平凡的人。人世成功的秘訣，就在於意志的堅強。

人生絕不會沒有痛苦，做事絕不會沒有困難，意志堅強的人，不會因著痛苦或困難就半途而廢，而是越有痛苦困難，越鼓起勇氣向前。在心理上，做沒有痛苦或困難的事，感覺太平庸，激不起做事的興趣；遇到痛苦和困難，才感到真正在做事，才體會做事的意義。

忍辱負重，爲做事成功的難關。走路過難關時，心情沉重，步履緩慢，眼睛向前，閉口不言，只求過關，不作旁的妄想。作事遇到難關時，就用這種心情，只看工作，不看旁人的臉色。若是基督徒，他心眼看基督在十字架的沉默忍苦，必有心安向前的勇氣。

跌倒再起來，在生活各方面，常免不了失足的地方，常少不了失意的苦痛，就像走路的人不小心跌了一跤。走路的人跌倒了，必定站起來，繼續向前走，有志氣的人不會怕跌倒，不怕跌倒，才會成大事。

二、人生規律

1. 性律

人生是一種活動，活動必有規律。人在宇宙以內，宇宙變化有變化之道，宇宙萬物變化之道，爲自然法。自然界萬物的變動，科學家深入研究，續有發現；一般人看自然界的變化，一切都有次序，而且互相協調。中國古代爲農業時代，一年的時間分爲四季，十二月，二十四節氣，七十二候，依照天時和農業的關係分配，農產物的生長，按照節氣以成春生、夏長、秋收、冬藏的次序。現在，科學興盛，農業也科學化了，農業的工作藉用科學的工具和資料，企圖脫離天時地利的限制，產品固然增加了，環境卻遭污染，破壞宇宙的和諧，使人類的生命遭受傷害。

人類的生命，爲宇宙的一部份，在宇宙的關係中，人類要遵守宇宙的自然法；人類生活本身又有自己的規律，這種規律是人的本性，本性具有人生命的性律。

人性爲人生的規律，凡是人都直接體認到自己心內有天生的生活規律，作爲實際的標準，例如「行善避惡」，無論古今中外的人，都天生地知道惡事不能做，可能對於善惡的分辨有些不同，但對於不能做惡事，則都有同感。

人性爲人之所以爲人的理；在本體方面，人有所以爲人之理；在行動方面，也有所以爲人之理。凡是物，都各按各自的物性而生存，礦物有礦物的性，植物有植物的性，動物有動物的性，人有人的性。萬物天然地按照物性或存在或發展，桃樹按照桃樹之性而發育，狗按照狗性而生活。萬物沒有自由，自然地「率性」；人有自由，自己要願意「率性」；爲使自己願意，須受教育，須自加修養，「率性之謂道，修道之謂教。」（中庸 第一章）

人性爲人類所共有，人性的規律，爲人類所共有的規律，不分古今，不分中外，稱爲「性律」，或稱「自然法」。

「性律」的意義，爲人性所有的規律，具有普遍的效力，長久不變。在倫理學上和法學上，現在有許多學者反對「性律」的觀念和意義。他們否認「人性」的觀念，主張性律爲人類的普遍法，然隨時代而變，沒有一成不變的倫理規律。

否認人性觀念的學者，以爲「人性」爲人對人的認識，是人的一種觀念，不代表實體，不是一成不變。但是在哲學的認識論研究認識的問題，我常說一切的名詞，一切的學術，都是人對事物的認識，因爲我們稱呼事物的名，討論事物的實，都是由我們對事物的認識而來，而且就都是我們對事物的認識，因爲這一些活動都是理智的活動。中心的一點，不在於人的認識，而是在於人的認識代表客體的對象，不是由人自己所幻想的。

人性是人對於人的認識，對於人的認識在歷代的學術思想上能夠有變易。但是人對於人的認識，也是我對於我自己的認識，我對於我自己的認識在基本點上是直覺的，是天然的。例如「我有理智而講理」，我自然就知道，你也自然知道，他也自然知道。這一點便代表人對於人的基本認識，大家相同，處處相同。假使沒有一共同的基本點，則這一時代所認識的人，和別一時代所認識的人，完全不同，便沒有人類可談了。

人既然在本體上有共同的人性，共同的人性爲人的基本點，人在做人的生活上也應該有共同的基本點，否則便不成爲人了。這種做人生活的基本點，就是人生的「性律」。

都可以認識，其他複雜的後天規律應以「性律」爲基礎。反對「性律」絕對不變的學者，常從社會史方面去講，引用許多倫理規律的實例，如男女兩方面的倫理規律，孝道的倫理規律，隨地不同，隨時而異。然而這些規律不是「性律」，只是後天人造的規律，後天人造的規律當然隨著社會而變，不過在變易中常有不變的一點，例如孝道規律可變，「子女要孝順父母」的一點則不能變，這不變的一點便是「性律」。

「性律」究竟有多少條？人們怎麼可以知道？「性律」有多少條，歷代學者沒有研究討論，大家都只說只有最基本的幾條，人們從自己的良心（良知）可以知道。

「性律」是我們人生活的基本規律，人的生活是生命的發展，性律便應是關於生命的基本規律。生命的基本規律：第一，愛自己的生命和別人的生命，不應該自殺或殺人。第二，愛自己生命的根源，即是愛父母和子女，直系血親不能結婚。第三，保留自己生命的急需，也有方法去取得，便應有最基本的私產，也就不能偷盜。第四，生命的流傳有婚姻制度，制度可以不同，制度以外的男女關係不合倫理。第五，生命有基本的活動，私人和團體不宜加以妨礙，例如作工以謀生。這些規律可以說是「性律」的內容。還有基本的人權，就是以性律爲基礎之生命權、結婚權、生育權、私產權、自由權等。

天主教的信仰裡，還有「十誡」，「十誡」是天主所頒，稱爲「神律」，內容則和「性律」相彷彿。一、欽崇天主在萬有之上。二、毋呼天主聖名以發虛誓。三、守教會節日和主日。四、孝敬父母。五、毋殺人。六、毋行邪淫。七、勿偷盜。八、毋妄證。九、毋貪他人妻。十、毋貪他人財物。

2. 法律

人生活在社會裡，社會應該有組織，組織便應有章程。社會組織中最完全的是國家，國家乃有法律。

法字在中國古代有模型有標準的意思。爲模型，因法與古刑字同義。爲標準，因法的古字爲灋去。但是法律的法，已不是簡單的字義；法家的法，涵義已很複雜。

在法學上，法的第一意義，是一國人民的行動規律。法家所以任法，是以國家無法則亂。所謂亂，即是沒有秩序。人民沒有秩序，是因爲人民沒有規律。法即是給人民一種規律，而且這種規律，全國都一致。愼到的佚文有說：

「法者，所以齊天之動，至公大家之制也。」（馬驌 繹史 百十九卷）

天下的人民既眾，若是他們的行動，沒有一致的規律，叫他們都整齊劃一，天下必亂。管仲說：

「明主者，一度量，立表儀，而堅守之；故令下而民從。法者，天下之程式也，萬事之儀表也。」（管子　明法解篇）

法，爲天下之程式，天下的人，在行動時，都看著法，把法當作模型，照著法去做。法即是天下人行動的程式，人在行動時，便該照樣套上這種程式。法又爲萬事的儀表。儀表是一件事物的外形，法即是社會上一切事件的外形，一切事都該有這種儀表。尹文子所以說：「百度皆準於法」。

欲使全國人民，在行動上，都守一致的程式，在做事上，都有一律的儀表，則不是一兩個私人所立的規律，所能做到的。所以法，乃是國家公佈的法令。韓非子說：

「法者，憲令著於官府，刑罰必於民心，賞存乎愼法，而罰加乎姦令者也。」（韓非子　難三篇）

又說：

「法者，編著之圖籍，設於官府，而在之於百姓者也。」（韓非子 難三篇）

在未公佈以前的規律，不能稱爲法。即使人君偶然一兩次按著一種標準定刑賞，這種標準，既未制成法，而公佈之，仍舊不是法律。

法該是成文而公布的法令，一方面免得人君和官吏，任意定刑賞，另一方面，使人民容易知道法令的條文，可以遵守。

3. 良心

生活的倫理規範，在現代的社會裡愈演愈複雜。法規日漸增多，活動越動越多。每個人既沒有精力，也沒有時間，學習一切法規。可是每個人每天在動，而且每一時刻都在動，不是行就是言，不是言行就是思慮，這一切都要合乎倫理規律。我們人應該怎麼辦？造物主給人類設了一個很簡單的辦法，就是每個人在思言行動時，內心自然知道可以做或不可以做。這種天然的「是非知識」稱爲「良心」，或稱爲「良知」，孟子所說的「不學而知」。

「良心」是人心的一種警告，告訴人目前的思、言、行，可以做或不可以做。這個警告，每個人都有，對每樁事都有，而且是自然的，成爲每個人對於行事（思言行）的必然規律。人必定要遵照，否則違反良心就是作惡。

「良心」是人心的警告，不來自外面的勸戒，而是當人要行動時，自心立刻有種評判，評判這種行動是對或不對。同時就警告該做或不該做，西洋大哲學家聖多瑪斯曾詳細加以解釋。

「良心」的內容非常簡單，在對於當前要有的行動，或是思或是言或是行，指示是非，警戒可做或不可做。這個警告出自理智，不是一種下意識或無意識的衝動。只有有理智活動的人才有，喪失理智或精神混亂的人不能有，人在睡眠中也不能有。這種理智警告自然而生，必然而來，不需人去追求。但是對於行動的是非評判，通常是天然而知，不必學習，因爲「良心」的評判即是「性律」的表現，人性的天生規律對於人的行動，天然地讓人知道。不過「性律」只是普遍簡單的規律，對於簡單的行動立時指示是非，但若行動的內容複雜，或是環境複雜，良心不能馬上評判，人心便忐忑不安，不知如何定斷。因此人應該對於法律，對於倫理學或社會學加以研究，或是向明智人請教，使良心能有一判斷，知道目前的行動是善是惡，可做或不可做。最後，人還是照「良心」的指示去做，即使做錯了仍舊免於罪惡。人對行動的最後規律，或最實際的標準，乃是良心，但為使良心正確，除天生性律的知識，人應該對後天的倫理規律加以學習。

目前，社會的成年人和青年人，在打倒傳統的風氣下長成，對於是非善惡，表示不關心。青少年的犯罪的記錄，日漸加多。在社會裡，每個人的生命隨時可以遇到威脅。許多有人心士乃主張恢復傳統道德。

但是最重要的一點，則在於尊重自己的良心，自己要對得起自己。良心不會消失，作惡必定受自己內心的指責。每個人常要聽自己的良心，常要知道反心自問。孔子曾經說人生的大快樂，在於自覺自心無慚。「內省不疚，夫何憂懼。」不憂不懼，便稱得起是「君子」。（論語 顏淵）孟子曾經說君子有三種快樂；第二種快樂，就是對得起上天，對得起別人，問心無愧。（盡心上）

誠，為人生的大道，誠是誠於自己然後才能誠於別人。誠於自己，在誠於自己的良心，王陽明稱為「知行合一」。良心為每個人行動的規律，這也是人之所以為人的最高理由，人的行動由自己作主，由自己內心的良心作主，聽良心指導，乃是聽自己的指導。

但為使自己良心的評判常常正確，自己便應培養自己的良心。良心是理智的評判，良心評判雖是天生的，然受後天的影響很大。人事越來越複雜，良心不僅憑天生知識，就能評判一切行動的善惡，自己平日應加增學識。另一方面，慾情常能掩蔽理智，也能擾亂理智，因此人要習慣冷靜，作事不要衝動。當內心煩亂的時候，不要行動。青年人喜歡動，喜歡動的快，便要在清晨或深夜的時候，個人反省一下對於今天或昨天的行動，良心有什麼話說。習慣聽良心的話，必定可以建立高尚的人格。

三、命

1. 命

中國傳統哲學裡，樂天的思想很深。孔子孟子都屬樂天的積極人生派，孔子常說自己「其爲人也，發憤忘食，樂以忘憂，不知老之將至爾」（述而）又說「飯疏食，飲水，曲肱而枕之，樂亦在其中矣。」（述而）所以平日「子之燕居，申申如也，夭夭如也。」（述而）然而孔子也有對人生茫然不知的時候，「伯牛有疾，子問之，自牖執其手，曰：云之！命矣夫！斯人而有斯疾也！」（雍也）「顏淵死，子曰：噫！天喪予！天喪予」（先進）「命」字，在中國歷代的學者中，常是問題，在一般人的心中，則常是苦惱。

人的生命在時間裡發展，時間隨著宇宙的變遷，循環不息。一年四季，一天晝夜，繼續運行。但是人生命的發展，隨著時間的年數，直線地向前進，永不後退。只有人的記憶，往後回顧，想起所有的經歷。想起的經驗是一樁一樁的事實，和事實發生的當時所有的心情，心情和事實相合，結成每個人一生中的悲歡離合，作為一生的遭遇，構成一個人的歷史。一個人要看自己的生命時，就只看自己所有經歷寫成的歷史：經歷便成了人生命的代表。

經歷由人生的遭遇而成，遭遇是一樁樁的事實，事實常可由自己的意志去控制。人為自己立定志向，志向便成為人一生遭遇的線索，因為人向所定的志向走，乃作成和志向相連的種種事實。但是因著人生活在實際的社會以內，社會的各種環境都多少影響人的遭遇，人的意志不能完全作主，人常在求應付環境，也在求勝過環境。但是在人所有一生的遭遇裡，有些遭遇完全超出人的意志力，而且可以影響人的整個一生。例如出生在何等家庭裡，貧家哪！富家哪！又如一生的壽數，短壽哪！長壽哪！對於這些遭遇，人只有接受，甘心不甘心，都不能改變。普通稱這種遭遇為命運。

在西洋歷史哲學中，有歷史決定論的主張。「人們時常提出這個命題，就是我們所做的和所遭遇的一切都是同一個固定模式的一部份，拉普拉斯的信徒們能在歷史時間內任何一個時刻準確地描述過去的和未來的每一件大事，包括『內心』生活的大事。如人的思想，感覺，行爲等等，並從這個命題中分出各種各樣的含義。相信它是真理的人，有的感到沮喪，有的受到啓示。」(二)

甲、命的來源

命字，在中國的思想裡，起源很早。《書經》裡有天命，湯王和武王都說明自己奉上天之命，起兵征伐桀王和紂王。「有夏多罪，天命殛之。」（誥誓）「今予發恭行天之罰。」（牧誓）皇帝由上天所選，桀王紂王暴虐百姓，上天乃命湯王武王代爲皇帝。這是關於國家大事，古人相信由上天處理。孔子和孟子相信天命，所相信的天命是關於自己本身的事。孔子和孟子都自信奉有上天的使命，傳播堯舜的大道。孔子在匡地被圍，門生都生戒心，孔子卻說：「天之未喪斯文也，匡人其如予何？」（子罕）孟子也說自己不能遇見魯侯，乃是上天的意思：「吾之不遇魯侯，天也！臧氏之子，焉能使予不遇哉！（梁惠王下）這種天命是使命，上天委託一項重要工作。孔子和孟子又相信對於每個人的生命所有的命；孔子的門生伯牛害了重病，孔子去看他，牽著他的手嘆說：「亡之，命矣夫！斯人也，而有斯疾也。」（雍也）孔子乃說：「君子有三畏：畏天命，畏大人，畏聖人之言。」（季氏）又說：「不知命，無以為君子。」（堯曰）孟子也曾記孔子的話：「孔子進以禮，退以義，得與不得，曰有命。」（萬章上）孟子自己也說：「莫非命也。桎梏死者，非正命也。」（盡心上）

中國歷代的學者，都有關於命的話，普通一般人，也莫不相信命。所謂命，是指天生的事，人不能抵抗。這些事，包括窮達、貧富、壽夭。孔子和孟子周遊列國，想得卿相的職位，以行堯舜之道，但都沒有得到，所以說：「命也」。生在貧家，生在富家，「命也」。活到長壽，或不幸短命而死，「命也」。對於這些事，人都不能自己作主，乃是上天所安排。還有由人安排的事，結果卻不能如人所想望的，於是也說：「命也」。例如，男女青年互相戀愛，希望結婚，卻不能行，乃說：「沒有緣份」，緣份就是命。兩夫婦結婚多年互相親愛，一旦忽然因事爭執，竟致不能同居，互相分離，彼此嘆說：「命也」。又如：一個青年專心讀書，預備聯考，日期到了，卻生了病，眼巴巴看著考期空空過去，只好說：「命也」。在人生還有許多的事，事情的變化無法解釋時，便都歸之於命。當然也有人絕不相信命；然而真正不相信命的人，不多！

命，是怎麼來的？古人說是上天所定，天主教人士也相信天主所安排。現代不信宗教的人，或者不相信命運，或者說這是自然而然，沒有什麼可以解釋。我出生，不是我自己所定的；我的個性，不是我所願意的；我出生的家庭，不是我所選擇的，我們相信宗教的人，相信這一切乃是造物主天主所定的。不相信宗教的人則說：誰也不知道所以然，只是偶然而生的。命，對於人生，價值很大，怎麼可以是偶然盲目的遭遇。

乙、應付命運

孔子說君子人應該知命，孟子說君子人「順受其正」。對於命，人要順受，以安於命；然而不是消極地被命運折磨，而是積極地順命以行事。有人說：不向命運低頭，乃是好漢，孔子卻說：「君子畏天命」，畏是敬重，君子人敬重天命，不輕言反抗。反抗命不是人生的常道，任憑命運折磨，更不是人生的常道。「順命以正」，知道我的命是若何的命，善用命的條件和範圍，以完成自己的生命。

貧富、窮達、壽夭，不是人生價值的因素。世界上的偉人，出身貧賤的多於出身富貴家的，年青力強的多於長壽的老人，一生不做高官多於做高官的。這種貧富、窮達、壽夭的命，不能影響人生的成就。安心接受這種命，自己努力工作，可以創造自己的人格和事業。

「人定勝天」，人常引以自豪。這所謂天，指著自然界的環境和現象，用科學的發明，人能加以改善。至於說「不向命運低頭」，自以爲「人定勝天」，這種命運不是天設的，乃是人自己造的，人因著自然環境或人事遭遇，常受打擊，遂認爲是命運的戲弄，自下決心迎頭痛擊。實際上，他所擊的不是天命，乃是人命。對於人事，天主教人士也相信有天主的安排；然而這種安排，只是天主對於人事的認可，並不是天主命定這事。我們接受天主對世事的認可等於祂的安排，然而同時也知道天主鼓勵我們向前，不因逆境而灰心。

應付命運，首先要認識自己是否負有天命，天命的事可大可小。一個婦女自認真有治理家務、養育子女的使命，自己就接受這種使命，努力滿全。一個青年自認負有改革社會的使命，不是空想，便要去實行。國父 孫中山先生自認負有革命的使命，建立民國，便集合同志，前仆後繼地實行革命。再者，對於自己生命，或貧或富，或壽或夭，不以這種命運作為工作的限制，只以作為工作的範圍，平心靜氣地努力向前。最後，對於人事的困難，不認為是人生的命運，不計成敗，努力多以克服。顏回死，孔子哭得很痛心，以為太可惜；然而顏回雖短命夭折，他居陋巷而樂，求學舉一反十的經歷，已足為世師。他較比孔子的其他弟子，活到高壽的，更受後人的尊敬。命運不足以影響人生，而是人生建立在命運上。

四、苦樂

人生的貼身經歷，爲苦痛和快樂。在這兩種經驗裡，心靈和身體，緊相結合，互分憂喜。一個人的整體生命，可以視爲由痛苦和快樂所組成，從人一出母胎，一直到嚥最後一口氣，痛苦和快樂不會離開人。知道痛苦和快樂的意義，採取合理合情的接受態度，爲人生的一樁大學問，因爲這兩種經歷，構成人的生命。

1. 痛苦

甲、痛苦的意義

痛苦，是當事實相反我們的要求時，心理上所發表的反應，人感覺到缺陷和失望。身體上的痛苦，是身體的一部份，遭遇違反身體的天然要求而受傷，產生神經的緊張。例如手指被咬，受了傷，神經緊縮，產生劇痛。精神上的痛苦，是心靈遭遇一樁反心靈的要求，神經緊張，感到痛楚。痛苦的成因，第一，是一種違反人所要求的事；第二，是神經的敏感。因此，若事事如意，身體上也沒有違反生理的事，就不會有痛苦。又若神經痲木，不能感觸，也就不覺到痛苦，在醫學上所用痲醉劑，即是使神經失去感覺，人能不覺到苦楚。

痛苦，在人生命的歷程中，常時時出現。嬰孩一出母胎，第一聲是哭，哭是痛苦的表現。佛祖釋迦牟尼創立佛教，宗旨是四諦：苦集滅道。他認定人生是痛苦，就追究痛苦的結集原因，然後宣講消滅痛苦的途徑，人乃能進入幸福的大道。佛祖以痛苦爲惡，原因來自人的愚昧，人因愚昧以不存在的事物爲有，頓生貪心，貪而不得，遂有痛苦。痛苦的源在於貪，貪生於人的愚昧無明，消滅痛苦之道，以真道光照人心，真道是宇宙萬物皆空。一切都是虛空，連自己本人也是空，還有什麼可貪。

道家也以痛苦爲惡，痛苦由人所造。老子說：「五色令人目盲，五聲令人耳聾，五味令人口爽，馳騁畋獵令人心發狂，難得之貨，令人行防。是以聖人爲腹不爲目，故去彼取此。」（道德經 第十二章）五色五聲和難得之貨，是人所造，令人起貪心，貪而不得，必有痛苦。老子乃主張：「絕聖棄智，民利百倍。……見素抱樸，少私寡欲。」（第十九章）「不尙賢，使民不爭；不貴難得之貨，使民不爲盜；不見可欲，使民心不亂。是以聖人之治，虛其心，實其腹，弱其志，強其骨，常使民無知無欲，使夫智者不敢爲也，爲無爲則無不治。」（第三章）老子對於身體方面的欲望，主張愈少愈好，人應回到初民的生活，只求溫飽，其他的享受，只能添加人的痛苦。「名與身孰親？身與貨孰多？得與亡孰病？是故甚愛必多費，多藏必厚亡，知足不辱，知止不殆，可以長久。」（第四十四章）老子所求的，在於精神的自由，不受事物的拘束。事物的拘束，常造成人的痛苦。

儒家對於痛苦，予以積極的意義：第一，痛苦足以鍛鍊人的意志；第二，痛苦足以培養人的浩然之氣。人的意志，須加鍛鍊，嬌養的人，只是暖室中的花草，經不起日晒雨打。

孟子曾說：

「故天之降大任於斯人也，必先苦其心志，勞其筋骨，餓其體膚，空乏其身，行拂亂其所為，所以動心忍性，增益其所不能。人恆過，然後能改。困於心，衡於慮，而後作，徵於色，發於聲，而後喻。入則無法家拂士，出則無敵國外患者，國恆亡。然後知生於憂患，而死於安樂也。」

（孟子　告子下）

歷史上的偉人，現在的大企業家，多是從貧窮起家，在困難中奮鬥的人。孟子當時就舉出例子：舜王從農民起來做皇帝，傅說從築牆工人被舉爲卿相，膠鬲從販魚的行商被周文王所用，管仲從獄吏中被用，這樣的例子歷代都很多。偉人的事業越大，一生所經歷的困難必定多。先總統 蔣公一生的經歷就可以作一個明顯例子。蔣公在西安蒙難，更是危及生命。

儒家更以痛苦可以擴張胸懷，養成達觀的精神。常處在安樂中的人，對於人生不能深入瞭解，不能體貼各種境遇所引起的反應。遭遇了挫折，內心感覺了痛苦，對於人世的事物，如名利愛情，能夠有了切膚的經驗，乃能放寬自己的心，既不爲困難所欺弄，也不被人物所牽制，抱定志向向前走。人生的路途，坎坷不平，人能自強不息，勝過一層困難，再破第二第三層困難，精神越走越向上，最後能像孔子所說登泰山而小天下。孟子走了千里的路，往見齊王，齊王不用他，他離開齊國。

「孟子去齊，充虞路問曰：夫子若有不豫色然，前日虞聞諸夫子曰：君子不怨天、不尤人。曰：彼一時也，此一時也，五百年必有王者興，其間必有名世者。由周而來，七百有餘歲矣，以其數則過矣，以其時考之，則可矣。夫天，未欲平治天下也，如欲平治天下，當今之世，舍我其誰也？吾何為不豫哉！」（公孫丑下）

或許有人批評孟子狂妄自許，然他自信傳堯舜之道，有治天下的能力，困難更堅定他的自信心，在遭遇困難時，寧靜不亂。

天主教對於痛苦的評價很高很積極，視痛苦爲救恩的代價。人常有罪，大則大惡，小則小過，罪過違背倫理誡命，不守天命。孔子曾說：「獲罪於天，無所禱也。」（八佾）天主遣派聖子，降生成人，稱爲耶穌基督，捨生被釘死十字架，爲人贖罪。十字架成爲痛苦的象徵，也成爲救恩的代表。基督曾教訓門徒說：

「不論誰，若不背著自己的十字架，在我後面走，不能做我的門徒。」（路加福音 第十四章第二十七節）

「耶穌便開始教訓他們：人子（祂自己）必須受許多苦；被長老，司祭長和經師棄絕，且要被殺害；但三天以後必要復活。耶穌明明說了這些話，伯鐸（比得）便拉他到一邊，開始諫責他。耶穌卻轉過身來，注視著自己的門徒，責斥伯鐸說：撒殫，退到我後面去！因為所體會的，不是天主的事，而是人的事。他遂召集群眾和門徒走，對他們說：誰若願意跟隨我，該棄他自己，背著自己的十字架，跟隨我。」（馬爾谷福音 第八章第三十一—二十四節）

痛苦又被認爲參與基督的救世大業。基督受難以救贖世人脫免罪過，基督的信眾跟基督合成一體，同受痛苦，以參與救世大業。

進而痛苦爲愛心的表現：天主允許人受痛苦，表示天主特別愛他，賜給他贖罪的機會。好比孟子所說上天要降大任於某人，乃使他受苦。人接納痛苦，順從天主的旨意，更以受苦而和基督相結合。從天主和從人兩方面，痛苦成爲愛心的憑證。

乙、對痛苦的態度

積極的態度，按照道家和佛教的學說，可以避免許多痛苦，因爲不參加社會生活，與世無爭，許多事物不必追求，便少了求而不得的苦。然而這種生活，不是普通一般人所可以有的；一般人的生活，擠在社會的人群裡，凡要爲社會工作，困難便隨之而生。天主教的神父和修女，本是棄捨世俗的，名利色都不求；但是要爲教會和社會工作，也就免不了遭遇困難，而有憂苦。

因此對於痛苦，要採積極的態度，不逃避，要面對現實。認清痛苦的來源，可以消除，予以消除，不能消除，安心承擔。瞭解痛苦不是人生的大禍，人生的禍是失去信心，墮落不振，或不顧倫理，鋌而走險，陷於罪惡。

在痛苦中鍛鍊意志，教育的功效，在於培養堅強的意志。培養意志，必須經過磨鍊，沒有困難，要自造困難。例如想抽煙而不抽煙，想看電影而不看電影。既然遇到外面環境所造的困難，便要安心接受，努力去克服。先總統　蔣中正曾說：

「天下決沒有不經挫折，不遇艱難而能成功的事業，也沒有保守畏縮，委分安命的人，會有彪炳的勳業。」（當前幾個重要問題的答案）

寧靜忍耐，每當痛苦來臨時，心緒必亂。不言不語，不作決定，極力使心緒平定下來。心平定了，便努力保持心緒的寧靜，然後再思索，再決定應付之道。《大學》說：「定而后能靜，靜而后能安，安而后能慮，慮而后能得。」（第一章）先總統　蔣中正有句名言：

「耶穌被審判的時候，他是冤枉的，但是他一句話也不說。」（日記　蔣經國先生著　一位不平凡的人）

「只有靜觀與堅忍，事事以逆來順受之法處之。」（蔣經國先生著　一位不平凡的人　自述）

在痛苦中，持有耐心，是保守寧靜的最有效方法。不僅使人心安，更使人心向前百折不撓。

以愛心接納痛苦，父母爲兒女，甘願接納任何痛苦，因爲愛兒女。夫妻爲自己的「半個我」，甘心接納一切痛苦，因爲彼此相愛。爲國家國民甘願冒險犯難，因爲愛國。孔孟曾教訓人「殺身成仁，捨生取義。」因爲愛仁義在生命之上，所以孔子說：「朝聞道，夕死可也。」（里仁）

天主教的聖者，常以痛苦爲愛心的表現，便以愛基督的心，接納痛苦，以受苦爲樂。聖嬰仿德蘭在自傳裡說：

> 「我於困難，有種種經驗，種種知識，我於世人，所受之苦眞不少！幼穉時代，要吃苦便愁悶。今也不然，見有苦來，便心安意得，仔仔細細，咀嚼再三，備嘗其苦。」(二)

天主教聖者，誠心愛基督，喜歡同基督一齊受苦。基督受盡痛苦，我既愛祂，爲何不同祂一樣受些苦呢？天主教的聖者便以受苦爲樂，沒有苦，偏要找苦受。痛苦在他們心中，已經提昇到神聖的愛心境界。

凡是信仰基督的人，都能採取這樣的態度，在痛苦中能有聖經的啓示，也能祈禱以求安慰，以求勇氣。國父　孫中山先生在倫敦蒙難時，誠切禱告上帝。先總統　蔣中正在危難中，常讀聖經，常行祈禱。他特別喜愛聖詠的第五首說：

「群小在主前，焉能長自保。……求主保我身，莫為敵所得。」

第五十五首說：

「群小肆炎威，憂心自悄悄。蒙我以惡名，狺狺何時了。被逼於仇讎，死亡周圍繞。……就中有一人，初非我仇敵，竟亦懷貳心，無所不用極。……一切委主手，必釋爾重負。善人為主棄，從來未曾有。」

先總統　蔣中正自述西安蒙難的一段經歷說：

「我在西安被劫持的時候，讀了下面的幾句話：上帝是我們的避難所，是我們的力量，是我們患難的隨時扶助者……　所以我們無所恐懼。我從此更深信上帝已給了我們信仰眞理的力量。我平生雖經過無數的患難和危險，但是結果終能獲得自由和勝利。」（三十三年耶穌變難節　告全國教會書）

當著痛苦，絕不能消極，絕不能悲觀灰心；否則，痛苦將成爲陷阱，將生命投入，漸漸腐化潰爛。

2. 快樂

和痛苦相反的一種人生經歷，是快樂。快樂，是一種滿足人的要求，所給予人心理的反應。這種反應，也經過神經而達到心靈，使人感覺到舒適和滿足。身體有身體的快樂，心靈有心靈的快樂，兩者互相交流，互相溢注。交流的媒介爲神經，神經一痲木，快樂的感覺就消失。

甲、快樂與人生

在實際上，痛苦和人生不相脫離，人雖不願，痛苦則常在，快樂是人所願望的，但實際上卻不常有；然而人生必須有快樂，沒有快樂，生命不能繼續發展。

快樂和人生的關係，是本體上的關係；痛苦和人生的關係，則是外在的關係，因爲痛苦是由環境所造的，不是人生所本有的。人的生命在本體上就是人的本體，即是人的「存有」。「存有」(Being) 本體是真美善，沒有缺陷，只等待發展。發展在於由「能」到「行」，使能力成爲現行，每次成了現行，生命得一分成全，心靈便有一分滿足，這就是快樂，在「能」到「行」時，遭遇阻礙，能力不能成爲現行，心靈乃感覺不滿足，產生痛苦，痛苦爲外在原因所造成。快樂乃是生命發展應該有的感受。沒有快樂，表示生命沒有發展，生命便萎縮，再不得充實，也失去意義，因此人生不能缺少快樂。

人生有快樂，人心得滿足，精神乃振作，可以積極向前，常常憂鬱悲觀的人，缺乏自信，失去目標，生活沒有前途。孔子常樂觀：

「子之燕居，申申如也，夭夭如也。」（述而）

「燕居」，即平日的生活，不太忙碌。「申申」，一身寬鬆不緊張，感覺舒服。「夭夭」，是神色愉快。孔子平居心中覺得快樂。

快樂雖是生命所需要的，卻要人知道製造心理的滿足，以得快樂。求得快樂的原則是「知足常樂」。快樂的關鍵在於知足，人心本是無限的，世上的事物都是有限的，在世上沒有事物可以滿足人心的要求。但是人心和身體結合在一起，身體是有限的，也不能直線地不停向前追求，是要一樁一樁的事去做。因此，人心要在每樁的事上取得滿足，就沒有快樂。因爲實際上，每樁事多不能滿足人的要求，因而痛苦常多於快樂。明智的人，便要在失意的事中求得心靈的滿足，這種滿足，不由事件的本身而來，而由另一超越的原則，造成一種超越的心境，這種超越的原則，是看重自己的人格，人格能夠提高，無論事件稱心不稱心，心靈仍舊快樂。

由這項超越的原則，能造成超越的快樂心境，基本的條件，是問心無愧。

「子曰：內省不疚，夫何憂何懼？」（顏淵）

「仰不愧於天，俯不怍於人。」自己能夠堂堂正正地站在天地之中，心中便不怕也不愁，一切都可逆來順受。

另一個條件，是心神淡泊，不熱心於名利色，對於世界的要求不多，便能常心覺滿足而樂。

子曰：「飯疏食，飲水，曲肱而枕之，樂亦在其中矣！不義而富且貴，於我如浮雲。」（述而）

把感覺的快樂看得淡薄，不去追求；以自己人格爲貴，可以保養人格了，則蔬菜淡飯，也可以使人滿足。假使汲汲地追求名利色，不顧仁義道德，雖富有天下，貴爲天子，心中仍舊不安，也不得快樂。

孟子曰：「君子有三樂，而王天下不與存焉。父母俱存，兄弟無故，一樂也。仰不愧於天，俯不怍於人，二樂也。得天下英才而教育之，三樂也。君子有三樂，而王天下不與存焉。」（盡心上）

孟子所舉的三種快樂，爲平常人所能企求的，他把做國王不計算在君子的快樂以內，才能使平常人能有快樂。

目前的社會，已經形成享受主義的社會，享受主義的享受爲物質的享受，向衣食住行去追求，雖然政府也在提倡藝術欣賞，以調節物質享受的偏差，一般人的心理仍舊以物質享受爲快樂的源泉。人民生活在各方面的提高，並不同時提高了生活的品質，從而人心反而不滿足，感到苦悶，引發各種輕重的精神變態病症。人爲心物合一的主體，偏於物質，輕忽精神，精神遂受傷害。孔子曾經說：「君子有三戒，少之時，血氣未定，戒之在色；及其壯也，血氣方剛，戒之在鬥；及其老也，血氣既衰，戒之在得。」（季氏）所謂三戒，是在這三方面，不可追求滿足；色，鬥可以傷害人，躊躇滿志也可以傷害人。其他衣、住，過求華美，飲食過度，使人身體和精神常受害，能保守中庸之道，事事有節，才能「心寬體胖」。

乙、幸福

快樂爲一種滿足的感受，幸福則是由快樂造成的境界。快樂是暫時的，幸福則是長久的。身體感覺的快樂，因爲感覺爲物質性，不能持久，物質的快樂感，不能造成幸福；幸福應該是心靈的精神享受。物質感覺的快樂享受，時間若久，可以使身體崩潰。財富使人滿足而又貪多，色慾使身體感到快樂而又疲倦，飲食使人有快感而又厭煩，感覺的樂常帶後遺症。

幸福由精神的快樂而成，精神的快樂可以是純精神性，可以是心物合一性。男女相愛而造成的精神愉快，爲心物合一性的，愛成爲心靈的聯繫，乃能持久，造成幸福的境界。天主教信仰者，誠心愛慕基督，心靈平靜安樂，這種幸福爲純精神性的。

幸福的構成，所有因素，都要使人「仰不愧於天，俯不怍於人。」若內心有疚，幸福即不能存在。例如，不合於倫理的愛情，只能造成心靈的徬徨和憂急。中國古人曾舉出五種事可以令人得到幸福，《書經》舉出五福六極：

「五福：一曰壽，二曰富，三曰康寧，四曰脩好德，五曰考終命。六極：一曰凶短折，二曰疾，三曰憂，四曰貧，五曰惡，六曰弱。」（洪範）

這種幸福和不幸福的觀念，成了中國人傳統的人生價值觀，現代中國人還是這種想法；目前所不同的，是增添了企業成功的幸福。大企業家「白手起家」，成爲天下富翁，除富以外，還有事業成功的滿足感。《書經》的五福，可以說都是心物合一的，然卻偏於現世身體的滿足，雖不是純物質性的滿足，仍屬精神的幸福則只有「脩好德」。孔子便修改了這種價值觀，他以「道」爲最高價值，「道」爲人生的倫理原則，若人能保持「道」，便可以心安，這種精神性的心安，乃是幸福。孔子的原則是「安貧樂道」。

「子曰：士志於道，而恥惡衣惡食者，未足與議也。」（里仁）

「子曰：賢哉回也！一簞食，一瓢飲，居陋巷，人不堪其憂，回也不改其

樂。」（雍也）

「君子謀道不謀食。」（衛靈公）

孟子也是這種思想，絕不以富爲幸福，不以貧爲禍，而是要「窮不失義，達不離道。」（盡心上）歷代儒家的學者，如宋明理學家，都能貫徹這種精神。

天主教的幸福觀，是接納基督的教訓。基督以超越的原則，改革了人生的價值，把人世的禍改成了福。

「神貧的人是有福的，因為天國是他們的。
哀慟的人是有福的，因為他們要受安慰。
溫良的人是有福的，因為他們要承受土地，
飢渴慕義的人是有福的，因為他們要得飽飫。
憐憫的人是有福的，因為他們要受憐憫。
心裡純潔的人是有福的，因為他們要看見天主。
締造和平的人是有福的，因為他們要稱為天主的子女。

為義而受迫害的人是有福的，因為天國是他們的。」（馬竇福音 第六章第三節—第十節）

「但是你們富有的是有禍的，因為你們已經獲得了你們的安慰。
你們現今飽飫的是有禍的，因為你們將受饑餓。
你們現今歡笑的是有禍的，因為你們要哀慟哭泣。」
（路加福音 第六章第二十四節—第二十五節）

這兩段話是在同一次講道裡說的，中外許多社會學者，認爲古今中外最徹底的一篇翻案的文章，將人生的觀念完全倒過來了，中國學者或許要說這是老子的口語，專從反面去說，以進爲退，以退爲進。實際上，在基督的思想裡，乃是一貫的。人的幸福，在於心潔無罪，接受天主的安慰。天主對待世人的原則，乃是：

「他伸出手臂施展大能，
驅散那些心高氣傲的人。
他從高座上推下權勢者，

卻舉揚了卑微貧困的人。
他曾使饑餓者飽饗美物，
反使那富有者空手而去。」
（路加福音 第一章第五十一節—第五十三節）

這並不是說天主常使心潔無罪的人，得享現世的財富和權力；因爲財富和權力不代表幸福。天主使心潔無罪的人所享受的，是精神上的滿足，心靈的安寧，人心所追求的爲真美善，獲得和天主的親近，天主乃是絕對的真美善，人心必得滿足而樂。

人心必追求幸福，追求幸福爲人性的固有傾向，因爲人天然地追求自性的成全，《中庸》所謂「盡性」。自性的成全，在於獲得真美善，如能獲得，人心自然而樂，因此，人在行動時，常有目的，目的常是自性的成全。許多時候，認識不清，被私慾所蒙蔽，以假的真美善爲真，乃追求惡，以惡爲快樂，實則，每次行動，人都在追求自己幸福。若說追求幸福爲俗化，爲卑鄙；不求幸福，爲道德而道德，爲行善而行善，爲藝術而藝術，則爲高雅，爲清高，實際上，沒有認識人的天性的人才作這種論調。宇宙間的萬物沒有理智，它們的動，不都是爲追求自身的好處？人有理智，反倒不遵守這項天然的原則！追求幸福，爲人生命的自然傾向，人一生的行動都向著這個目標。但是真正的幸福，在於獲得真的真美善，以成全自己。

現世的事物都是相對的和有限的，所有真美善也是有限，不能使人心滿足，而且現世的遭遇，痛苦多於快樂，所以在現世不能有幸福的境界，只有或長或短，或摻有痛苦的幸福，天主教的信仰，乃信有身後的永福境界。

五、善惡

人生的另一種經歷，貫徹整個生命，成爲禍福的根源，深深坎入人心，穿透人的骨髓，乃是善惡的經歷。善惡，是人生的善惡，是每椿行動的善惡，給行爲加上一種特質，造成行爲的價值。行爲構成人生，行爲的善惡，乃成爲人生的善惡，人便有善人或惡人。善惡的經歷，不是人生外面的經歷，乃是內心的經歷，由心靈所造，和行爲和人生溶化爲一，成爲善行爲或惡行爲，善人或惡人。善惡不是行爲外面來的因素，也不是外面的評價，而是行事的本身。因此，哲學家如朱熹從人的本體方面尋求善惡的根源，以人的善惡乃是人性本體的善惡。然而，善惡若是人的本體，便不是人生的經歷，而是人的本體。人只有伸手接受，和接受人性一樣，或至少和接受命運一樣。對於善惡，人不能加入自己的行動，或善或惡，都天然生成。若是這樣，善惡已經不能作爲人的評價，對於善，也不必讚揚，對於惡，也不必責罰。但是善惡，不僅在法律上，要負責任，惡必有罰；在社會關係裡，更要負責任，善有褒，惡有貶，褒貶對於行善行惡的本人，是責任的後果。因此，善惡是人自己所造成，人自己對善惡負責。

善惡不是行的本身，也不是人的本性，中國哲學的性善性惡問題，不能作爲善惡本身的解釋，只是解釋善惡的來源。善惡的本身，是一種關係。

1. 善惡的意義

善惡是一種關係，是行爲和行爲規律的關係。一件行爲和行爲規律相符合，是善；不相符合，是惡。《中庸》說「喜怒哀樂之未發，謂之中；發而皆中節，謂之和。」（第一章）發而中節，即是情欲的動合符規律，稱爲「和」。這種善惡，是「客觀的善惡」，是關係的本身，是抽象不變的。人在行動時，有自己的行動規律，即是良心（良知）。良心和客觀的行動規律本是一樣，然有時也可能不一樣，即是人對於後天人造的規律沒有認識清楚，或者認爲當時的環境可以停止規律的效力，主觀的良心便另有善惡的規律。因此，行爲的善惡，常以主觀的善惡爲定，因爲人對行爲善惡需要負責。但在法律方面，則常以客觀的善惡爲定，一件事在客觀上犯法，不論主觀方面的良心若何，人必對法律負責。

倫理的善惡是人在生活裡，時刻遇到的問題，時刻要人定斷。不是定斷善或惡，而是定斷作或不作。倫理善惡的標準，是先天的性律，和後天的人造規律。這些規律要進入人的心理，成爲人的良心規律。先天的性律，天然地在人心中，人天生知道。後天的人造規律，則要人學習，由學習而進入人心，由良心發爲行爲的善惡標準。良心的知，能爲情慾所蔽，能爲偏見所歪曲，因此，良心乃有不正的現象。

良心規律爲每人自心的規律，然而以先天性律和後天規律爲根據，不是每人隨意所造。尼采曾以超人爲自己的法律，自己規律自己，不受任何其他規律的約束。但是，這種規律已經不是規律，規律是由高一層具有管理權的主管所訂立，可以管束所被管理的人，大家都奉以爲是非的標準，才能成爲規律。若每個人自定規律，作爲自己是非的根據，他人不以爲規律，是非的標準就不能成立。好似莊子所說，你以爲是，我以爲非，第三者或同於我，或同於你，沒有是非的標準。

倫理的善惡，也不能只由社會習慣所養成，社會習慣以爲善，就善；社會習慣以爲惡，就惡。如同歐美的嬉皮運動，成群結隊，在衣食住都反對社會習慣，造出又簡單，又破舊，又髒亂的生活，然而，因反乎人的常情，不爲大眾所接受。社會可以造成行爲規律，然這些規律要符合更上一層的倫理規律，否則不能成為規律，應當矯正。

善惡是倫理的善惡，由良心評判。人按良心而行，就是善；人不按良心而行，便是惡。王陽明倡知行合一，即是教人常按良心而行。

2. 善惡的來源

在哲學上，善惡的本源，常是一個不能解決的問題，中國哲學則有人性善惡的問題：告子的人性論，見於《孟子》書中。告子把人性譬若杞柳，任憑人們去棬桮，可以捲成圓形，可以捲成方形。他又以人性譬若流水，可以決之東，可以決之西，人性本來無所謂善惡，只看後來人的習慣怎樣。

孟子反對這種主張，他認為人心是傾向於善，人作惡，則由於後來的習慣。人的天然傾向，在人不思不索而動時，則充份表現出來。孟子說：

「孩提之童，無不知愛其親也。及其長也，無不知敬其兄也。親親，仁也；敬長，義也。」（孟子 盡心上）

小孩子都知道愛父母，敬兄長，這不是由教育而學來的，乃是天生的。天生傾向仁義，當然人性是善了。

「今人乍見孺子將入於井，皆有怵惕惻隱之心，非所以內交於孺子之父母順是，故殘賊生而忠信亡焉。生而有耳目之欲，有好聲色焉，順是，故淫亂生而禮義文理亡焉。然則從人之性，順人之情，必出於爭奪，合於犯分亂理而歸於暴。故必將有師法之化，禮義之道，然後出於辭讓，合於文理而歸於治。用此觀之，然則人之性惡明矣，其為善者偽也。……今人之性惡，必將待師法然後正，得禮義然後治。……今之人化師法，積文學，道禮義者為君子。縱性情，安恣睢而違禮義者為小人。用此觀之，然則人之性惡明矣，其為善者偽也。……凡性者，天之就也，不可學不可事。禮義者，聖人之所生也。人之所學而能，所事而成者也。」（荀子 性惡篇）

孟子說人不學而知道行善，荀子說禮義須教而後能。人不受教，只知道爭奪犯分，所以作惡是人的天性，行善是人爲的教育。

但是荀子的話，雖說的很近乎實情，在學理上卻難於解釋。行善爲反人性，說來太不入耳，而且人性若是惡，教育和禮法又怎能加以補救呢？教育必定無所用，只有刑法去威嚇。且獨居靜處，人有行善者，則不是怕刑罰，而另有所本了。王陽明後來也說做賊的人，若罵他是賊，他也不好受，良知也指責他，可見作惡不是人的天性。後代儒家沒有從荀子的主張的，但也不能以他的主張完全無理，所以大都採孟荀兩家的折衷性論，以性爲善，以情爲惡。漢朝儒家董仲舒、王充、揚雄的論性，便都是折衷論。

董仲舒主張人有性有情，性出於陽，發爲善；情出於陰，發於爲惡。他說：

「身之有性情也，若天之有陰陽也。言人之質而無其情，猶言天之陽而無其陰也。」（春秋繁露 深察名號）

王充《論衡》解釋董仲舒的性情說：

「仲舒覽孫孟之書，作情性之說，曰：天之大經，一陰一陽；人之大經，一情一性。性生於陽，情生於陰。陰氣鄙，陽氣仁。曰性善者，是道其陽也

；曰惡者，是見其陰者也。」（論衡 本性論）

王充自己則以性分上中下三品：上品爲善，下品爲惡，中品則善惡相混。他說：

「余固以孟軻言人性善者，中人以上者也。孫卿言人之性惡也，中人以下者。揚雄言人性善惡混也，中人也。」（論衡 本性論）

揚雄主張人性善惡相混，性中有善有惡，所以人可善可惡。他在《法言》裡說：

「人之性也善惡混，修其善者為善人，修其惡者則為惡人。」（法言 修身篇）

李翱論性，宗於董仲舒；然而他的性明情昏的話，來自佛教，漸開宋儒的性論。李翱在《復性書》裡說：

「人之所以為聖人者，性也。人之所以惑其者性，情也。喜怒哀懼愛惡欲七者，皆情之所為也。情既昏，性斯溺矣，非性之過也。七者循環而交來，故性不能充也。……情之動弗息，則弗能復其性而獨天地為不極之明。」（復性書上）

漢唐儒家的折衷性論，並沒有解決性善性惡的問題。無論主張性善，或主張性惡，或主張性有三品，都有一個根本問題，爲甚麼性是善，或是惡，或是有善有惡呢？爲答覆這個問題，宋明理學家乃有性理之學。

理學家對於人性，有整體主張的人當推朱子，朱子根據理氣二元之說，以人性爲理，但每一個人的性，因爲理與氣合，性上便帶有氣。朱子稱人性爲「天地之性」，即是天然的抽象之性；稱一個一個人的性，爲「氣質之性」，即是帶有氣之性。朱子說：

「天地之性，則專指理言，論氣質之性，則以理與氣雜而言之。未有此氣，已有此性。氣有不存，而性卻常存。雖其方在氣中，然氣自是氣，性自是性，亦不相夾雜。至論其遍體於物，無處不在，則又不論氣之精粗，莫不有是理。」（朱子語類 卷四）

人性若從抽象一方面去說，沒有氣，可以有人性。這種人性，天地之性，即天地間人所共有之性。凡是人都該有整個的人性，不然便不成爲人。人性既是全的，當然是好的，人性便是善的。

在每一個具體的人內，理與氣相合，人性與氣質相接，每個人所稟的氣各不相同，有清有濁。雖說人的氣，爲五行之秀，但尚有清濁的程度。氣作成人的氣質，氣的清濁不同，人所以有智愚賢不肖。氣濁的人，氣質昏，性的天理不能顯，人乃爲惡；氣清的人，氣質明，性的天理容易顯出，人乃爲善，因此人的善惡，原因在於氣的清濁。朱子乃說氣質之性有善有惡。

「天之生此人，如朝廷之命此官。人之有此性，如官之有此職，無非使之行法治民，豈有不善。天之生此人，無不與之以仁義禮智之理，亦何嘗有不善！但欲生此物，必須有氣，然後此物有以聚而成質。而氣之為物，有清濁分明之不同。稟其清明之氣，而非物慾之累，則為聖。稟其清明而未純正，則未免微有物慾之累，而不能克以去之，則為賢。稟其昏濁之氣，又為物慾所蔽而不能去，則為愚為不肖。是皆物慾之所為，而性之善，未嘗不同也。」（朱子 玉山講義）

氣質的清濁，乃性的善惡，這種善惡是人從生就有了。人用修養的工夫，能夠加以修正，因爲氣質是可以變的，只有上智與下愚不可變移。氣質的表現爲情慾，人從情慾下工夫，處處加以節制，情慾便少，性的天理即可顯明於心，人即向善了。

朱熹的解釋並沒有把問題解決，而是使問題更複雜了，他把本體論和倫理論混在一起。氣的清濁，只能使每個人才能的多少和高下不同，至於善惡，則在人按不按倫理規律去使用才能，或發動情慾，因此善惡問題不在人性上，人的人性應該是善的。《中庸》以人生之道在率性，《大學》以「大學之道，在明明德」人性爲光明的善德，人應使「明德」顯明於人的生活，切實溶於自己的人性。

善惡的問題本是倫理問題，但是往深處追究，便進入本體的範圍。爲什麼人做惡事？一切的植物、動物都天然依照物性而活動，人爲什麼不依照人性而活動呢？答說因爲人有自由。人有自由，爲什麼運用自由時，多違反人性或法律呢？這就是惡的起源問題。古今中外的哲學，都研究這個問題，無法作答，便推向宗教去求答。宗教普通會說有一惡神，稱爲魔鬼，誘人作惡；然而說惡鬼時時跟著每一個人，很難相信是事實。天主教教義以原罪爲惡的源起。人類原祖在受造後，原本聖善；但是造物主上帝爲決定後代人類的境遇，給原祖一種考驗，若是原祖順聽上帝的吩咐，通過考驗，人類便常同上帝和好，作上帝的子女，享有聖善的特恩；若違背上帝的命令，通不過考驗，便成爲違背天主旨意的人與天主爲敵，失去聖善的特恩。慾情常使人向惡，這種罪的境遇，流傳給後代人類。

六、工作

1. 工作的意義

人的生命常不停活動，生命必須生活，不生活就沒有生命。生活是生命的表現，生活則由工作而表現，工作即是生命的表現。身體的生理生活，是血液的循環，血液的循環爲心臟的工作，心臟的工作不能有一秒鐘的停止，其他各內臟，都按時工作。感覺生活和理智生活，受自我意識的支配，自我意識的支配由意志主宰，意志主宰是我自己作主，我作決定，我自己負責。

工作的意義，首先是我自己所決定的活動，或者使用身體的器官，或者使用心靈的才能，以實現這些活動。

我決定的活動，爲我生命的表現。生命所表現的常是爲保全生命本體，或爲發展生命。工作的第二層意義，乃是爲保全或發展生命。

爲保全或發展生命，我不僅需要使用我的器官和精力，且需用外面的材料和力量。在初民時期，以物易物，可以用我工作所產的農產品和手工品，去換我所需要的物品。在社會進化以後，物產的交易使用錢幣，我需用工作取得金錢，以購買我的需要物品。工作的第三層意義乃是爲取得養身和養家的工資。

人爲工作，使用自己的理智，理智具有創新的能力，而且人類爲發展生命，常需改良生活的工具和方式。因此，人的生命有似造物主，分有造物主創新的能力，人類文明乃常有進步，學術常有新發明。工作的第四層意義乃是創造生活的新工具和方式，使人類的生活更舒適，更美好。

人類生命和宇宙萬物的生命相連，人若發展自己的生命，便該發展萬物的生命，中國儒家標出贊天地的化育，爲人生的最高目的。因此，人類工作的最高意義乃是贊天地的化育，使萬物發揚生命，使萬物的生命得到一分的成全，多一份的發展。所以工作的本身價值，即爲發展人的生命。

工作又是一種「動」，「動」有起點和終點。工作的起點，常是工作的本人，工作的終點則是本人或他人從事。工作終點的意義，爲有益的服務，如終點爲本人自己，例如修德，修德爲本人有成全生命的益處；又如讀書，讀書也有成全生命的益處。如終點爲他人，例如修建房屋，爲住的人有益；在政府機關辦公，爲民眾有益；耕田，爲大家有益，所以工作的終點，常爲生命有益。不過，生命表現的活動，應守生命的原則和規律，動而合於原則和規律爲善，對生命有益；不合爲惡，對生命有害。例如偷竊、搶奪、強暴，種種惡的活動，不配稱爲工作。

工作重覆，繼續不斷，便成爲職業。職業在社會生活裡，成爲工作的代表詞。社會生活，需要各方面事物，這些事物，由人們工作去製造。衣食住行爲人類生活的基本，在這些方面所需要的事物，在原始時代，由本人或本家人自己去造。社會生活進行以後，衣食住行所有的需要逐漸增多增高，不是每一個人的才智所能造的，於是有專業的人來製造。到了工業發達以後，出現了各種的工廠，工廠中有成百成千的工人。社會生活越進步，社會生活又需要娛樂保健的事物，因而出現從事這些方面工作的人員。這些工作，分類集成各種職業，所有職業都是爲應社會生活的需要而產生。以往的職業分爲士農工商，以士爲最高，至於兵和戲子不稱爲職業。現在，社會的職業則加多了，普通有公務員，有自由職業，有農漁工商，還有文化界的各種工作人員，職業的高下，常隨社會價值觀而定，按照目前社會的價值觀，以金錢的收入作爲職業高下的標準，因而造成不合道德有害社會的賤業，如娼妓，如慣竊。

職業的本身本來沒有高下，都是爲供應人類生活的需要，而工作的本身也是沒有高下的等職。但是因爲工作所用的或是用腦，或是用手，腦比手要算高貴，於是用腦的工作較用手的工作爲高。工作又是爲賺取薪金爲謀生，高薪金的工作便被人看重，薪金低的工作便被人輕視。但是按職業的意義去看，若職業使受益的人愈多愈廣愈久，價值便愈高；又若職業使人精神受益，則較比使人物質受益的職業，價值要高。教師本來不是職業，乃是使命；神父教士也不是職業，也是使命，因爲都不爲謀生。爲使命而工作，工作的價值很高尙。

但是爲謀生而工作，工作的價值並不貶低人的人格，人的生命是最寶貴的，造物主給我們爲保持和發展生命的工具，是工作。我們運用工作的勞力謀生，自食其力，是天然的現象，也是人的人格表現。大學的工讀生，夜間部的大學生，一面工作謀取學費，一面上課求學，他的工作精神，很可佩服。

2. 創新

人由母胎出生時，乃是一個長不盈尺的嬰兒，只表示要吃奶，有痛則哭，這個小生命，時刻繼續發展。身體發展到成人，心靈發展一直到死。人的理智求知求新，分有造物主的創造力。禽獸依據本性的傾向，生生死死，千萬年不變，只因外面環境的壓力，可以產生適應的變化。人有理智，能夠思索，具有意志，可以自主，雖不能改變自己的本性和本體，但是能夠改變自己生活的工具和方式。宇宙間出現不由自然出生的新物體，乃是人的理智所造。人的生命需要發展，為能發展，人需創造新事物。《中庸》書裡說人要「盡性」，「盡性」是盡量發展人性。人能創新，人類乃有歷史，歷史所記為新事件，有了歷史，人類乃有文明，文明為人類創新的成績。馬克思以為人類文明的進化，為人類生產工具的創新所造，人的文明為物質文明。然而生產工具的創新，乃是人類理智所發明，文明的外式，用物質而表現；文明外式的構成，是人理智所製造。存留兩千多年的萬里長城，現在所看見的為磚頭石頭，然而人們都知道萬里長城是秦始皇所造。故宮博物院所陳列的物品，不外乎金銀銅鐵和布綢，但是每件物品，都是一位藝術家的天才作品。人類的文明，為人類心靈創新的成績。

每個人的心靈中，都存有創新的慾望，也具有創新的能力。能力有高有低，有大有小；作出來的成績，有好有醜，作者看到自己的成績，都有一份滿足的感覺。小孩弄紙弄泥，製作小小的物品，他們都笑著鼓舞。一位科學家能有新的發明，心中的喜樂，沒有言語可以形容。

人的工作，有創新的意義，人一出生，人性就完全定了，人就是人，不會改變。但是每個人都是「我」，我的「個性」則不是一有生命時就完全定了，「我」有生命時，我的「個性」只是一顆種子，要漸漸發揚。因此，每個人的生命，就在於發揚自己的個性，以求更加成全，軀體要發揚，理智要發揚，意志要發揚，建立完成的人格，修得高尙的品德，生命乃是發揚。

世界上古代人所留的文化遺跡，表現古代人的創作。在中國大陸，處處留有高度文明的遺跡，顯示中國古人的智慧，歐洲中古文藝復興期的藝術品，表示歐洲藝術家的天才，近代和當代科學家的發明，更顯出人類創新的成就。人類的生命，由上帝的創造力而來，人類又分有上帝的智慧，人類的生命乃是創新的生命。

3. 責任感

工作爲自己決定的活動，我運用我的自由，對所決定的活動，我自己負責。我工作，對工作就應有責任感。

在法律上，成年人有自主之權，未成年人需要有監護人。法律按照一般人的情況，假定未成年人理智和意志的運用，還不到成熟的階段，所以不能自己作主，對自己所作的事不負完全的責任。成年人，則法律假定已到運用理智和意志的成熟階段，自己做事可以作主，在法律方面自己負責。因此負責，表示人已經成熟了。一個人有責任感，表示自己的心理狀況已到成全的地步。

沒有責任感的人，表現自己的心境不成熟，雖然做事由自己決定，卻不知道決定的後果，他的心理生活尙滯留在孩童的階段。然而又不是「大人不失其赤子之心」，赤子之心乃是誠實樸素之心，不負責任之心，則是詭詐不誠之心。

責任感，不僅是對自己所做的事負後果的責任，另外是對自己職份應當做的事負責，自己必定盡力去做份內之事。孔子曾經極力主張「正名」，孔子的正名不是講理則學去正名詞，而是講倫理學，每個人按照自己的身份負起責任。齊景公向孔子問治國之道。孔子回答說：當國君的盡國君的責任，當臣子的盡臣子的責任，做父親的盡父親的責任，做子女的盡子女的責任。景公說：好極了！要是君不盡君責，臣不盡臣責，父不盡父責，子不盡子責。縱然有穀子，我怎麼能享用呢？

在工商業的社會裡，社會的結構日趨複雜，每種工作和每種機構互相連繫，好比一架大機器的齒輪，一處不動，就影響到整體。今天的社會需要大家分工合作，每個人盡自己的責任，一個人不盡責就會拖累他人。每個人都應勤勞、負責、彼此互助。先總統 蔣公曾說：

「勤勞是立身、處事、治兵之本。所謂身勤則強，佚則病。家勤則興，佚則衰。國勤則治，佚則亂。軍勤則勝，佚則敗。眞是如響斯應，歷歷不爽。」（奮鬥與成功之路）

「一個事能與他人互助合作，至少可以發生兩倍乃至兩倍以上的力量，合作精神越高，則其產生力量越大，甚至可以產生其無限大的力量。」（復興本黨與完成革命的中心問題）

「行己有恥就是對自己負責；不欺其志，則是對主義、歷史負責；而毋忝所生，乃是對國家、民族負責。」（黃埔的革命精神和黃埔的革命責任）

「一個不負責盡職的人，任憑他有何種卓識異能，亦不足稱為人才。只有肯負責，能擔當的人，才能自動服務盡責，精密周詳，不肯敷衍塞責。」

責任感，也是表現人的自尊心，自己做事，自己負責，自己有職務，自己盡職，自己可以拿的錢才拿，不可以拿的就不拿，這是自尊，自尊不是自傲，只是自重。

在工商業的社會裡，人和人的接觸每天每刻都有，而且多是同業同事。人和人相接觸，要能得到人的尊重，取得人的信任，要得到人的尊重和信任，先要自己尊重自己，自己信任自己。人若不肯負責，對於職份沒有責任感，自己就對不起自己，別人怎麼會尊重他，會信任他呢？

在目前國家民族處在生死的關頭，國家所求於每個國民的，在於肯負責，肯負責便敢吃苦，敢吃苦便能工作，每人都肯工作，國家民族必定能夠復興。

對國家民族肯負責，勿不因爲不得已，自己沒有別的辦法。別人有辦法遷居外國，他沒有辦法，只好留在國內，留在國內當然要做事，這種做事負責本來是好；但若可以出國而不出國，出國而又回國，爲對國家盡自己的責任，這種負責精神更難能可貴，年青人應該有這種志氣。

工作在社會有高低貴賤的分別，工作的本身則都有同樣的價值，即是發展每個人的生活，每個人對於自己的工作應該看重，同時也就看重自己，自食其力便是自重。自己遵守倫理原則，也更是自重。

當前我們台灣基地是自由的社會，因著自由，社會生活在造成別人自由被破壞的危機。不少的青年人，不守本分，搶劫強暴，使台北市的住宅，家家安置鐵門鐵窗，形同牢獄，單身女子且不敢夜行。中國的理想社會，本是「謀閉而不興，盜竊亂賊而不作，故外戶而不閉，是謂大同。」（禮記 禮運）大同的世界乃是大家自由的世界。

台灣又有少數商人，自以爲精明，做輸出的國際貿易，第一次貨真價實，第二次則上面的貨是真，下面的貨是假。外國的買主，便來台灣控告起訴，再也不向台灣訂貨。這種不法商人濫用自由，傷害了國家的名譽，危害了我國的貿易。還有一些不肖的工業家，貪圖私利，假冒外國的商標；又有一些圖利的出版者，偷竊別人的著作，盜印翻版，使國家的信譽蒙污。

因著這些濫用自由的罪行，各方面呼籲政府立法，保障國家信譽，立法，就是限制自由。所謂戒嚴法，也是因怕有人濫用自由而設立。聖保祿宗徒曾說：「法律是因罪惡而來的。」（致羅馬人書 第八章）自由的限制，常是因著濫用自由而引起。

爲避免立有不自由的法律，就靠每人自己善用自由，善用自由，就是在自由的範圍。

可是，我們中國人就是不喜歡守法，從古以來，看不起法家和法律。若是能夠鑽法律漏洞，常沾沾自喜。但是，中國古代除「法」以外還有「禮」，禮，是人生的規律。孔子曾很鄭重地說：「非禮勿視，非禮勿聽，非禮勿言，非禮勿動。」（顏淵）人的視聽言動，都要符合「禮」，符合禮，乃是守分。

我守分，則不妨害別人；別人守分，則不妨害我，彼此不相妨害，便是真正的自由。我守分，我建立高尚的人格。高尚的人格表現我有我的理想，我有理想則表現我的偉大，我偉大不是跨過名份，而是守分，守分乃肯定自由的價值。人人都守分，社會乃有次序；社會有次序，生活便安定；生活安定，行動就有自由。安定的社會，便是真正自由的社會，實現自由價值的社會。

4. 成就感

工作不爲目的，人不爲工作而工作，工作是工具，是方法，它有自己的目的，達到了工作的目的，人便有成就感。

中國古人，以立德、立功、立言，爲人生的成就，成就的結果，則是垂名後世。現代工商社會，人們的成就，則是在經濟方面有成就，但是在學術界還是以研究的好結果爲成就。

甲、個人的成就

立德立功立言，爲人生的成就，世界的文明，由這些成就而造成。中國的文明，由孔子、漢武帝、唐太宗、李白、杜甫、司馬遷、韓愈、關漢卿、文同、吳鎮、朱熹、王陽明、董其昌等等不朽之士所創造，所發展。他們和歷代其他名人，立了德、功、言，把他們一生的成就，貢獻給中華民族，作爲中華民族的遺產。

但是幾千年來，億萬的中國人，難道就沒有成就了嗎？聖賢豪傑和名士的成就，成爲國家民族的成就；可是每個人的生命是每個人自己的生命，他們的生命雖然要聯合以謀團體的共同生命，然而在生命的根本上，生命是每個人的，生命都是活的生命，都追求生命的成全，使自己所有的「能」，成爲現實，生命乃更圓滿。這種圓滿，便是每個人的人生成就，所以每個人的一生，應該都有成就。這種成就對於國家民族的文明，乃是基層的成就，配合聖賢豪傑和名士的成就，民族文明才可以建立。

每一個人的生命追求發展，以達到生命的圓滿。生命追求圓滿，以生命的活動爲途徑，生命的活動即是人的生活，人的生活常在具體的環境中進行，受環境的限制，只有聖賢豪傑和天才藝術家才能夠突破環境的限制。在具體的環境中，各人發展自己的能力，達到自己所追求的目的，便是人生的成就。一個家庭婦女，看到自己的子女自立成人，她便感到生命的滿足，她就有了成就；一個經商店舖的商人，看到自己的生意，受到顧主看重，商務流暢，他心中滿意，這就是他的成就；一個農夫看到自己田裡的稻穀豐收，心中快樂，這就是他的成就；一位教師，看到自己的學生，學業和人品都好，自己感到歡喜，這就是他的成就。所以每個人在自己的崗位上，盡好了自己的職責，他就有了成就。

《中庸》說人生之道，若說容易，匹夫愚婦都可以做到；若說難，就是聖人也不能都做到。人生的成就即是人生之道的成就，淺近地說，每個人都能有成就；高遠地說，聖賢豪傑的成就，也不能算圓滿的成就。

作惡的人，破壞了自己的生命，不能有生命的成就。懶惰不進取的人，使生命不能發展，反而萎縮衰敗，也不能有生命的成就。

自強的人，則不論在任何環境中，滿全了自己的責任。建立了自己的人格，發展了自己的生命，便有了自己生命的成就，對於國家民族也有了貢獻。孟子曾說「窮則獨善其身」，既能好好地修身，「窮不失義」，建立了人格，一個「善其身」的人，乃是國家的一個好份子。國家好似一棟大廈，除了棟樑以外，須用一塊一塊的磚，每個「善其身」的國民，乃是一塊好磚，國家靠他們而建立。因此，每一個人的成就，對於自己，是生命的發展；對於團體，爲建立團體的成素，兩方面都有價值。

每個國民的人生成就，在於生命的發展，身體的強健和精神的飽滿，當然是人生的成就，何況還有每人的善盡職責，更能使立國的根本鞏固，因此，每個人的人生成就，發展了自己的生命，也發展了國家的生命。

從我們天主教的信仰來說，個人的人生成就，更有一種最內在又最不朽的價值。天主教相信，人的精神生命，不在今生就完結，要等到來生才完成。人心追求無限的真美善，今世的事物沒有一件具有無限的本性，沒有一件可以滿足人心的追求。在來生，人的靈魂面對造物主天主，乃能得到無限的真美善，欣賞無限的真美善即是來生永久的幸福。欣賞是愛，不是研究；來生欣賞無限的真美善，以靈魂的愛而欣賞，愛心高，欣賞高；愛心愈高，欣賞也愈高，幸福隨欣賞成正比。靈魂的愛即人心的愛，人心的愛由今生去培養，來生只是運用。自己來生欣賞無限真美善的愛心，建立來生永久的幸福。每人今生的成就，無論大小，都有永生幸福的價值，永生幸福的不朽，乃是自己「生命」的不朽，較比人世自己的「名」的不朽，意義更重大了；何況每一個人，不論在人世，有或沒有不朽的「名」，個個以自己人生的成就，都能取得「生命」的不朽，進入「天人合一」的幸福境界。

年青人富於情感，想像活潑，對於人生常多幻想。幻想，普通說是不著實際的想望，沒有客觀的基礎，只是自己主觀的想像，繪聲繪色。所以說是「天想霏霏」，或是說「常在夢想裡生活」。莊子曾經說自己夢作蝴蝶，醒來以後，竟懷疑自己，蝴蝶是夢或莊周是夢。

幻想雖普通說是夢想，然而實際上所謂幻想並不都是一樣，有的是在實際上有幾分基礎，有的是幾分可能，有的則完全是夢想。對青年人說幻想有益處，因為幻想可以激起青年人的向前情緒，加強青年人對將來的希望，對人生的活力。一個青年完全講實際，年少老成，他作事可以少犯錯誤，但常缺乏進取精神。

青年在愛情上，多有幻想，在事實上多有幻想，心情便常活潑，追求幻想的實現，但是危險性也較高，失敗的次數一定多。一旦美夢完全破滅，幻想變成了虛無，心情立時冷卻，失望的情況就會發生。因此，青年人要緊知道辨別幻想和事實，心中雖然可以對事件存著幾分幻想，但要保持自己的心情，不因失敗而失望。既然所追求的是幻想，就是幻想有幾分客觀可能性，也該預備自己的心，接受失敗的經驗。青年人不宜過於老成，只求實際，也不宜過於幻想，常以虛爲有；應該在求學時學習推理的方法，知道對事實常加分析。這樣，若對人生前途，存些幻想，可以說能有益處，雖然美夢難圓，然也可以增加青年的幹勁，但當美夢破碎時，要能屹立不亂。

乙、事業

三不朽的第二項爲立功。功，爲功勞。功勞，爲勞苦以立功，功則爲對社會，對國家、對人類有益的事業。一樁事只對自己本人有益，或對自己一家有益，不足以稱爲功勞。古來修路修橋，爲一方社會有益，便稱爲積功德。建立義田義倉以救濟鄉村貧戶，也是對地方有功。古代治理地方的官，對地方人民作了許多有益的事，地方人士便爲他建立生祠，以紀念他的功德。對國家有建樹的人，如古代的聖君、賢臣、良將，歷史上記載了他們許多偉大的事蹟，稱讚他們對國家有功。科學發明家、大思想家，和發明電、無線電、原子能等等科學家，對全人類有功。這些對社會、對國家、對人類有益的事，便是使人不朽的功勞。

所謂不朽的功勞，不是事業本身不朽。事業或爲工作，或爲建設，或爲思想，都要成爲歷史過去的事。例如郭子儀救了唐朝，曾國藩救了清朝，這是救國的工作，工作完了，事情就過去了。秦始皇修萬里長城，米開蘭基羅建聖伯鐸（彼得）大殿，他們的建設今天仍舊存在，然需時加修理，否則早已頹廢。基督的福音，孔子的思想，則因爲精神性，可長留人間。然而所謂功勞，不指事業的本身，是指事業對人的益處，益處可大可小，可廣可狹，可久可暫。功勞因此也有大小、廣狹、久暫。但是，不朽也並不在於事業的益處，而是益處所造的名譽，名譽留到後世，立功的人乃有不朽。

功勞既是事業，事業又是工作，立功則是由工作而來，功勞的不朽，理應歸於工作，工作便可有不朽的價值。爲使工作成爲不朽，先應有做大事業的志向，志向連繫一貫作業的工作，完成所定的志向。

在造物主的計畫中，或者說在自然界天生的次序裡，每件物體的「存有」，和宇宙間物體的「存有」互相連繫，互相協助，決不是「物競天擇，弱肉強食」。自然界的物體，沒有理性，沒有自由，天然地以自己的「存有」對大自然作一分的貢獻。即是一株小草，一隻小蟲，在大自然中有牠的意義。人有理性，能自由選擇，本應按照人性的規律，以仁心服務爲目的，若只自私，那便禽獸都不如。立志向，作大事業，即是爲廣大群眾服務。歷史上的偉人，莫不是身懷大志，只要翻開《史記》，便可證實。

「項籍少時，學書不成，去學劍，又不成，項梁怒之。籍曰：書，足以記名姓而已；劍，一人敵不足學。學萬人敵。於是項梁乃教籍兵法，籍大喜。略知其意，又不肯竟學。」

「里中社，平為宰，分肉食甚均，父老曰：善！陳孺子之為宰。平曰：嗟乎！使平得宰天下，亦如是肉矣。」

「王曰：誰可使者？相如曰：王必無人，臣願奉璧往使，城入趙而璧留秦，城不入，臣請完璧歸趙。」

馬克思唯物辯證史，以生產工具爲人類社會進化的主要原因，生產工具一變，社會的生活方式和結構就隨著變。在歷史的事實上，歷史有這種現象，人類的文化史或社會史，常分爲石器時代、銅器時代、鐵器時代、蒸汽時代、電汽時代、原子時代；但是馬克思故意排除了生產工具的發明是人發明的，不是天然產生的。發明新生產工具的人，開創新的文明，是建立人類一樁大事業。

事業的大小，不在於物質方面建設的大小，而是在於精神方面影響力的大小。孔子的事業沒有物質力量，祇是精神力量，影響幾千年。

註：

(一) 卡爾波著　歷史有意義嗎？　現代西方歷史哲學譯文集　張文傑等譯　谷風　頁二二一。

(二) 埃西亞・伯林(Sir Isaiah Berlin)　決定論、相對主義和歷史的判斷　現代西方歷史哲學譯文集　頁二三三。

第四章 人的生活

生命爲內在活動，不停發展，活動發展的歷程，稱爲生活。人的生活，在心物兩方面發展，物質方面爲身體的生活，身體既爲物質，發展的歷程，由弱而強，由強而衰，即是由小而壯，由壯而老。心靈方面爲精神體的生活，逐漸發展，沒有止境，知識可增到無限，品德可長到無窮。但是人的生命是心物合一體，兩者不能分離，每一活動都是心物同時活動，活動的成就，則各隨動力的因素分屬心靈或身體。人以理智爲特性，人的活動便是有自我意識的活動。生理器官的活動不受自我意識的支配，然而這種活動的意義，仍舊可以由自我意識加以注入。飲食的消化作用，疾病的生理變化，都不在自我意識的範圍以內，自我意識卻可以注入一種意義，例如爲減肥而節食，爲愛天主而忍受病苦。

我的生活以自我意識而表現：我知道是我在活動，是我在作主。我生活，要有我爲生活所有的思想，所有的情緒。我生活，又更要表現我生活的思想和情緒。我生活的思想和情緒，代表我的人格。

一、身體的發育

1. 飲食

中國人的傳統，很看重食物，不是政治上所說「民以食爲天」，而是以烹調爲藝術。告子曾說「食色性也」，中國古人對於飲食和女色，便留下了文化的特徵。中國餐廳目前在各國大城市，尤其在台灣城市鄉鎮大顯烹調的藝術。中國文藝的「詞」，有大部份是歌妓文學。歷代文人騷客，常在食色方面有他們的遺跡。蘇東坡自己親操中饋，留下名菜「東坡肉」、「東坡羹」、「東坡豆腐」。他的詞裡有一首「醉落魄」，爲蘇州閶門留別（留別妓女）：「蒼顏華髮，故山歸計何時決？舊交新貴音書絕；惟有佳人，猶作殷勤別。離亭欲去歌聲咽，瀟瀟細雨涼吹頰，淚珠不用羅巾挹，彈在羅衫，圖得見時說。」這種食色的傳統，並不是鼓勵人們沉於酒食聲色，中國古人對於食色加了一種限度，就是「雅」。飲食聲色流於「俗」，則流於「亂」，俗和亂，都是古人所不取。吃雖然要吃得好，還要吃得美，吃得雅。

酒在中國的文化傳統裡，佔有顯著的地位，《漢書・食貨志》稱酒爲「天之美祿」。酒，可以發展詩興，古人常「飲酒賦詩」。酒，可以發洩情緒，古人常「醉酒消愁」。酒，用爲宴客祭祀，《詩經》已經在〈雅〉、〈頌〉篇章說到酒，中國各地各以產酒出名。例如關中的蘭雅美酒，浙江的金華酒、紹興酒，貴州的茅台酒，山西的汾酒，唐宋時的「梨花春」。古代許多名士好醉酒，然以「雅」爲限，目前台灣飲食已經忘記了「雅」字，一切從「俗」。

人的身體爲人的一半，爲人的物質部份。人的一切活動也用身體的各種器官，生理活動用身體裡面的內臟；感覺活動，用體外的五官；心靈活動，用腦部的神經。這些器官不是一出生就都成全，需要逐漸發育。假使身體不發育，便是一個不正常的人，或是一個或兩個器官不發育，便成爲殘障的人。

每個人有責任照顧自己的身體，年輕人更要注意身體的發育，運動和飲食都要適合發育的要求。人用飲食吸收身體需要的養料，飲食乃人生命的必需品，國家應使每個國民有足夠的飲食可以維持生命。古來孟子就主張：「是故明君制民之產，必使仰足以事父母，俯足以畜妻子。」（梁惠王下）現在勞工界所謂家庭薪金就和孟子所主張的相同。

但飲食養身，飲食也可以傷身。飲酒過量，食物過度，都會傷害身體，不能圖一時口腹的爽快，種下後來的病根。飲食需有節制，在有節制的情況下，人也可以求飲食的口味享受。飲得好，吃得好，只要有節制，是好事，不是壞事。不過，節儉乃是傳統的美德，節儉可以立家，可以建國。今天，政府正在提倡節約，就是因爲台灣的飲食過於奢侈。台北市大街小巷，每十步有一家大飯館，大家都說台北市每年在吃上所花的錢，等於一條南北高速公路的建築費，所以有笑話說：台北人每年吃掉一條高速公路！

身體在發育上，常會遇到阻礙，阻礙就是病症，看醫師、吃藥，也是每個人的責任。國家建立保險制度的疾病保險，使國民有就醫的便利，協助國民保持身體的健康。一個人不注意健康，有病不就醫，則有虧於發育身體的責任。古來，以子女的身體受之父母，子女的身體爲父母的遺體，應該用心保全，勿加傷害，以免於不孝。今天雖不必這樣講，但若青年不注意自己的身體，以致生病，總有些對不起自己的父母。

體育運動爲目前學校教育的目標之一，用爲發育青年學生的身體。青年人的身體正在發育時期，爲使發育平衡，發育順利，運動能有很大的助益，年輕人不可以只是坐著看書，使發育不能健全，將來身體也會多病。體育運動也能培養好的品德，如勇敢、耐勞、合群、守法。一個好運動員，應該具有這些善德。

一般的物質享受，和身體的發育都有關係，目標常爲使身體更健全。飲食不用說，住和行，也爲求身體的舒適，一切感官的享受，使人的生活更能成全，都具有積極的意義。但是缺點和危險，卻在於人的本身；人身的慾情屬於物質性，偏於感覺的吸引，常因物質享受的刺激，傾於物質的感覺而掩蔽人的心靈，破壞生命的平衡。人需有持久的修養才能確守合理合情的限制，使物質享受不傷害精神生活。現代中外社會所呈現的現象乃是物質享受主義，造成社會許多不平衡的問題，使人們感受心靈的虛空。

2. 人體美

宇宙間的萬物，都帶有造物主全能的印證。每一物體結構的奇妙、份子的調協、顏色的鮮豔，每一物體都是美的。人有大體小體，如同孟子所說：小體爲肉軀，大體爲心靈，心靈有精神之美，肉軀有人體之美，精神之美隱而不顯，肉軀之美常顯露在人前。

古代希臘的藝術，崇拜人體之美，以純白的大理石，雕塑裸體人像。現代梵蒂岡博物館陳列這些藝術品，幾乎千件以上，藝術愛好者，在像前留連不捨。在第四第五世紀，蠻族割據羅馬帝國以後，希臘藝術在歐洲絕跡。到了中世紀文藝復興時，重新提出希臘人體美的藝術，當時著名大藝術家米開蘭基羅，嗜好裸體繪畫和雕刻。他的藝術作品幾乎都是裸體，只有摩西的石像穿有袍褂。近代歐洲藝術，仍愛好表現人體美。

中國藝術的風格和歐洲藝術的風格不同，中國藝術以線條爲主，西洋藝術以顏色爲主。線條藝術不適於繪畫裸體美女，而適於表達服裝的美，而且中國藝術注意整體的調和，表現宇宙萬物的生氣。中國藝術之美，在於整幅畫的神韻。

人體美固然可作藝術的題材，可供興享藝術者的興享。然而，在普通的社會生活，色慾的慾火已經充塞社會，裸體的人像，常能增加慾火的刺激，製造不潔的衝動。

人體美不僅是藝術的題材，尤其是婦女的心事。一個女人對身體的美好，愛惜如同生命，甚而可以不注意飲食；但對於自己身體的美好，必定注意，衣服和化妝品，就是女人的飲食。女人注意自己身體的美，這是自然的天性。中國古人說：「女爲悅己者容」女人裝飾自己，不爲自己觀看，而爲喜歡她的人看的，這一點也是合理的。因爲造物主造了人，一男一女，兩人要結合成一體，婚姻乃是人生大事。

男女在成婚以前，需加選擇，選擇對象時，首先所注意的在於眼睛可見的外貌，然後再觀察內心！因此身體美，成男女往來的第一種條件，心靈美爲第二種條件。注意身體美爲合理而又應該的事。

不過，事事都要有適當的規律，注意身體美不可流於輕浮冶豔。招人非議，易惹侮辱，孟子說：「人必自侮，而後人侮之。」（離婁上）人體美爲造物主所造，分享造物主的絕對之美，加以著重，予以保養，表示愛惜造物主的恩賜。自然界之美得人欣賞，引人追求造物主的無限之美；人體美受人讚賞時，不宜令人沉溺於美的肉體，而應引人升到美的根源。不是弗洛依德所講的慾情昇華，而是人體美內涵有心靈之美，經由心靈之美上升到造物主。

人體的內涵，爲人的品德，因爲人是心物合一體，肉軀之美應涵有心靈的美德，如端莊、誠實、純潔。內外之美相連，乃能有孟子所說：「充實之謂美」（盡心下）肉軀之美由心靈之美予以充實，否則，徒有肉軀之美，心靈卻缺乏美德，那就是劉基指賣柑的壞柑子說：「金玉其外，敗絮其中。」還有更不好的比喻，耶穌曾罵說：「因爲你們好像用白石灰刷白的墳墓：外面看來很華麗，裡面卻滿是死者的骨骸和各樣的污穢。」（馬竇福音 第二十三章第二十七節）

有內涵的美，《詩經》曾讚美說：

> 「碩人其頎，衣錦褧衣。齊侯之子，衛侯之妻。東宮之妹，邢侯之姨，譚公維私。手如柔荑，膚如凝脂，領如蝤蠐，齒如瓠犀。螓首蛾眉，巧笑倩兮，美目盼兮。」（碩人）

聖經舊約的雅歌，描寫男女身體的美，比喻心靈的美。描寫新娘的美貌說：

「你多麼美麗！你多麼美麗！你的兩眼隱在面紗後，有如一對鴿眼；你的頭髮有如基肋阿得山下來的一群山羊；你的牙齒像一群剪毛後洗潔上來的母綿羊……你的嘴唇像一縷朱紅線，你的小口嬌美可愛；你隱在面紗後的兩頰，有如分裂兩半的石榴；你的頸項宛如達味的寶塔。……」（雅歌第四章）

描寫新郎的美說：

「皎潔紅潤，超越萬人。他的頭顱金碧輝煌，他的髮辮有如棕枝，深黑有如烏鴉；他的眼睛，有如站在溪畔的鵓鴿的眼；他的牙齒在奶中洗過，按在牙床上；他的兩夾有如香花畦，又如芳草台；他的嘴唇有如百合花，滴流純正的沒藥；他的手臂有如金管……他的軀幹是一塊象牙，鑲有碧玉；他的兩腿像一對大理石柱，置於純金座上；他的容貌彷彿黎巴嫩，壯麗如同香柏樹。他滿面香甜，全然可愛。」（雅歌 第五章）

聖經爲世界最莊嚴的書，《詩經》爲中國五經之一，竟有描寫人體美的文字，可見人體美有莊嚴的價值。

3. 婚姻

生命的本性，傾於繁殖，繁殖常由陰陽兩動因而成。人的生命，由父母而來，父母即是陰陽兩性。父母爲生子女，互相結婚，組成家庭。在中國古代，婚姻爲「結兩姓之好，繼萬世之嗣。」男女結了婚，仍留在男子家中。現在，男女結婚便成家。

甲、婚姻的要素

婚姻爲人生的大事，出於人性的要求。人性的要求，必有本來的目的。婚姻的目的，在於傳承生命。這一點，在古代婚姻的意義裡，非常明顯，也非常重要。《禮記》上說：

「婚禮者，將以合兩姓之好，上以事宗廟，而下以繼後世也，故君子重之。」

（禮記 婚義）

在自然界，一切動物都以陰陽兩性的結合，以傳承生命，兩性的交配，天然的目的，是在於化生新的生命。陰陽兩性的動物爲了化生新的生命，乃相結合，交配以後，彼此分離；人類則在身體以外，還有心靈，男女兩性的結合，不僅是身體的性交，也要是心靈的結合。因此人的婚姻乃有兩層意義：第一，爲傳生人類，人類的生命賴著婚姻而傳承下去；第二，男女兩方在生活上，互相協助，在人格上，互相調協。古來家庭制度爲社會的基礎，婚姻更是「合兩姓之好」「繼後世之嗣」，現在社會則是以婚姻來完成夫妻的生活和人格。

婚姻由男女兩方結合而成，男女兩方便是婚姻的要素。男女相結合，成爲婚姻，大家都懂，然而男女作爲婚姻的要素，有幾項不可缺的條件。第一，男女兩方，是單獨一男一女，不能是多女一男，也不能是多男一女。爲生育新的生命，天然地應是一男一女的結合。爲尊重男女的人格，又爲養育子女，男女一結合就當是同一的人，而不是像鳥獸的亂婚。古代雖有一男多女，然妻子只有一個，其他女人是妾，妾的地位，不同於妻子。第二，男女結合成婚，是長久的結合，中國古語說：「白頭偕老」，不應中途離異。中國古代法律上准許休妻，「唐律」定有七出三不去，現行民法准許離婚，或同意離婚，或因罪而由法院判離。天主教則不准離婚，基督說：

「你們沒有念過，那創造者自起初就造了一男一女，且說：『為此，人要離開父母，依附自己的妻小，兩人成為一體。』的話嗎？這樣，他們不是兩個而是一體了。為此，凡天主所結合的，人不可拆散。」（馬竇福音第九章第四節）

男女兩方結婚，要有結婚的意向，即同意結婚，結婚的意向，也是婚姻的要素。在中國古代，婚姻是由「父母之命，媒妁之言」，但男女兩方在婚禮中也表示「不得不同意」的同意。一同拜天地、拜父母、彼此交拜、入洞房。現在的法律，以男女兩方的同意結婚爲婚姻要素。若父母強迫兒女結婚，婚姻將爲無效。

男女雙方的同意，當然要爲結婚，若只爲試婚，或只是同居，雙方的結合，不合倫理，也不是婚姻。

若是以婚姻的首要意義，在於完成男女兩方的人格和生活，男女兩方，已經不能同居、生活受害、人格受損，則婚姻已經失去了意義，因此便可以離婚。但是我們認定婚姻的首先意義，在於生育子女，子女的教育要求父母長久共居，因此，人類的婚姻應該是「白頭偕老」。現在的離婚制度所造成的受害者，常是子女。這一點也證明婚姻的本來意義，是生育子女，因而必需是長久的結合。

乙、婚前的預備

婚姻為人生大事，男女兩方白頭偕老，不可不謹慎去選擇對象。在以往婚姻是結兩姓之好，婚前選擇對象時，父母特別注重門戶相當，對於對方的家世，慎加選擇。現在婚姻由男女當事人結合，就不必問對方的家世若何，而要慎重考慮對方本人所具有條件。結婚為男女兩方以心靈和身體互相接受，以成一體，經營共同的生活。因此，選擇對象，第一，要注意心靈的條件，心靈的條件是品德。細心觀察對方的嗜好、言行的態度、生活的價值觀、平日的習慣和脾氣。第二，心靈的條件也包括對方的理智力和意志力，做事的才能。第三，注意對方身體的條件。身體的條件，有像貌、有健康、精神的正常和生育的功能，則宜在婚前作體檢。至於金錢和家世，可以不在考慮之列。

普通常說「一見鍾情」；但更好還是用相當的時間，互相觀察。普通又說「緣份」，社會上常說「天作之緣」，緣份有些牽涉到命運，可信也可以不信。在本人方面不妨一方面冷靜觀察，一方面熱心追求。

社會通行的訂婚，在法律上不生效力，然而具有道義的責任。所以，在訂婚前，雙方要已經互相瞭解，又已經謹慎考慮。

婚前，最重要的預備，乃是雙方感情的增進，在法律上，愛情不是結婚的要素，沒有愛情的婚姻必定有效；然而在實際的生活上，愛情則是重要的要素。

愛情的培養，靠理智和意志，盲目的感情不是愛情。試婚，不能培養愛情，而且是不道德。婚前的性交，也是惡行，而且常造成「始亂終棄」，受傷害的常是女方。保持自己的貞操，必獲對方的尊重，對方若不知道尊重貞操，則不配作選擇的對象。儒家對於交友，主張慎重擇交，何況結婚是擇夫擇妻，更需慎重。

丙、婚姻生活的維持

婚姻和生活，本是合成一事；然而在事實上可以分開。有些婚姻，在外面的制度，沒有破裂；但在婚姻生活上，裂痕很深，不僅是「同床異夢」，心靈已不結合，而且口角紛爭，層出不窮。這類婚姻的生活，是種破碎的生活，是種痛苦的生活。

愛情為婚姻生活的動力。維持夫妻的愛情，便能維持美滿的婚姻生活。

愛情的維持，在於夫妻互相尊重。尊重的要件，是相信對方。懷疑，常能蛀破甜蜜、豐厚的愛情。言語行動，不宜傷害對方的人格。作妻子不忘記為「悅己者容」，天下沒有十全的人，誰無過失？夫妻雙方互相諒解，婚姻生活便可以維持圓滿。《詩經．國風》詠新婚說：「窈窕淑女，琴瑟友之……窈窕淑女，鐘鼓樂之。」〈國風．柏舟章〉詠夫妻不睦，婦人自訴：「我心匪石，不可轉也，我心匪席，不可卷也，威儀棣棣，不可選也。」男女夫妻的遭遇自古就多變故，必需同心保持相愛相敬。在古代因父母之命結婚可以說是愛情的開端，現在因男女戀愛而結婚，婚姻卻被認爲愛情的終點。古代男女結婚後，心中有維持終身不變的信念，彼此勉力互相認識，互相諒解，尤其女方，抱著「貞於一」的忠誠，婚姻多能「白頭偕老」。目前，男女各在家庭以外工作，社會風氣混亂，乃產生外遇的事件；女子能夠經濟獨立，便不忍受男方的虐待；男女白天或夜間作工，夫婦相處的時間不久，感情常能分離，若是丈夫日夜忙著辦公和應酬，妻子便感到被丈夫離棄，因此，婚外情、虐待、離棄成了現在日益增多離婚的原由。婚姻不穩固，家庭多變；家庭多變，社會就失去安定的基礎，成爲浮動的人群。爲安定社會必需有安定的家庭；爲有安定的家庭，必需有安定的婚姻；爲有安定的婚姻，夫妻兩方該要用心，維持結婚時的愛情。

二、心靈的發展

身體的發育，乃有目共睹的事。心靈的發展，也爲每人共同體驗的事。假使一個人身體發育得很正常，甚至於很美；若是他的知識卻停滯在幼童的階層裡，他就變成了一個很可憐的白痴！我們的知識天天增長，我們的經驗時刻加多，同時，我們的品德也常常在長進，這樣，我們才成爲一個個堂堂正正之人。

心靈的發展，由兩方面進行，《中庸》曾說：「尊德性而道問學。」（第二十七章）朱熹注釋說：一面尊重自身固有的德性，一面還要請教學習。但是後來的儒家都解釋爲使自己的品德常常加高，使自己的學問多多知道義理，成爲修身的兩方面：一方面修德，一方面求學。求學是爲發展心靈的理智，修德是爲發展心靈的意志。這兩方面的發展，最重要的階段，在於求學受教育的時期，教育本來就是教育學生「尊德性而道問學」。然而人的一生，在這兩方面，都要繼續不斷地求發展。孔子曾經說他自己：

> 「吾十有五而志於學，三十而立，四十不惑，五十而知天命，六十而耳順，七十而從心所欲，不逾矩。」（論語 爲政）

1. 求學

在古代，無論中外，讀書只是少數人的特權，一般民眾都不識字。到了現代，國民教育成了義務教育，人人都有讀書的責任義務。現代乃是智識爆炸的時期，各種學術的書滿天下。青年人不讀書，將來無以謀生！老年人也不能「抱殘守缺」免爲時代所淘汰。

求學的方法，在科學時代已有各種學術的研究法。大致來說，人文科學的研究法和自然科學研究法不同。自然科學重實驗，重歸納；人文科學重考據，重推論。但對於青年人求學，在古代已有幾種方法，在現代還應該遵守，我簡單予以說明。

甲、及時

求學讀書雖是一生的事，然有適當的時候，孔子曾說：「吾十有五而志於學」適當求學時候，是在青年時代。青年時代爲人發育的時代，身體長高長大，對於知識也很有大的欲望。青年的理智和記憶正在發育期，能加強，也活潑。而且生活的工作和煩慮不多，父母也盡力使兒女無憂無慮，可以安心讀書。青年時代，一個人若不努力求學，虛度光陰，則一生將「抱憾終身」。古代的文人和學者，發跡很早，少年即能文能詩。宋朝有名文人三蘇：蘇軾、蘇轍爲兄弟，少年發跡。蘇洵爲父親，廿七歲才下功夫讀書，他自認廿七歲已經太晚，讀書要較青年人難十倍，然努力不懈，終能成名。所以孔子說：「後生可畏，焉知來者之不如今也？四十五十無聞焉！斯亦不足畏也已。」（子罕）

青年人的天資，各不相等，有高有低，對於求學有難有易。《中庸》給青年人一個方

法：「人一能之，己百之。人十能之，己千之。果能此道矣，雖愚必明，雖柔必強。」（第二十章）

天資高的青年，對於一個問題，對於一本書，只讀一遍就懂了，而且就記下來了。天資低的青年就要努力讀十遍，也可以有同樣的結果。問題難，一本書長，天資高者要讀十遍才懂才能背誦，天資低者要下決心讀千遍，也必懂，也能背誦。這是以人力補天生的不足，不可因天生不足而灰心。天資高的青年要記得一個比喻，比喻說兔子和烏龜賽跑：兔子自以爲只要跳幾下，便可以超過烏龜而先到，取得勝利，它安然地睡覺了。烏龜自知爬得很慢，便努力不息不往後看。等到它爬到目的地時，兔子才醒來，眼睜睜看著烏龜得獎。天資高，不用功，常要失敗。

乙、有恆

作事需有恆心，讀書求學更要有恆心。恆心由培養而成，爲培養恆心，先要有時間表，再要用心去遵守。

時間表有似功課表，由自己按所有的時間而規定，規定可以詳細，可以只有大綱。規定每天看書的時間，也規定那天看甚麼書。有了時間表，看書作事不會忙亂，常有定心的次序。有了時間表，該看的書和該寫的文章不會偏差，也不會將該讀或該寫的忘了。有了時間表，便會善用時間，忙中不感到忙。別人常常問我：既然事務很忙，怎麼能寫那麼多的書？我說只有一個秘訣，就是有時間表。我在羅馬的母校傳信大學校長剛恆毅總主教（後來升樞機），他是教廷宣傳部次長，曾經任過教廷駐華第一任代表。他工作非常忙，然仍舊出版書，他常說：「只有忙的人會找到時間，閒散的人找不出時間。」人越忙，越知道時間的可貴，越知道善用時間。時間表可以使人在忙中為每件事安排適當的時間，他使人在忙中不覺忙。沒有時間表的人，忙的時候，忙得一頭亂，沒事的時候，不知道時間怎麼樣消磨。

擬定了時間表，務必要天天遵守，非不得已，不破例，假如破例多了，時間表就必作廢。遵守時間表，乃能培養有恆的習慣。青年學生多喜歡臨時抱佛腳，考試一到，夜晚開夜車，一宵讀到天亮，考完了，便一個月不作功課，趕考所讀的書，常靠記憶，不加思索，考試過後，很快就忘了，這不是求學的方法；求學方法，在於慢慢讀，留心思考，然後才有心得。

讀書有恆，暫時所學的不多，然而時間久了，積少成多，學問就大了。我在羅馬讀哲學和神學時，每晚讀十分鐘中文書，看來時間很短，但是七年的功夫，每天有恆心去讀，我中文有進步。我習畫，只在星期日午後和星期四午後練習，若遇到這兩天有事也不補。看來時間很少，但是十年有恆，我的畫也可觀。

有恆是成功的秘訣，作事有恆不覺得累。《中庸》說：「擇善而固執之者也。」（第二十章）

丙、博學審問

《中庸》給了一個求學的方法：

「博學之，審問之，慎思之，明辨之，篤行之。」（第二十章）漢唐宋明清的學者，歷代實行這種方法，今天的學者，還是要去實行。

博學，在今天專業的時代，大家似乎忘記了。大學每系的系主任，只知道本系課程的重要，每系的學生，也只知道自己所學的系，是自己研究的範圍。從大學出來的學生，是可以有專科學識，但專於學術，另外對於人生，缺乏整體觀。對於社會事業的看法，也常多偏差。因此，每次爲一項政策邀請許多專家，聽取他們的意見時，常常覺得他們的意見和實際情形有距離。教育部爲矯正這種偏差現象，已決定在大學開設通識課程，使習理工等科的學生，有幾堂人文科學的課；習人文科學的學生，有幾堂自然科學的課，互相調劑。

但是，博學並不是濫習，一個人的精力和時間常有限，學的科目過於多，便形成「走馬看花」。先要專於自己所選定的學科，由專而後博。

在求學和在工作的過程中，常常會遇到困難的問題，自己「百思不得其解」。這時候便要「審問之」，細心選擇可以向他領教的人，細心認識自己的問題，細心聽指教的人所給的答覆。曾子曾經讚美顏回謙虛地向人請教：自己有才能，去問才能比他低的人；自己知道的多，去問知道比他少的人；有好像沒有一樣，充實好像虛空一樣；別人觸犯他，他不計較。以前我的朋友顏淵，曾經是這樣去做。

這種態度是君子的態度，令人敬佩，一個人不能知道一切的事，讀書做學生的時候，對於老師和教科書所講的，不能都懂，向老師或同學發問可以解釋難題，增進學識。在社會上做事，有時問題複雜，看不清楚，便應虛心向人請教。《中庸》孔子讚美舜王，因爲他的好問：

「舜其大知也歟！舜好問而好觀察邇言。」（第六章）孔子自己也好問：「子入太廟，每事問。」（論語 八佾）孔子也稱揚孔文子：「敏而好學，不恥下問。」（公冶長）不向人請教，自己封閉自己，難題解決不了，或解釋錯了，使自己可以失敗；這不是自己看重自己，乃是驕傲，乃是自大。有自大心理的人，很難做到「審問」，他或是不問，或是發問時態度傲慢。對著這樣的人，別人看不起，也不願理他。公都子問孟子說：滕更在夫子的門下，似乎應該以禮貌待人，然而夫子卻不回答他的問題，這是甚麼原因呢？孟子說：凡是自恃尊貴來問的，自恃賢能來問的，自恃年長來問的，自恃功勳來問的，自恃舊交來問的，都不配予以回答。滕更有其中兩種。

向人發問，要有請教的心，即使在社會裡居上位的人，向自己的屬下發問，也要有禮。學生向老師發問，更要謙虛。先總統　蔣公說：

「看書和研究學問的方法，我以為第一要有恆心毅力，第二要博而能約，第三要以倫理與實際印證，第四要能虛心。」（勦匪成敗與國家存亡）

兩千年前的《中庸》讀書法，和兩千年後的　蔣公讀書法，前後相符合，令人信服。

丁、慎思明辨

人的特點，在於能夠思考。藉著思考，人才能創新。創新是前進，在學術上前進，在生活工具上前進，在生活方式上前進，人類的文明乃能日新月異。

思考，為理智的活動。人的理智力有限，不能一眼看透所認識的對象，需要細心分析，才能明瞭對象的內容。對於感官所直接感覺的印象，理智要加以思考，感覺印象才能成為知識。感情直接所受的感受，也要經過理智的分析，感受才能合理，例如「一見鍾情」，漸漸要冷靜予以觀察，加以分析，才不致於盲目墜入情網。

讀書求學完全是理智的工作，記憶可以從旁協助。若反賓爲主，以記憶爲主思考爲輔，求學的工作便不是理智的活動，而成爲機械的工作，求學將「一無所成」。

孔子曾教學生說：

「學而不思則罔，思而不學則殆。」（爲政）

「不憤不啓，不悱不發，舉一隅，而不以三隅反，則不復也。」（述而）

求學不加思索，算是枉費心力，必無所得。只坐著冥想而不求學讀書，必定亂想非非，那就危殆了。孔子的教學原則；凡不是心裡憤發求知的人，他不啓發；凡不是想說話而說不出的，他不開導；凡給他一角，而不知道推到其他三角，就不教導了。這都是指著真正可教的學生，是能自知思考的學生。孔子曾稱讚顏回說：「吾與回言終日，不違如愚，退而省其私亦足以發，回也，不愚。」（爲政）「子謂子貢曰：『汝與回也孰愈。』對曰：『賜也何敢望回，回也聞一以知十，賜也聞一以知二。』子曰：『弗如也，吾與汝弗如也。』」（公冶長）

求學應多思考，行事也要多加思考。孔子曾說：

「子曰『如之何，如之何』者，吾未如之何也已矣。」（衛靈公）

做事以前，不自己問自己，這件事該怎麼去做，孔子說：對於這種人也不知道怎麼辦。做事以前不思考，任憑直覺去做，看事看不清，不知道後果如何，必定許多次會做錯了事。

思考，爲理智的活動，哲學的理則學（邏輯學）教人運用理智的方法。思考需要有方法，在思考時，先要認識所思考的問題，用一句或兩句話簡單地說出來。問題提出來的，把問題加以分析，正面、反面、內容的成份、問題的來源，然後尋出論證，理論的證據，實事的證據。

論證的成立，有應遵守的步驟和方式。西洋人的論證常取三段方程式，大前題、小前題、結論。中國人的論證，墨子曾有三表法：「本、原、用。」以堯舜禹三聖王的事爲本，以百姓取目的經驗爲原，以國家人民之利爲用。在通常講話和作文時，不能呆板遵守方式；但是在作研究工作和寫學術論文時，便要有思考的方法。各種科學有各自的研究法，這些研究法只是爲蒐集資料，爲作結論，必定要運用理則學的論證法。

思想的目的，在於認識所研究的對象，辨別真假，辨別好壞。在學校對於老師所講授的，對於教科書所說的，通常都要取信任的態度，老師不會欺騙學生，教科書經過審查。但是孟子曾經說過：「盡信書，不如無書。」（盡心下）假如完全相信古書所說的歷史，以致於相信許多錯誤，倒不如不看這些古書，老師和教科書也能有錯。另外西洋中古史，西洋中古思想史，錯誤連篇，學生也要加以分辨，細心去「審問之」。

在社會上的各種關係裡，對於人際關係，應該知道明辨。孔子雖是兩千多年以前的人，他卻很懂現代的心理學。他說：

「始吾於人也，聽其言而信其行；今吾於人也，聽其言觀其行，於予與改是。」（公冶長）

聽了一個人的話，就相信這個人，孔子也吃過虧，他便改了，聽了一個人的話，再觀察這個人。怎麼去觀察？先看他所做的事，再觀察他做事的動機，然後審察他，做了這件事是不是內心所喜歡的。用這種方法觀察一個人的邪正，他怎麼掩藏得住呢？

這是一種很符合現代心理學的方法，你們女青年交男朋友時，不要單聽他的「花言巧語」，孔子曾說：「巧言令色，鮮矣仁！」（學而）你要觀察和你交往的動機，也觀察他做別的事的動機，又仔細觀察他心的喜好，你就能辨別他是否正人君子。

「審問之，慎思之，明辨之。」爲求學的方法，也是在社會上做人的方法。抱著懷疑的態度，慎重待人處事，可以避免許多錯誤。在西洋哲學上，笛卡爾運用懷疑法，以求論證。近代西洋學術，普遍採用這種方法。胡適之先生常主張「拿證據來！」對於人和對於事，都抱這種態度。但是懷疑法不能流爲懷疑論，不然就沒有研究學術的餘地。

戊、真理

真理在哲學上，是一個複雜的問題，就好比惡的來源問題；但是這兩個問題，對於人生都是很切身的，人的生活對於每一樁事，都要行善避惡；對於每一樁事，都要求是真的，不是假的。

哲學家或思想家，有的說真理只是相對的，沒有絕對的真理，真理不是一成不變，不是萬古千秋和古今中外常是一樣。有的說真理是有，但是我們人沒有辦法可以知道，我們所知道的，只是事件的現象。因此，真理在學術上是一個爭論不休的問題。

在實際生活上，我們必需事事求真，不能是非不分，真假不辨。

爲能夠事事求真，我們就要習慣實踐追求真理的條件：第一，遇事不要慌張，需要冷靜思考。第二，把事件看明白，若看不清楚，不要下決定。第三，所有的理由要靠得住。在選擇理由方面，學者們的意見又不相同。胡適主張實用主義，合於實用，可以解決問題的事，便是真的。馬克思主張經驗主義，按經驗說，現在有利的事，則是真的。自然科學家以儀器的實驗爲理由，合於實驗的爲真。我們一般不專門研究哲學和不專門研究自然科學的人，我們對於真理的理由，是普通一般人的常識或共識(common sense)；對於一些專門的問題，則需看專家們的意見。

我們所要避免的，第一，不要常自作主張，反對大家的常識。有時，在重要關頭，事件明明和大家的常識相反，那就要自作主張了。第二，不要一心趨騖新奇，常以「新的」爲對，「傳統的」都不對，在社會革新的時代，許多傳統的理由，應該放棄，但不能完全倒於新的一面，應該作合理的選擇。第三，不要只「對人」，而不「對事」。我們看事，要看事情本身如何，不宜只看事情和有關的人的關係。這種對人的關係，固然相當重要，但不能改變事情本身的意義。

西洋笛卡爾曾經講述追求真理的條件，中國荀子曾經寫了一篇〈解蔽〉講述錯誤的原因，這兩位哲學家的主張，大家都應該研究。

至於說真理究竟是什麼意義？中國古人說是名實相符，西洋傳說哲學說是觀念和客觀對象相合。這兩項意義實際相同，也都是對。近代西洋哲學派系裡多以爲理智不能認識對象的本性，所有認識常憑經驗，以經驗評判真理，真理便失去了標準。我們爲求學行事，不能放棄客觀的真理，我們的理智能夠知道客觀的事理，我們便不放棄求真理的努力。昔日詩人陶淵明雖然讀書不求甚解，但若一次得知書中真意，則欣然忘食，可知詩人也仍舊喜歡真理。

2. 修身

在古代的教育，學問和修身不能分開。《大學》第一篇開端就說：

「大學之道，在明明德，在親民，在止於至善。」

《中庸》第一章的開端也說：

「天命之謂性，率性之謂道，修道之謂教。」

教育爲教人修身，修身爲培養品德，以建立人格。青年人受教育，在於學做人，做人要有學識，要有人格。西洋人以人爲理智人，求學爲發展人的理智；中國人以人爲倫理人，求學為培育人的意志。然而西洋人並沒有輕忽人的意志，在宗教教育裡，努力修德；中國人也沒有輕忽人的理智，在經史的教育裡，努力求學。因為人為心物合一體，各方面的發展，需有均衡。

現代的教育則偏重學識，發展理智，卻輕忽了倫理教育，以至於學生不能明辨是非。我們積極呼號矯正這種偏差，以人生之道教授學生。《大學》一書講古代的教育，指出了教育的目的，在於齊家、治國、平天下，又講明了教育學生實行人生之道的方法，即是修身的方法，在於正心、誠意、致知、格物。為達到教育的目的，以修身為基本條件，人知道修身，然後才能齊家、治國、平天下。用現代的話說：教育在於培植為服務國家社會的人才，這種人才的基本條件，在於建立自己的人格，有君子的品德。

甲、認識自己

正心和誠意，使人誠心自己，心常正直，為達到這個修身目的，人要先認識自己。王陽明當時教徒弟反觀自己的心，知道自己心理有天理。孟子也教人存心養性，人心生來有仁義禮智四端，不要自加摧殘。但是這種主張，對現代人說起來，似乎有點渺茫，不著實際，所以，我們講修身方法，先講一個現在青年人都知道的方法，即是認識自己。

一個初入大學的學生，要求作心理測驗，認識自己的能力，自己的性格傾向。有了這方面的認識，他可以選擇自己研究的學科，決定自己求學方向。這種自我認識，對於每個學生都有益處。古來沒有心理測驗，只能在暗中摸索，請求老師指導。今天運用這種科學的方法，誰也不必欺騙自己，自己是怎樣，就面對現實，接納現實的自我。

為修身，也更需要自我認識，認識自己的感情、認識自己的嗜好、認識自己的意志力、認識自己的性格，這種自我認識，乃是修身的基礎。道德是普遍，仁義禮智的意義常是一樣；但是每個人修行道德，則需按每個人的個性，個性就包含上面所列舉的感情、嗜好、意志力、性格等等天生和習慣所養成的能力，認識了每個人的這些能力，才可以知道實際修身的步驟。德行常在中道，不偏不倚，不過也不及。有的人天生或習慣常過，有的人天生或習慣常不及，常過的人，需要節制；不及的人，需要努力。

認識自己的方法，現在運用心理測驗。這種科學方法對於情緒，對於心理神經，確實能夠測驗實況；然而在修養品德上，一個人需要時常知道自己修德的情況，這不能借用心理測驗法，而是要自己時常反省。《論語》上曾子說：

「吾日三省吾身，為人謀而不忠乎？與朋友交而不信乎？傳不習乎？」（學而）

自己每天晚間冷靜一兩分鐘，看一看今天怎樣過了，自己有得有失，得的是喜，失的是惡，惡則該改正。改過乃修身的大事，「過而不改，是謂過矣。」（衛靈公）人的品德，是一點一滴地積起來的，今天加一點善，改一點過，明天後天再繼續，品德便自然會高了。天主教的修身法，很注重反省，每晚有反省時，每月有反省日，每年有反省週，認真去做，還嫌「德之不修，學之不講，聞義不能徙，不善不能改，是吾憂也。」（述而）何況完全不自省的人，怎樣要求他進德呢？先總統 蔣公說：

「時時省察先治，事事忠信篤敎，一天有一天的進境，一事有一事的著落，那就能陳力就列，而所問有功了。」（反功復國的準備 機勢和戰力）

「我們要能使自己個人和社會國家能夠日新又新，最要緊的一件，就是要勤於反省與勇於改過，並且要大家互相勸勉，親切琢磨。」（做人革命與建國大道）

行省察而自知的人，可以免於自大。每個人都不是全人，自己知道自己的缺欠，怎麼還敢自滿而驕傲呢？蔣公說：「自滿就是沒落！」（對本黨實行三民主義黨務工作之指示）

乙、克己

本來我想用理學家習慣用的名詞，如持敬、主靜、守一；然而這些名詞在我們青年的心理上，既不好懂，又顯得古老，招惹厭煩。我便用一個普通的名詞：修養，原來等於修身，不過，在我們普通一般人的心目中，修養指著一種特別的工作，即是努力培養自己的人格。我們常說某人有修養，某人的修養高，這等有修養的人，謹言愼行，不亂說話，舉動不輕佻，不隨便鬧情緒，不常發脾氣，是一位莊重的人，令人起敬。

我爲修身，首先認識我自己，認識了我自己，積極的第一步修身工作，是約束自己。約束自己，在古來說是克己，克己，在於使自己的言行有規矩，不任意放縱。我有我的情感和慾望，《中庸》在第一章說情慾之動要中節，合於生活的情調，使情慾中節，需要克慾，因爲我的情感濃厚，慾望強烈，若隨便動，必定要亂，我便要約束自己，使感情不亂動，使慾望不作惡。孟子曾說：

> 「養心莫善於寡欲。其為人也寡欲，雖有不存焉者寡矣；其為人也多欲，雖有存焉者寡矣。」（盡心下）

對現代的人，尤其對現代青年人講「寡欲」，很少有人願意聽。若說佛教的「絕慾」，更聽不入耳了。然而情慾在人本身不是壞，壞是人容易被感官的興趣所吸引，感官的興趣引起人心的反應就是物質性的情慾，物質性的情慾既強，便淹沒理智，使人盲目而動。大家都知道盲目的感情，不能產生好事，因此，需要下決心，控制自己的感情，留著時間給理智，冷靜地想一想。古來的道家倡導避世，不做官，不營利，選擇僻靜的地方佈居，種田釣魚，欣賞自然的美景。陶淵明和王維的詩，充份表現這種清淡生活的樂趣。

「中歲頗好道，晚家南山陲。興來每獨往，勝事空自知，行到水窮處，坐看雲起時。偶然值林叟，談笑無還期。」（王維　終南別業）

「秋菊有佳色，裛靈掇其英，汎此忘憂物，遠我遺世情。一觸雖獨進，杯盡壺自傾。日入群動息，歸鳥趨林鳴。嘯傲東軒下，聊復得此生。」（陶淵明　飲酒之七）

這種隱逸的生活，不是現代人所嚮往的生活。青年人對於國家社會負有重大的責任，應有儒家「以身許國」的精神，然而在儒家的入世生活裡，更需有克己的精神。

佛教主張絕慾，修道的人得做到「六根清靜」，六根是眼耳鼻舌身意，爲六種感覺，將知覺所能引起的感情慾望，完全斷絕，眼睛所看的不能使心動，耳朵所聽的不能使心動，鼻子所嗅的不能使心動，舌頭所覺的不能使心動，手足所摸的不能使心動，意志所想的不能使心動。這等的人是出世的人，是在寺廟裡修道的人。宋明理學家罵佛教絕慾使人變成「枯木槁灰」，使活人變成死人。實際上佛教絕慾使人走入另一境界，所以稱爲「出世」。

天主教特別注意克己，在消極方面克制情慾妄動，在積極方面，接納不順意的境遇，決不遇難而退。天主教的修士修女，立誓絕財絕色絕意絕塵世的牽掛，及自由的爲社會和教會服務，有隨遇而安的精神。

丙、自重

積極修身的第二步是自重。

現代人都看重自己的人格，不容別人輕視。兒女對於父母，學生對於老師，僚屬對於首長，工人對於廠主，都要求尊重自己的人格，現在是人格尊嚴的時代。

然而爲能使人尊重自己的人格，自己要尊重自己的人格。人必要自重，而後別人才會尊重他，人必定自己侮辱自己，然後別人才侮辱他。

尊重，不僅在於外面的禮貌。有些人可以看到別人對他非常禮貌尊敬；可是在背後人家對他卻批評譏刺，那是因爲他有錢有地位有權勢，而他爲人則品格下流。尊重，應是由心裡發出的佩服敬重，心裡的尊重，以精神的品德爲根據。

我要自重，使自己要站得起來。我對我的職務，努力盡心，自己對得起自己。對於別人，我無所求，不求錢，不求特別待遇。對於事，我有正義感，事情應怎樣辦，就這樣辦，話應怎麼說，就這麼說。當然，中國社會最講人情，然而人情總不能傷害正義。一個人免不了有錯，錯了不要怕認錯，該向人道歉，有正義感，對於別人，知道尊重；對於事，知道慎重。輕浮，是自重的反面，若自己的言語，行動和衣著，常常輕佻，別人對他所有的印象不佳，便不會尊重他。

中國儒家的歷代修身法，常注意「敬」。敬在外面是「端正」，在內心是「定於一」。近代中國學者對於儒家理學家的「敬」，非常詆毀，罵爲「老學究」，一舉一動都要守禮。胡適之先生便提倡打倒「禮教」，以致於今天的中國台灣社會，成了沒有禮儀的野蠻社會，請客宴會沒有禮儀，婚葬也沒有一定儀式，特別是在衣服上，大家都不知道在那種場合裡該穿什麼衣服。西洋有大禮服，晨禮服、晚禮服、便服；我們中國什麼禮服都沒有。請客設宴，西洋人排坐位，或者由主人吩咐，大家平等入席；我們中國人，大家謙讓，誰也不願上座，拉拉拖拖，大家以爲講禮，實際是沒有禮儀。中國古禮過於繁縟，應該改革，然不能一個社會沒有禮規。同住一棟公寓大樓，進門上電梯，大家表現都是陌生人，不打招呼；在歐美，同住公寓大樓的人，見面必不缺一聲早安，晚安。

自重的人，說話，行動必有禮貌。一個年青人有禮貌，大家都覺得他可愛。我要求輔仁大學的學生看見師長說一聲「早」、「好」，即是禮貌教育。

敬，在內心是「定於一」，理學家稱爲「主一」，我們的心雖然能力無限，能夠知道，又能夠想無限的事；可是我們的心爲活動需用腦神經和感官，腦神經和感官是物質性的，物質性的則受時間和空間的限制。所以，我的心在同時間內，只能專心在一件事上，「定於一」，使心專於目前所做的事，把這事做好，不要「心猿意馬」。

「定於一」還有一種意義，理學家說是「主於天理」，事事以天理爲原則。我們現代人說是「有原則」，做事要有一定的原則，有固定的志向，這樣心不會亂。

> 「知止而後有定，定而後能靜，靜而後能安，安而後能慮，慮而後能得。」（大學 第一章）

心守住自己的志向和自己的原則，心就能夠定下來；心定下來了，才能夠冷靜；心冷靜了，才能夠平安滿足；心平安了，才能夠思慮；心思慮研究，才能夠做事做得好。

因此，我要自重，在外面我要端重有禮，以免輕浮急躁；在心裡，要抱定我的原則和志向，事事冷靜地考慮。生活就能有秩序，待人常能有禮，做事合理合情。心內無疚，外面對人無愧。

丁、涵養

我們敬重一個人的修養高，是敬重他有涵養。涵養，是人用修養的功夫，使自己的胸懷又廣又深，在生活上，表示有氣度，有氣概。

有的人生來心是寬大，遇事不計較，對於人，對於錢，表示寬宏大量。有的人生來心量狹小，錙銖必較，別人的一句話也不放過，做事一分錢也要計算。普通一般人，生來不具一定形象，後來由於生活習慣，胸懷或大或小。

爲修身，我們標明一種模型，作爲修養的目標。理想的模型；器宇軒昂，胸襟廣大，待人接物常和顏悅色。這種模型不是天生的，由人以修養的功夫磨塑而成。

首先，決定一個高尙的志向，以天下爲己任。志向高，目標也高，眼光看得遠，胸襟逐漸放寬，一己的私利排除在所追求的目標以外，大家的利益進入自己的心中，便不會專計較一己的感受。

「忍」，爲培養度量的主要方法。人無論有何種高尙的志向，一己的感受常有，而且是切身的感受，立時引起心理反應。忍，克制切身感受所引起的反應，使反應不現於外，也不擾亂內心。在開始時，遇見別人失禮、失言、侮辱，心頭必立時生怒，這時便該忍耐，使怒不形於色。修養久了，怒不形於色了，再在內心忍耐，使心不因侮辱而動，修到這步境界，涵養就深了。而且做事的成敗，也看能忍不能忍，孔子說：「小不忍則亂大謀。」（衛靈公）「人無遠慮，必有近憂。」（衛靈公）

人心所貪的，無非財色，若自己立有高尚的志向，定有正義的原則，凡不合於正義而違背自己的財色必不取拿，氣量就可高人一籌。子曰：

> 「富與貴，是人之所欲也，不以其道得之，不處也。貧與賤，是人之所惡也，不以其道得之，不去也。君子去仁，惡乎成名？君子無終食之間違仁，造次必於是，顛沛必於是。」（里仁）

抱持自己的正義原則，「富貴不能淫，貧賤不能移，威武不能屈，此之謂大丈夫。」（孟子　滕文公下）

一個門生問孟子說：若齊王封你作卿相，你動不動心？孟子答說：不動心，因爲我養有「浩然之氣」。門生再問：什麼是「浩然之氣」？孟子答說：這很難講！「浩然之氣」是由正義和天理而培養起來的，非常廣大，非常剛毅，包含宇宙萬物。

孟子的「浩然之氣」擴大胸襟，提高精神，不爲名利所牽掛，常求貫徹正義的原則，乃能遇事不亂，心常安定。一次，魯平公將出宮拜會孟子，一個小宦官臧倉向平公說孟子的壞話，平公便不去看孟子了。孟子的學生樂正子把這事告訴了孟子，孟子說：「行，或使之；止，或尼之；行止，非人所能也。吾之不遇魯侯，天也。臧氏之子，焉能使予不遇哉！」（梁惠王下）孟子的氣概非常大，成敗都能不動心。孔子也曾說過：「不怨天，不尤人，下學而上達，知我者其天乎！」（憲問）孔子周遊列國，在陳蔡之間，絕糧，弟子們都餓得慌，站不起來，孔子卻絃歌不輟，子路向他抗議：「君子亦有窮乎？」子曰：「君子固窮，小人窮斯濫矣。」（衛靈公）

君子有窮困的時候，窮時，心能固定而安；小人遇到貧窮，則放濫爲非作惡。因爲君子有涵養，貧富不能亂心。

涵養，要忍，要克己，但不是消極摧毀個性，在人事的平面上，涵養使人的個性有所約束，不宜表現，例如怒、愛、喜的情感，不可隨意顯露。然而在上層的精神界，則發展個性的良能，使精神如孟子所說：「充塞天地」。

3. 培養是非感─誠

行善避惡，爲人的天性，乃是性律。《中庸》說：「誠者，天之道也；誠之者，人之道也。」（第二十章）又說「率性之謂道，修道之謂教。」（第一章）宇宙內萬物都有物性，都按照自己的性而存在，而動。所以說：「誠者，天之道也。」萬物天然的傾向，按照本性而動，這就是誠。人的生命當然是按著人性而發展，所以說：「率性之謂道」。可是人的心靈具有自由，凡事由自己決定，雖然天性是傾於人性引導，但也可能不接受。因此，人按人性而行，是人自己的決定，這就是「誠之」。先總統 蔣公說：「誠與信，就是致良知的要緊關頭。」（革命教育的基礎）

既然行善避惡，出於天性，人就該決定自己常行善避惡。人作這種決定，有幾點該當注意：

第一，要有是非觀念，知道何者爲是，何者爲非。良心雖有良知，不學而知善惡，然所知善惡爲基本的和最普遍的善惡。具體的善惡，常以後天人造規律爲標準，對於這些規律，應留心學習。原先在中國的家庭裡，父母和長輩親人，必定教訓兒童何者可做，何者不可做。在西洋的社會裡家庭的家教雖比不上中國家教的嚴，然有教會的宗教教育，從旁協助，教育兒童認識倫理規律。目前，我們家庭，忽略子女的教育，我們的學校，不實行倫理教育，青年一輩，已不知善惡是非，社會才有使人驚心的青年犯罪，長一輩的人，也不辨別是非了，凡事只求利益，經濟犯罪日漸加多，色淫新聞充斥社會。有心人都疾首蹙額，大聲疾呼加強倫理教育，使人人辨別是非。不過，大家又問：究竟什麼是善？什麼是惡？老的倫理規律已經不適用了，新的倫理規律何在？我們當然不能只說恢復固有倫理道德，而不使固有倫理適合目前的時代。這種適合的工作，就是現在所講的中國傳統的現代化問題。然就在這個問題沒有解決以前有基本倫理規律存在，大家現在只要反問自己的良心，又看看以往的傳統，就可以知道這些基本倫理規律。戀愛雖是自由，但是性泛濫，大家都知道是惡；賺錢，是合理的，但是欺騙人；或是逃債，或是倒會，或是假冒，大家都知道不對，所以大家要養成這種是非感。

第二，要有恥。孟子曾說：善惡之心是天生的。人作了惡，內心自然不安，便有內疚。王陽明說良知（良心）不會消失，一個慣作賊的，你叫他是賊，他還是忸怩不安。內心有疚在外便怕人指責，這就是恥，既然怕人指責，便不敢作惡。

「子曰：行己有恥，使於四方，不辱君命，可謂士矣。」（子路）

「孟子曰：人不可以無恥，無恥之恥，無恥矣。」（盡心上）

頑強的敵人，不是別人，乃是自己。自己要因有恥而戰勝自己好財好色好名的種種貪慾，固守倫理規律。

第三，要培養意志力。王陽明爲致良知曾主張克慾，他以善惡都在「意」上，要使「意」不爲慾情所蔽，良知所指示的善惡，才能在行爲上實現。良知指示爲善，則行；指示爲惡，則不行；良知乃能合一。

人爲定奪，由意志定奪，意志使人作自己的主人。所以爲行善避惡，便需培養意志力，不爲慾情所牽引，不爲外力所威脅。意志力要像一條鍊錚的鋼條，可伸可屈，但不會折斷。

在人一生的經歷中，必定有多少次意志薄弱的經歷，不被這些經歷所摧折，意志力仍然可以伸張，終必可以克勝困難。在天主教的聖經新約上，有一位意志最剛強的聖人，名爲洗者若翰。他以一介凡夫，公開指斥黑落德王不該娶自己的弟婦黑洛莉雅爲妻，黑洛莉雅唆使黑落德王牢禁了他。耶穌向群眾講道，稱讚若翰說：

「你們出去到荒野裡（若翰曾住在曠野裡）是為看什麼呢？為看一枝被風搖曳的蘆葦嗎？你們出去到底是為看什麼？為看一位穿細軟衣服的人嗎

？那衣著華麗和生活奢侈的人是在王宮裡！你們出去究竟為看什麼？是看一位先知嗎？是的！我告訴你們；而且他比先知還大。」（路加福音 第七章第二十四—二十五節）

意志薄弱的人，像一枝蘆葦，隨風搖擺；若翰則屹立不搖，有如鐵柱。意志薄弱的人，喜歡美衣美食，奉養身體；若翰在曠野裡吃蝗蟲和野蜜，穿著駱駝皮，是一位苦身克己的隱者。他置生死於度外，保護正義，諫責國王，終於被黑洛莉雅所害，被斬而死。

在孔子和孟子的心目中，一位讀書的士人，應該是意志堅強的人。「子貢問曰：何如斯可謂之士矣？子曰：『行己有恥，使於四方不辱君命，可謂士矣。』」（論語 子路）

「子曰：士志於道，而恥惡衣惡食者，未足與議也。」（里仁）

「曾子曰：士不可以弘毅！任重而道遠。仁以為己任，不亦重乎！死而後已，不亦遠乎！」（述而）

孟子有同樣的思想：

「王子墊問曰：士何事？孟子曰：尚志。曰：仁義而已矣！……居仁由義，士人之事備矣。故士窮不失義，達不離道。」（孟子 盡心上）

「見危授命，久要不忘平生之言。」（憲問）我們讀書人要有勇氣，心目中常擁著爲國家爲民族服務的志向，爲達到這個志向，要不怕犧牲。基督教訓自己的信徒，「背著自己的十字架跟隨他，他自己背著十字架在前面走。」

三、群體生活

1. 群體

「我」是個體，個體爲單體，單體是人類中的一環。「我」不是單獨的「存在」，而是和許多同類的單體同時存在，即是我同別人一起存在。存在論的哲學家稱這種存在爲「在世存在」。

從人的生理結構去看，人的身體在原始時代爲著生存，必需結成團體，因爲人的體力不能抵抗別的動物，需要互相幫助。人類學家研究動物演化過程，發展非人的高級動物聚群而居。

「所有已知非人類的靈長目動物都是群居的，其群體稱作隊群(Bands or troops)。這些群體都特別有一個「家園範圍」。看看整個靈長目，我們會發現其社會群體的大小和組成有很大的變異。」(一)

這些「靈長目」有狒狒、獼猴、猩猩。群體組織是對食物來源的適應模式，造成領土慾，「靈長目群體在空間中運動的方式、防禦地盤或將「家園」延伸的方式、彼此溝通的方式等等，都直接和尋找食物有關。」(二)

人類的生存靠著理性，理性使人類尋出適應環境的生活工具和方式，從石器到銅器，再到鐵器，然後到蒸氣、電氣、原子核能，人類乃能以脆弱的身體，成爲宇宙的主人翁。但是爲著理智的發展，在學術研究上是靠前代人的學術遺產，又靠同時各科研究人員的合作。單獨的個人不能多有成就的。

人類的日常生活，男女結成夫妻而有家，生育子女而有家庭。由家庭而成族，由族而結成國家，這是天然的順序。現在個人都生活在一個國家裡，「我」乃是一個國民，「我」乃有社會生活。

社會生活的來源，來自人類的天性。社會生活的方式，由人所造成。社會生活的目的，在於發展人的生命；一方面保障人的生命，一方面供人發展物質生命和心靈生命。

「我」活在社會生活裡，也就分擔社會生活的目的。孔子曾經有幾句名言：你所不願意別人給你做的，你也不要做給別人—「己所不欲，勿施於人」；你要自己站起來，也要使別人站起來；你要使自己通達，也要使別人通達。—「己欲立而立人，己欲達而達人」。孟子也說了一個原則，就是「推己及人」；耶穌基督教訓人「愛人如己」。

「我」是主體，是一個單位，和四面周圍上下都發生關係，不能切斷，也不能任何「我」自己去支配。中國四書的《大學》上說：所以君子有處理的原則：我所厭惡在上者以不合理態度待我，我就不以這樣態度待在下者；我所厭惡在下者以不合理態度待我，我就不以這樣態度待在上者；我所厭惡在前者以不合理態度待我，我就不以這樣態度待在後者；我所厭惡在後者以不合理態度待我，我就不以這樣態度待在前者；我所厭惡在右者以不合理態度待我，我就不以這樣態度待在左者；我所厭惡在左者以不合理態度待我，我就不以這樣態

度待在右者；這就是君子處理的原則。㈢

這項處理的原則，孔子、孟子稱爲「恕」。恕，是如心，按我的心去推測別人的心，人心相同，便按我的心去待人。

2. 文化，文明

人既然合群而居，群居的生活，必有一種方式，這種生活方式稱爲文化。禽獸生活也有生活方式，它們的生活方式是天然的，沒有變化；人類的生活，由人創造的，常有變化，常可以有新方式。禽獸所以沒有文化，只有人才有文化，文化發展而到較高的理性程度，乃稱爲文明。

人有文化，乃能有歷史。歷史是人類生活變化的歷程，用具體的態度，顯示人類生活的意義和目的。歷史哲學家湯恩比曾說文明是民族努力控制並改善生活環境的成績，一個民族若不繼續這種努力，他的文明就會衰弱，甚至滅亡。㈣

「我」的生命，是一個「在世的我」，是活在文化中的生命。我的各種關係，雖由「我」作主體，在生活，感覺情慾，理智各方面，由我作主；然而應付各種關係的方式，則受社會生活方式的限定，即是受文化的限定。

「社會束縛的問題對於鮑亞士與潘乃德是一個殘餘的問題，……對他們而言，受文化適應的個人是如此完全地被文化所修飾，因此服從文化理想即是他的本性。然而，依涂爾幹與布朗的觀點，社會理想不斷地與難以駕御的個人利益發生衝突，因此這些理想需要社會制裁的支持。和涂爾幹和布朗一樣，馬淩諾斯基趨於強調束縛的重要性，因為在他的觀點中，文化導致人限制他的慾望，並參與如果可能的話他將逃避的活動。」㈤

文化限制人的慾望，只是給人慾望動作的模式。文化的內涵非常複雜，但最重要的是民族特性，民族傳統思想，民族的習慣風俗，和宗教信仰。這四項構成民族的文化。「我」屬於一個民族，在這個民族裡生活，「我」便受這四方面文化型態的限制。「我」不能破壞這些型態，但是這些型態的外型，當生活環境發生重大變遷時，就會產生變化，追求適合環境的新外型，內部的思想傳統，在基本上常保持不變。

中華民族有四千年的歷史書冊，有五千年的文化。中華民族文化的基本思想，爲仁愛，爲中庸，爲求心靈的安定，爲求天人合一。以往生活的型態爲家族生活，爲君主政治，爲君子人格，這種型態在目前的社會環境裡已不適宜，應當改革。當前的社會趨勢正在追求新的生活型態，生活型態雖要改，基本思想則仍要保留，以承傳中華民族的文化，既不能完全復古，也不能全盤西化。中華新文化的建立，靠民族的先知先覺去創造，古代稱這些生活型態爲「禮」，禮需由聖王去制定。現在新生活型態需由社會大眾因著先知先覺的提倡，開始實行，蔚成風尚，才能建立。

「我」是單體，是主體，我的生活則是社會生活，「在世的我」便受文化的限制。

3. 群體生活的精神

甲、群體生命是愛

A、愛

生命是什麼？是愛的象徵，儒家哲學主張宇宙間的變化都以化生萬物爲目的，表示天地愛萬物，天地代表上天，上天愛萬物，所以化生萬物。天主教聖經上說「天主是愛」，天主愛物愛人，所以創造人物。宇宙間所有的物和生命，都是上天愛心的表現，每一件物體，就象徵上天的愛。一朵玫瑰花非常美麗，你能說它是自然盲目地、偶然地產生的嗎？它是象徵造物者的愛。

我們每個人的生命，也是愛的象徵，象徵父母的愛，因爲子女是父母相愛的結晶。我們每個人的生命從剛在母胎中懷孕，母親父親立刻愛心照顧，出生了以後，母親又是日夜關照，稍大，父親關心教育，一直到我們長成，自己能夠獨立，父母才算解除了對我們的心事。

離開了父母的照顧，子女成人。成人的子女又尋找另一種照顧的愛心，男女互相追求，願將兩個人的生命合成一個生命，這個合一的生命，完全由愛而結合，由愛而保持。由這個愛的合一生命，產生新的生命，生育子女，使男女的愛在新的生命裡繼續流傳。

父母愛惜子女的生命，爲子女的生命不惜犧牲自己的生命，所以父母的愛在宇宙的愛裡，最爲純潔，最爲高尙。因爲每個人都愛自己的生命，就像每個物體都愛惜自己的「存有」，自己不願意毀滅自己。一塊石頭因著外面的風霜雨雪，才漸漸風化；一個小動物逢著生命的危險，它會自然地逃避；人更是愛惜自己的生命，他一生所做的，一切都爲著自己的生命。所以自殺是違背人生的第一項原則。

社會由人所組成，自然環境爲人生的基礎，社會環境爲人所建立，社會沒有人，則沒有社會。社會既由人所組成，人在社會的第一層關係，應該是合力組成社會團體，而不是分化或拆散社會團體，合作乃是社會關係的最重點。人在社會裡生活，是爲發展自己的生命，爲發展自己的生命，人需要旁人的協助。每個人既都有這種需要，互助便成爲社會生活的普遍現象，因此，互助也是社會關係的重點。

合作、互助，代表人和人的關係，而不是馬克思的階級鬥爭。合作和互助在倫理道德，倫理合併在一種道德範疇裡，即是仁。

仁，在孔子以及後代儒家的思想裡，稱爲德綱，統攝各種善德。《易經》以「天地之大德曰生」，朱熹以人心得天心爲仁，在天地爲生，在人爲仁。仁即愛生命而使生命化生不息，及爲愛之理。人與人的關係，都是生命的關係，因著求生命的發展，彼此需要互助，乃彼此相愛。

在消極方面，仁愛在於「己所不欲，勿施於人。」（論語 衛靈公）以己之心，推人之心，自己所不願別人對我做的，別人也必不願我給他做，這是仁愛的基本條件。在積極方面，在於「己欲立而立人，己欲達而達人。」（雍也）他是以己心推知人心，自己追求自己可以在人格和事業上，站得起來，而且還要通達，因此，就幫助別人也能獲得同樣的實效。

在實踐方面，有仁愛的人，必是忠厚的人，也是善良的人，處處能爲別人著想，常有同情之心。

耶穌基督的福音，以仁愛代表祂的精神，總攝一切的誡命。聖保祿宗徒說：

「誰愛別人，就滿全了法律。其實『不可奸淫，不可殺人，不可偷盜，不可貪戀』，以及其他誡命，都包含在這句話裡，就是『愛你近人如你自己』。愛不加害別人，所以愛就是法律的滿全。」（致羅瑪人書　第十三章第八節　第十節）

天主教以對人的愛，和對天主的愛相配，人都是天主的子女，誰愛人就等於愛天主，愛人如己的誡命，和愛天主在萬有之上的誡命，同爲天主教的兩條最大的誡命。聖保祿描寫得非常生動：

「我若能說人間的（各種）語言，和能說天使的語言；但我若沒有愛，我就成了發聲的鑼，或發響的鈸。我若有先知之恩，又明白一切奧秘和各種知識，我若有全備的信心，甚至能移山；但我若沒有愛，我什麼也不算。我若把所有的財產全施捨了，我若捨身投火被焚；但我若沒有愛，為我毫無益處。

愛是含忍的，愛是慈祥的，愛不嫉妒，不誇張，不自大，不作無禮的事，不求己益，不動怒，不圖謀惡事，不以不義為樂，而與眞理同樂，凡事包容，凡事相信，凡事盼望，凡事忍耐。」（格林多前書 第十三章第一節—第七節）

基督自己以身作則，貫徹愛人的誡命，爲救人而捨生。在受難的前一夕，囑咐門徒說：

「我給你一條新命令，你們該彼此相愛，如同我愛了你們，你們也該照這樣彼此相愛。如果你我之間彼此相親相愛，世人就可認出你們是我的門徒。」（若望福音 第十三章第三—四節）

基督還命信徒愛仇人：

「你們當愛你們的仇人，當為迫害你們的人祈禱，好使你們成為你們在天之父的子女，因為祂使太陽上升，光照惡人，也光照善人；降雨給義人，也

給不義的人。……所以你們應當是成全的，如同你的天父是成全的一樣。」（馬竇福音 第五章第四十三節—四十八節）

中國的傳統道德，對於別人是「以德報德，以直報怨」這種原則本來公平，否則德怨沒有分別。但是，基督從另一個角度來看，還是人同是天父造物主的子女，人都是兄弟。看在天父的情面上，不計較別人對我的態度，我都以愛心相待，至於德和怨，天父會報應，我自留給天父判斷。天主教的愛，把愛天主愛人合在一起，理由就在這裡。目前，共產黨主張報復，主張暴力的階級鬥爭，自由中國的電視劇，事事都講有仇必報，父仇不共戴天。我們必需消除暴戾之氣，以求社會的和諧。

B、安老

目前因著人口政策，鼓勵節育，社會乃呈老化的現象老人越來越多，老人在現在的社會裡，竟成了問題。在古代，老人不僅在家族裡受尊敬，在社會裡也受尊敬。孟子曾說：

「天下有達尊三：爵一、齒一、德一。朝廷莫如爵，鄉黨莫如齒，輔世長民莫如德。」（公孫丑下）

社會裡有三等人，普通受人尊敬：一等是有爵位的長官，一等是年長老者，一等是德高望重的君子。現代社會裡所尊敬的卻是另外兩等人：一等有財的企業家，一等是有名的演員歌星和運動員。學問、德行、官職，不再吸引社會人士的注意，大家的價值觀改了。孔子曾說自己的志向，在於「老者安之，朋友信之，少者懷之。」（公冶長）

這種志向，今天仍舊是我們志向，對於老人，應讓他們能夠享天年。老者安享天年，以在家庭中安居為要，設備齊全的安老院，無論如何科學化，常缺乏感情的溫暖。家庭雖窮，天倫的溫情，可以補滿物質的缺點。但若是政府所建國民住宅，不合三代同堂的標準，怎樣能提倡孝道？社會上若不建設各種老人福利的機構和制度，又怎樣可以養成敬老的風氣呢？

老年人應受尊敬，因為他們對於家庭，對於社會，對於國家，都盡了責任，都有了貢獻。今天的社會，不是他們工作所建立的嗎？青年人和成年人應有報德的心情！老年人活了幾十年，絕不白白度過年月，他們有豐富的經驗，青年人和成年人，對於他們應表示敬意。老年人年歲已高，精力衰弱，行動常靠別人，需要後一輩人的扶助，對於他們，後輩應有同情。

在天主教的聖經上，對於小孩，表示特別愛護，對於老年，卻表示嚴厲指責。舊約達尼爾先知為蘇珊伸冤，蘇珊被兩老人誘迫苟合，蘇珊不從，兩老人逐誣她和一少年通姦，判處死刑。達尼爾先知翻案，罵老人說：「你這一個一生做惡的老妖，你以前犯的罪，現在已臨到你身上了。」（達尼爾先知書 第十三章第五十二節）新約記載：「一次民眾送來一個淫亂的婦人，問耶穌，是否應按摩西法律處死，耶穌不答，低頭在地上用指寫字。他們又催他，耶穌昂首說：『你們中那個沒有罪，就拿石頭打她。』群眾便無聲地一個一個地溜走了，從年老的開始到年幼的。」（若望福音 第八章第九節）耶穌是天主、先知，代表天主，有權指責人的惡，我們人和人，則沒有判爲惡的權，耶穌明明告誡門徒「你們不要判斷人，免得你們受判斷。」（馬竇福音 第七章第一節）聖經教訓老年人不可自滿自大，孔子也曾說老年人「戒之在得」，年青人和成年人只應對老年人表示尊敬。現代退休制度在各機關都已實行，退休的人，並不算年歲很高的老年人，爲安定退休的人，政府、社會、家庭，應有適當的制度和設備。

老年人的大困擾，就是憂愁：憂病，憂貧，憂孤單。孔子爲什麼能夠心裡常快樂而沒有憂愁呢？孔子說：「君子憂道不憂貧。」（衛靈公），他心裡常常想著要實行堯舜之道，還要宣講堯舜之道，不把貧富放在心中。他所憂愁的：「德之不修，學之不講，聞義不能徙，不善不能改，是吾憂也。」（述而）能夠做到這幾點，心中便常有快樂，他說：「飯疏食，飲水，曲肱而枕之，樂亦在其中矣。」（述而）因此他肯定君子不憂不懼，因爲「內省不疚，夫何憂何懼！」（顏淵）孟子他說：「君子有三樂，王天下不與存焉，父母俱存，兄弟無故，一樂也。仰不愧於天，俯不怍於人，二樂也。得天下英才而教之，三樂也。君子有三樂而王天下不與存焉。」（盡心上）君子的三樂中，第二樂就是孔子所說的「內省不疚」，也是我們每人都可以有的。

時間，常是往前走，對於青年，似乎走得慢，對於老年人，似乎走得很快，老年人的時間更可貴，更有價值。時間爲工作，工作有價值，時間便有價值。工作的價值不單是在對於人，對於社會國家，最重要還是對於本人自己的生命。中國古人講不朽：立德、立功、立言。中國古人又講在家族中繼續先人和自己的生命，身後有子孫祭祀，孔子以傳堯舜之道爲自己的工作，到老仍舊「發憤忘食」，他的生命和堯舜之道連結成一起，也一起流傳到現在。我們每個人當然不能都和孔子一樣，有那樣高尚的工作，可是老年人並不是退出了國家社會，也沒有出世作道士，作僧尼，還是活在社會內，生命和國家社會的人還連接在一起，生命就是活動，活動就是工作，老年人的生命仍舊工作。因爲時間不多，時間更寶貴，更有價值。

老年人更喜歡和孫兒輩在一起，中國歷代老年人的快樂在於「含飴弄孫」。現在社會風氣對兒童們非常不好，一則使兒童學壞，一則有歹徒綁架，小孩的父母都在外工作，小孩都缺乏家教，缺乏人關照，老年人對於孫兒女和外孫兒女，多加照顧，自己身邊可以有伴，小孩可以安心求學，一舉兩得，對於國家社會有大貢獻。

C、服務

服務的名詞，是目前社會的一個新名詞，以往不曾運用。但是在天主教會裡，則由耶穌已經開始提出這個名詞，作爲他一生的目標。

「你們知道：外邦人有首長主宰他們，有大臣管轄他們，在你們中間卻不可這樣，誰若願意在你們中間成為最大的，就當作你們的僕役；誰若願意在你們中間為首，就當作你們的奴僕。就如人子來不是受服事，而是服事人，並交出自己的生命，為大眾作贖價。」（馬竇福音 第二十章第二十五節）

耶穌在最後一次和門徒吃晚餐，那次晚餐也是猶太人的一個民族宗教典禮，在入席以前耶穌突然自己爲十二門徒洗腳，洗了以後，他教訓門徒說：

「你們明白我給你們所做的嗎？你們稱我『師傅』、『主人』，說得正對，我原來是。若我為主子的、為師傅的給你們洗腳，你們也該彼此洗腳

，我給你們立了榜樣，叫你們也照我給你們所做的去做。」（若望福音第十三章第十二節—第十五節）

耶穌基督一生的目標，在於奉行天父的旨意，天父的旨意是派遣祂救援人類。因此他向門徒說明他降生是爲服務，服務是如同僕人，爲主人做事。

以往，在社會上聽不到服務兩個字，目前處處都講服務。政府人員是國民的公僕，爲國民服務；執政黨中央人員聲明黨爲同胞服務，謀同胞的幸福。各種各色的職業，現在都說爲社會國家服務，說是說的對，實際上做不做，則是另一回事。

服務這個觀念是正確的觀念，因爲宇宙間各種生命互相連繫和助力。在衣食住行上人都需要別的人別的物，孤單的一個人沒有辦法可以生活。既然自己的生命需要別的人別的物，就該知道別的人和別的物也需要我的幫助。

人在社會裡的工作，是種種活動，每種活動是一種變化，變化常有起點和終點；人的活動起點是自己，終點不能常是自己，否則便成爲孤單的個人。活動以別人別物爲終點，又不能常以自己的利益爲直接目標必要以別人別物的利益也爲目標，聖保祿曾標明一大原則：

「施予比領受更為有福。」（宗徒大事記 第二十章第三十五節）

生命間的關係，就是予受的關係，予受的關係爲愛心的關係，愛心的關係不應是自私。因此服務給予他人以利益，便作爲生命關係的原則，成爲現代流行的口號。

但是孔子曾經說：「古之學者爲己，今之學者爲人。」（憲問）孔子不是反對求學以服務於人，他曾說過：「夫仁也者，己欲立而立人，己欲達而達人。」（顏淵）然而他欽佩古來的學者求學以充實自己，培養自己的品德。自己有了學識，有了品德，便自然而然地協助他人。因爲西洋哲學有句成語：「善是散發的。」(Bonum Est Diffusivum Sui)，好比香氣自然散發香氣，臭氣自然散發臭氣。有善的人自然散發自己的善，自立而立人。若是求學的目的是爲求人知道，不先自己充實自己，要爲人服務，也難有實效。

D、孝道

孝道在中國社會裡和中華文化裡是一根中心棟樑。《孝經》曾說：

「孝者，德之本，教之所由生也。」（開宗明義章）

儒家的倫理，建立在孝道上。孔子和孟子以仁為倫理道德的總綱，仁為愛的理由。為什麼要愛？因為萬物都愛惜自己的生命，仁就是生命。父母和子女的關係，是生命的關係，父母傳生命給子女，子女從父母接受生命。因此，儒家的孝以生命為根本，而儒家的仁就以孝為意義。孝既以生命為根本，便包括兒子的一生。在縱的直線上，兒子從生到死，要孝敬父母，就在父母死後，也要事死如事生；在橫的層面，兒子的一切事都包括在孝道裡！一切好事是孝一份，惡事都是不孝。儒家更規定孝道的項目：「大孝尊親，其次弗辱，其下能養。」（禮記 祭義）

現代中國社會已經改變了，大家庭改成了小家庭，每個人都有為自己生活的意識，已經不能以兒子生命的意義完全在於孝敬父母。又再加上，許多青年人往美國留學，父母留在台灣，這輩美國化的中國青年，更不知道中國傳統的孝道。

今日的孝道從儒家孝道的繁複，項目中可以有兩點：一是溝通，一是互助。昔日孝道是遵父母的命，古代連皇帝也要遵從母后的話，達官平民更一律奉行父母之命。現在，時代變了，興起代溝問題和兒子人格問題，遵命一事也就成了難題。然而，父母為能使兒子接受，不用權威，而用愛心，兒女在觀念上，互相溝通，彼此是親人，也是朋友，但並不能消除兒女對父母的敬愛。

互助在古代兒子有奉養父母的責任，父母可以告官，強迫兒子盡責。現在，兒子沒有奉養父母的責任，但是仍有倫理方面的道義責任。父母將自己的積蓄，全部花爲兒女的學費，兒子學成業就，若讓父母受窮，必受社會群起責備。

父母老了病了，需要兒女的關心照顧，不能放到安老院一了了之。兒女成年婚嫁，在外工作，生育兒女，小兒女沒人管教，需要被父母外祖父母管教，在這兩方的需要裡，可以設法三代同居，雖不同堂同屋，然住在附近，仍可互相幫助。

乙、群體生活是義

A、中庸

中，是得其中，不過也未不及，不偏也不倚；庸，是庸常，即日常。中庸的原則，是日常的每樁事要恰得其當。中，不是呆板的原則，不能事事處處都一樣，因此說不過也不及，必定要一個標準。這個標準在原則上是一個，即「恰得其當」，但是在實行上，就要合於實際的情形，這就靠學識和經驗，朱熹講正心先要格物，研究事物以求知識，就是爲求得這種實際的學識。陸象山則說只要反觀自心便可以知道，實際上反觀自心，所得到的是抽象的原則，不是具體的實行標準。例如男女結婚的婚宴，大家都知道原則是不要舖張，也不要吝嗇。實際上舖張和吝嗇，要看男女兩方的家庭情形和社會地位。中華民族從古代就養成了中庸的民族性，愛和平，不好偏激。鄉裡有爭端，由鄉裡或族裡有聲望的人出來調停，不往衙門打官司。中庸的原則還有另一個意義，即是中立不倚，堅守合理的原則，絕不放棄，也不騎牆，腳踏兩邊船，也不隨風擺舵。

中華民族歷代養成了中庸善德，但也養成了幾種壞習氣：一、沒有法治觀念，常講人情。法律不講「中」，一個字是一個字，中國人就不像德國人、英國人、日本人守法。二、不喜主動，常多被動，以爲多一事不如少一事，造成保守的惰性。

現在，我們的社會由農業社會變成了工商業社會，一切以生產爲主，工廠已走向自動化，在這種動的社會裡，仍舊還是要守中庸，以保持平衡。第一，每個人要保持心身的平衡，以免精神受傷害。社會上精神病者增多，就是心身失去平衡所致。第二，建業要平衡，社會發展應整體化，不能城市發展，鄉村落後；不能工業發達，商業落後。我們社會間常有一窩蜂式的發展，一種商品暫時銷售很好，許多工廠馬上都生產這種商品，以致供過於求，大家失敗。教育界也有這種現象，一種學科能多有就業機會，學生就向這門學科，政府製定政策常只顧目前，不顧將來，注意科技忽略人文。中庸之道，愈在動的社會中，愈見重要，以維持生活的平衡。但是有些傳統的中庸習慣卻要改正，現在要少講人情，多講守法，要多主動少被動，要注意進取，不怕困難，使我們的社會不呈現保守的氣象，而有安祥和諧的氣象，又要塑建人格，有骨氣，有志向，不隨流合污，孟子曾經說：在有道的社會裡，以道殉身，在沒有道的社會裡，以身殉道。（盡心上）

B、義

人在社會中，生命常追求發展，生命發展靠各種動作，動作習成常規，就成爲職業。職業便是人在社會中的工作，生命的發展以職業工作謀求生活費用，職業的意義，爲謀生活，然而職業工作，以求生活的創新，建設人類的文明，這是職業工作的較高意義。人對於職業工作的關係，以「義」爲原則。

義，爲一種善德，在中國傳統哲學裡，意義在於養我，培養自己的品德，即是盡自己的責任，做自己該做的事。孔子曾講正名，因爲在社會裡，每個社會名詞，代表一種社會地位，和這種地位所產生的名份，名份帶有權利和義務。在西洋哲學裡，義，指著尊重別人的權利，不加侵害，如有侵害，應予賠償。所以說「義無中道」，權利的賠償，一分不能少，不能折中打半折。

對於職業，義就是現在所講的「職業道德」。職業道德的義，有兩方面的職責：一是對於工作本身，一是對於工作有關的人。

對於工作本身，應當勤謹負責，工作爲人能力的表現，又爲人品德的象徵，人對工作的態度，若有喜歡的心情和樂觀的心情，態度必將積極謹慎。若能以工作培養自己的人格，更必求工作的完善。學生讀書不能看作工作，更不該看作職業，學生求學仍是如同飲食，吸取生命的需要，以發展自己的生命，應以求生的心情，追求學識。

對於工作有關的人，即是對於工作的對方，在工業方面，工作有和雇主的關係，雇主有和工人的關係。這種相互的關係，以國家有關勞資法令爲根據，兩方有責任按法履行義務，履行義務乃是正義。在商業方面，工作有買賣的關係，批發商業常簽訂商約，零星商務則有發票。現在的經濟罪犯，常不履行商約。中國以往商場交易最講信用，不用文件，口說即爲憑。目前，我國的國際貿易，常發生欺騙罪行，我方商人第一批貨物常符合商約標準，以後第二批第三批就有假冒品，這樣傷害我國的國際信譽很重。報紙也登載海關查出貨櫃中以磚塊和廢紙假充貨物，這種罪行極不道德。目前還有騙款倒會，逃至國外。天主有眼，這樣所騙的錢，必不能供犯罪者享受，良心的譴責，必使終生不安。

明禮義，知廉恥才是人生的幸福。

C、禮

儒家講論道德，有所謂「達德」，西洋哲學講道德，有所謂「樞德」，都是指著重要的德行，如同四通八達的大道，如同樞紐的關鍵。儒家達德有孔子的智仁勇三德，有孟子的仁義禮智四德，有漢儒的仁義禮智信五德。西洋樞德有仁義智節四德。我們現在不講倫理學，我們由社會關係，講道德的實踐。

在社會裡，有些事帶有社會性雖然事的本身屬於私人，但是事的意義有社會的意義：如結婚、生子、請宴、開幕、祝壽、出殯、祭祀等等。這些事，人人都可以有，社會人士也參加，因此稱爲社會事件。對於社會事件，由於政府，或由於習慣，訂有禮節。

禮，在中國古代，非常被看重，代表倫理規律。禮儀只是禮的一部份，現在講禮，祇指著禮儀。禮和樂，爲禮儀的兩項要素，禮是分，分別參禮人的位置，分別典禮進行的次序；樂是合，結合參禮人的感情，符合典禮的意義。中國素常稱爲「禮儀之邦」，行事講理，行事守禮。古代，人在社會裡都遵守禮節，在家裡有家禮，在軍隊裡有軍禮，婚姻有婚禮，守喪有喪禮，請客設宴有宴禮，連講話走路都有禮節。例如，和父親長者講話，有問才答，有話要講，先請命。和長者走路，不能並排，需後一步。民國革命以後，胡適喊打倒禮教，廢除一切禮節，以往禮節的原則強調尊卑，現在社會主張平等，古禮都不適用，雖已訂定幾種簡單的禮規，大家不遵守，中國便成了沒有禮儀的野蠻社會。

歐美人很看重禮儀，飲食起居都有禮節。對於一個不懂禮貌的人，便說沒有受過教育，禮貌成爲教育的象徵。

我常要求輔仁大學的學生要養成守禮的習慣，遇到校長和老師要起立，要問安。學校舉行禮貌週，畢業生有用餐禮儀示範，有舞會示範，大學生彬彬有禮，招人看重喜愛。

開會按時到，聽演講不私語，參加宗教典禮和祭祀典禮要肅嚴靜默，請宴不杯盤狼藉，骨屑滿桌，起來言笑不亂。婚禮莊重，酒菜適宜。衣著，新郎新娘有禮服，其他典禮若沒有規定，則應端莊，適合典禮的情景。社會上有人生來「不修邊幅」，「不拘小節」，別人不以爲怪；但不足以爲法。

D、盡職

孔子曾極力主張正名，人在群體的關係爲五倫，君臣、父子、兄弟、夫婦、朋友，每一倫有自己的職務，《禮記・禮運篇》稱爲十義：君仁、臣忠、父慈、子孝、兄長、弟恭、夫義、婦隨、長惠、幼順。

現在，群體的關係改了，項目增多，如師生的關係，雇主和勞工的關係，賣主和消費者的關係，中央政府和地方政府，國際間相互的關係。

關係的職務也改了，《禮記》的十義都換掉了，彼此都站在平等的地位，各做互相對待的事；這些關係的職務是私人的職務，是每個人在私人生活中的責任。

群體生活有公開的組織生活，政府組織和民間組織各自建立行動的機關，各種機關有各自的工作，在機關服務人員，都分擔工作的一部份，對於各自的工作，便應該盡職。

政府，爲國家執行主權的機構，保障國家的權利，爲國民謀幸福。儒家的政治哲學素以

「仁政」爲政治原則，仁政爲養民教民。以往養民在於發展農業，教民在於家教；現在國民的教養，包括政府的一切措施，一面發展國民經濟，一面提高學校教育。政府主管首長有責決定政策，政府上下人員，有責執行。孔孟的政治哲學，以從政爲實行堯舜之道，謀求人民的福利和國家的安全。從政者，先要正身，謹守公務人員的道德，「廉潔從公」，「盡職愛民」，勵精圖治，政府才有賢明的印象。然而公務員出於人民，人民的道德不高，公務員怎能道德特別高。

因此，必需提高國民對國家的責任感，國民對於國家有權利要求政府給予生活的優良環境，另一方面國民對政府要求愈高，國民對於國家的義務也愈多。國家的安全和自由，爲國家存立的基本條件，國民對於國家的安全和自由，有義務保全。

註：

㈠ 當代文化人類學　基辛（R. Keesing）著　于嘉雲、張啓恭合譯　巨流公司　上冊　頁六九。

㈡ 同上，頁七七。

㈢ 大學　第十章。

(四) 參考湯因比 歷史研究（Arnold Toynbee, A Study of History. Vol. I）。

(五) 人與文化的理論 赫屈原著 黃雁貴、鄭美能譯 桂冠公司 頁三二九。

第五章 人格

一、人格

1. 人格

人格也稱爲位格，位格爲哲學上的術語，就代表我。位格的內容，是一個整體的實體我，包含人性、個性、自立的存在。我所有的一切都包含在位格裡，我的一切活動都歸屬於位格。

我活著，不是單獨的活著，而是活在世界裡。世界則有無限的各種物體，我和這些物體發生關係，這些關係是多方面的，關係的主體則是位格，是我。位格作爲關係的主體，常稱爲人格。

在法律方面，「我」有天生的人權。這些人權，是爲保護我的生命，別人不能侵害。例如：生命權、結婚權、工作權、私產權、名譽權。又有天生人權，爲保護生命的發展，即平等和自由權。同時，由權利產生義務，我有權要求別人不侵害我的權利，我就有義務不侵害他人的權利。

在國家的法律上，除肯定天生人權外，又有法律條文規定國民的權利義務，對於這些權利義務，我也是主體，法律方面的人格，便是權利義務的主體。

在社會生活方面，每個「我」有自己的地位，在家裡有夫婦、父母子女、兄弟姊妹；在學校有校長、教師、學生；在政府有主管、部屬；在工廠有雇主、勞工；在商店有老闆、雇員。每個「我」的地位代表自己的人格，作爲關係的主體。孔子所謂的「正名」，就是講這種人格。

在倫理方面，每個「我」的道德修養，構成「我」的品格，品格就是倫理方面的人格。品格高，人格也就高，受人尊敬；品格低，人格也就低，受人輕視。

現代青年人，是講究自己的人格，要求別人予以尊重。在古代的社會裡，地位的分別很嚴，而且只看重上層地位的權利，堅持下層地位的義務，造成現代人看來不公平的關係。現在社會趨向平等，不僅夫妻平等，兄弟平等，而且幾乎師生平等，父子平等，出現「代溝」的現象。每個人的「我」，應受別人的尊重；但要另一個「我」，對「我」有輔導和教導的權，「我」便有接受輔導和教導的義務；只是在「執行權力」和「接受義務」時，雙方都須尊重對方的人格。

人格不是一成不變固定的，需要培養以求發展。理智、意志、感情是人格的基力，我爲發展我的人格，我要多求學術智識和行事經驗，要鍛鍊意志以修身立業，要主宰情慾避免放浪，這樣我能夠建立高尙的品德，提高我的人格。古代孟子講「養心寡慾」（孟子 盡心下），《中庸》講盡量發展人性「盡性」（第二十二章），以完成自我的人格。

「人類位格是自立的與開放的。所謂自立的，是指在已存有與為已存有，位格只是他自己，而不能成為別的事物。……就基本角色言，人是不可侵犯的神秘體，人的自我意識絕不能被任何人分享。

然而，同樣的位格卻由垂直的與水平的方向加以發展。位格垂直地朝向上帝，由上帝獲得其存有，並在任何時間內都能繼續其存有，因為位格永遠是上帝創造活動的目標。其次，位格是水平地朝向他人，因為位格是個體，與其他人一樣，具有人性。……就人種而言，位格是個環，自有其重要性，並具有變化無窮的外貌。

但是，人並不純粹是物質存在，他仍有精神，作為精神體，人不可能只是

工具，也是目的；不可能只是環，也是整體，更是事物匯歸的中心。」(一)

2. 倫理的人格

中西傳統的哲學，很少講到「人格」，西洋哲學雖由士林哲學提出位格，但重要性是在神學上。近代西洋轉入研究具體的實體，當代哲學正式研究「我」，人格的問題就成了主要題材。在西洋社會裡，人格凸顯爲主要成素。中華民國的社會，也有了這種趨勢。

人格是什麼？人格是一個人自我的代表，是他自己的表象。一個人有許多代表，他的名字代表他，他的職位代表他，他的個性代表他；但是真正代表他的「整體自我」，則是人格。

人格包含什麼？第一，包含他的品格，即是道德的型態；第二，包含他的名譽；第三，包含他的權利。人的權利在基本上是同樣的，凡是人都有。不侵害別人的人格，即不侵害他的人權。例如說：父親不傷害兒子的人格，老師不傷害學生的人格，即是不傷害兒子和學生的人權，予以看重。因此，人權，不算是代表每個人的自我，不要和人格相混。目前，有許多人就只以人權代表人格，還是一種不完全合理的意識。

名譽，為人權的一種。每人都有權要求別人不說他是惡，是壞，是小人；除非他真的作了惡事，才失去保守名譽的權利。所以名譽常和品德連在一起，有品德的人，則有名譽。

在人格所包含的要素裡，只有品德真正是人格的主要要素，有品德便有人格。品德愈高，人格也愈高尚，品德和人格相連，沒有品德就沒有人格；許多人似乎不願意相信。一個犯法的人，在警署裡還需求刑警尊重他的人格，不能用刑求，這種人格，是基本人權；但是刑警和法官很可以罵他，為非作歹，沒有人格，他則無話可對。這種人格，便是真正的品德、人格。

人要有人格，務必要修德，理由何在？一個人既是人，他便有人格，為何要修品德呢？品德不是從外面加上去的嗎？人格應是人本體所有的。

每個人當然是人；可是人之所以為人，不在於具有軀體百肢，甚或具有美麗雄偉的軀體，而是在於經營人的生活。人的生活是遵循人性的生活，使生命發展；生命的發展，要求生活完成人性而不破壞人性。完成人性的生活是善，是道德；破壞人性的生活，是惡。因此，一個人不修品德，即是沒有道德，破壞人性的發展，竟至墮落，別人就罵他是畜生，不是人。因此，品德乃是人格的內在要素，而不是外面加上的附加品。

人格不是個性的表現；處處表現個性的人，並不表示他有人格。因為個性祇是每個人天生的特性，特性可好可壞，例如天生溫良的人是善，天生暴躁的人是壞。人格乃是經過修鍊的品德，就如天生的寶石，雖有石砂，經過了磨鍊，纔能純淨光瑩。個性經過長期的修鍊，成爲品德，乃是人格。

一個人在品德上的成就，算是人的真正成就。品德的成就，純淨由人意志的努力而成，跟外面的環境沒有關係，跟人的遭遇也沒有關係，跟人的才能更沒有關係，完全靠自己意志的努力。貧家富家可以出聖人，逆境順境都可以修德，愚婦和博士同樣可以成爲聖賢。因此，命運不能限制人修德，社會勢力不能阻止人成聖。至於別種成就，學業事業和官爵，都要靠外面的因素；唯獨修德，完全由人自己去做，而且只能由自己去做。產業、學術、文化是累積性的，前代人可以爲後代人留下遺產，後代人在前代人的遺產上再往前進。道德，不能由別人幫助去累積，父親的道德不能留給兒子，最多只是足以激勵的榜樣。每一代人的道德，是這一代人自己重新修的，每個人的道德，是這個人自己修的。

因此，品德是每個人真正的成就，人格也就是一個人自我的代表。

立德，可以不朽，而且爲最高的不朽。因爲道德是生命的完成，道德愈高，生命愈得成全。宇宙間繼續不斷的，是生命的延續，人的生命爲宇宙裡最貴的生命，人的生命在宇宙裡長流不息。當一代的人認識自己生命的意義時，便瞻望前面世紀中生命最成全的人，佩服他們生命的完美，而景仰他們道德的崇高。因此，立德的人，在宇宙間乃能不朽。

有品德的人，要有三個字：重、責、信。重，是自重，言語行動衣著，有自重之心，孔子曾說：「君子不重則不威，學則不固。」（學而）威，不是傲，不是氣怒，而是令人敬重。青年人雖不可以令人敬，然要令人看重，所以言語行動和衣著，不宜輕佻，不宜暴露。責，是有責任感，做事力求完善，不怕犧牲。不合自己責任，破壞自己責任，有損廉恥的事，都不應做。信，是誠實，對人要誠，對事要信。

品德和個人的「我」有密切關係，個人是男是女，品德便不完全相同。男性剛強勇敢，有進取心，女性溫柔嫻雅，富同情心，若反換成，男的柔弱，女的剛強，大家都會感到不適合。個人的職位也有關係，教師、軍人、商人、工人、實業家、電視電影演員等等，各有各的職務所要求的品德，一位教授像一位商人，一位武人像一位演員，都不適宜。培養人格，便應注意自己的職務。

至於培養品德的方法：認識自己，常加反省；克制情慾，以鍛鍊意志；忍耐不屈，跌而再起；有過則改，知善必行。在這些方面，需要持之有恆，必定可以有成就。

3. 學術上的人格

我是一個單體，又是一個主體。在認識論上，我認識我自己，我是主體，所認識的自己，就是我自己。在西洋古代傳統的哲學裡，把認識主體的我，和被認識的我，分成兩對立體，總沒有辦法把這兩個對立體，合成一個。當代的西洋哲學，另外從現象論胡賽爾以後，我認識我自己，不是從主體到客體的認識，而是自我顯示自己，不分認識的我和被認識的我，而是我自己顯示我自己。

「無疑地，人認知自己，也認知自己的自我；可是我們必須區分有關人的各種自我。第一種是物質的自我——肉體，……其次，人也有社會自我：……。問題是：誰有這種知識？誰又了解人的社會自我和位格自我？明顯地，人具有深度的自我，認知者，至少不是在一般的字義下，人自身是為認知而不是去被認知。……這種自我就是史崇懸所謂原始的或開創的自我，此處稱之為純粹自我，純粹自己。」(二)

但是董瑟(Donce11)由認知和意願去解釋「純粹自我」，仍舊免不了認知者和被認知者的分離。

「明確地說，人是身内的肯定和意願的活動者，當我知覺、感受、想像、記憶、解決問題時，我知道我正在做這些事情，同一個自我從事這些活動而又意識到這些活動。」(三)

「但是，由認知和意願去認知主體——我，雖然認知和意願都和我相合，仍舊不能完全避免認知者意願者和認知及意願的主客關係，我們必須突破以認知去認知主體，避免以認知去證明主體，仍舊是以自己去證明自己。主體是活的存在，是生命。活的存在，自己呈現自己。我活著，就呈現我自己。至於我判斷，我願意，乃是我呈現我的形式。而且我是心物合一的存在——生命，感覺的活動也呈現我。至於説意識，為自我的呈現，當然是對的；然而意識也只是一種最直接的呈現方式，不能説意識就是我，沒有意識就沒有我。」(四)

「主體的認知，在存在上，主體直接呈現，不用反省，不用證明。在內容方面，由主體通過心物合一的呈現而被認知。」(五)

二、人格的開展

人的生活爲心物合一的生活。身體是物質，物質本身是量，量則有限。一個人的身體，可以有七尺的高度，可以有一百公斤的重量，然而究其實總是有限的，物質身體所接觸的爲物質物，物質物無多少，也都是有限的實體。心靈則是精神體，心靈的精神體，本體雖是有限的，能力卻是無限，心靈的活動不僅不受時間和空間的限制，而且一直向無限伸張。人的生活，所有外面的活動，都限制在時間和空間以內，所有內心的活動，常傾向超越時空。若不能實現這種超越的傾向，人的心靈便常感到苦悶和不滿。雖然人生的箴言爲「知足常樂」，但所謂知足，是指超越可有的程度，每個人盡力而爲，絕不是完全不追求超越，而以物質生活爲滿足。

1. 向人類的開展

歐洲的哲學，從希臘到現代，是從研究抽象到研究現實，從研究公共觀念到研究個體的人。當代歐洲哲學正盛行「我」的研究，中國哲學在傳統裡研究現實的存有，現實的存有爲生命，生命在宇宙爲一體，在人類的家族。中國傳統哲學雖然也講個人的存有，然而把個人的存有嵌在宇宙和家族的生命裡，個人是在家族裡生存。

當前，歐洲的「我」哲學或文化，已經傳播到中華民國，時時處處都講「我的人格尊嚴」。

「我」是哲學的基礎，哲學講理論，理論是人的理智活動，理智活動爲每個人內心的活動，以「我」爲基礎。認識，是我認識；推理，是我推理。因著認識活動，「我」又是宇宙的基礎。所謂宇宙是人認識的宇宙，人所不認識，不知道的，等於不存有。現在的宇宙，爲人認識所構成的宇宙，人爲認識當然根據客體事物，不是憑空幻想。

人類是個共名，代表一個公共觀念，在實際上沒有人類，只有一個一個的人，個人就是「我」，人類的存有者，便是「我」。

「我」是個「單體」，單體是實際存有，實際存有不僅有人性，還有個性。「我」的單體是個複雜體，每個「我」都不相同。「我」的存有是活的生命，活的生命追求發展，爲求發展則是在時間空間和對物質物的活動，「我」和其他的我」便發生關係。

「我」是單體，單體是封閉性的，假使不是封閉性，便不成爲單體。每個「我」就追求保全「我」的存有，就追求表現「我」的特性，我追求發展「我」的才能。

但是「我」基本上是人，我不僅有人性，我更有「人格」。人格是有人性的單體，人性爲公共性，有公共人性的人格，便不是封閉性，而是向人類的開放性。「我」爲表現我是人，我有人性的人格，便不能在生活裡只看「我」的單體，而要看其他具有人格的「我」，「我」便要超越自我。

群體生活的兩項大原則：愛和平衡，就是超越自我的途徑，向人類開展。

歐洲近代思想家，尼采主張超人，以「我」爲至尊，造成當代許多自視爲宇宙和社會主人的自大狂，結果摧毀了自己，也連帶摧毀社會，佛洛依德主張人和人的關係，都是性慾的衝動，性慾昇華係人格完滿，演成當代性慾氾濫的社會，產生愛滋病的回報。

人格對人開展，第一步，夫婦彼此的開展。丈夫向妻子開展，妻子向丈夫開展，兩人的人格互相開展，彼此得到人格的成全。造物主創造人類，造了一男一女，在子女生育上，夫婦要互相開放，互相接納；在日常生活上，對於情感，對於性情，對於智慧，男女兩方天生不相封閉，兩人互相開放，互相接納，都能得到人格的成全。

人格對人開展的第二步，父子互相開放。父母子女生命相通，生命相連，子女需要父母的養育，父母需要子女的孝愛，在知識上、在感情上，互相交談、互相完成。子女從父母得到生活的知識，父母從子女得到感情的慰藉，彼此的人格，得以成全。

人格對人開展的第三步，朋友互相切磋。孔子教育弟子，很強調朋友的互助，「以文會友，以友輔仁。」孔子還指出：「益者三友；損者三友，友直、友諒、友多聞，益矣；友便辟、友善柔、友便佞，損矣。」（季氏）教師和學生的相互開放，教師要有孔子對弟子的心情，「子曰：以吾一日長乎爾，毋吾以也。」（先進）朱熹註說：「言我雖年少長於女，然女勿以我長而難言，蓋誘之盡言以觀其志。」學生看待老師如朋友，有疑就問，師生之間因著互相開放，彼此人格也得以成全。

人格對人的開放，最後是對眾人，中國古人在《禮記・禮運篇》就講「大同」：「大道之行也，天下爲公，選賢與能，講信修睦。故人不獨親其親，不獨子其子，使老有所終，壯有所用，幼有所長，矜寡孤獨廢疾者，皆有所養。」

每個人的人格，在向別人開放時，都是生命的活動。生命的活動在本身方面常是消耗，須從外面接收補給，在向別人開放時，在物質方面或精神方面就能接收這種補給。有時所接收的，看來是傷害，但是所謂傷害，經過自我意識的改造，卻在精神方面變成人格的增高。例如人對我橫加羞辱，或蠻加打傷，我爲愛基督而予以忍受，羞辱或打傷，就加高了我的人格。

宇宙變化的原則，有一項最重要的，是萬物的生存都互相連繫。達爾文所說「弱肉強食」，互相鬥爭，不能是人類生活的原則，也不能爲動物生活的原則。爲能生存，植物和動物需要養料，養料從自然界覓取，需要傷害別的生命，這是自然界生命的天然次序，下級供上級所用，人類在物的頂端，所以使用宇宙的一切。就是因爲人要使用一切，人和一切就互相連繫，而且要愛惜一切，若是人對於萬物不加愛惜，隨意濫用，萬物並不是用不盡的，一旦用盡了，就不能用了。當然，人有智慧可以另尋資源。但是天然的動物植物，一旦絕了種，人的智慧也沒有辦法可以再造。再者，用盡了一種資源，或是濫用了自然物，破壞了自然界的平衡，物和人都要受到傷害。目前，自然生態已經遭遇到多種破壞，人的生命就受到威脅。

儒家素來講大同，以萬物的生命爲一體，孟子主張「仁民而愛物。」（盡心上）孔子云：「鉤而不網，弋不射宿。」（述而）朱熹註說：「網，以大繩屬網，絕流而漁者也。弋，以生絲繫矢而射也……盡物取之，出其意，亦不爲也。此可見仁人之本心矣，待物如此，待人可知，小者如此，大者可知。」孟子也曾告訴梁惠王「數罟不入洿池，魚鼈不可勝食也；斧斤以時入山林，林木不可勝用也。」（梁惠王上）朱熹註說：「古者網罟必用四寸之目，魚不滿尺，市不得鬻，人不得食。……卓木零落，然後斧斤入焉。……因天地自然之利，而撙節愛養之事也。」儒家愛物，因人、物的生命相連，雖按照自然的生命次序，下級生命供上級生命的需要，然只按需要而取，不能濫取；濫取則屬於殘酷，濫用還可以使動植物絕種，可以使山崩土裂，人的生命跟著受害。目前因人的濫用，地球的危機，日益嚴重，國際上乃忙著簽定各種環保公約。這種現象，暴露了人們自私，各顧本位的利益，加重每個人的單體封閉性，破壞了人性的人格。

2. 向自然生命開展

甲、道家的虛靜

人的生命和自然界萬物的生命相連，王陽明稱爲「一體之仁」（大學問）一體相連的生命，在生理的生命上，明顯地表現出來，王陽明指出，人病了要吃藥，人餓了渴了要飲食，藥和飲食出自礦物植物動物。但是人的心靈生命，更要向自然界萬物的生命相連；「我」的人格，便要向自然界生命開展。

在中華的文化裡，人格向自然界生命開展的，要算道家的莊子。莊子講養生，不是養肉體的生命，而是養心靈的生命。「遊心於淡，合氣於漠。」（應帝王）對於世物，心要清淡，在冥冥中心和天地元氣相合。不僅對於世物心要清淡，而要「墮肢體，黜聰明，離形去知，同於大通，此謂坐忘。」（大宗師）大通，通於天地元氣，「壹其性，養其氣，合於德，以通乎造物之所造。」（達生）萬物爲一氣所成，一氣爲天地之氣，爲元氣，元氣成人之「靈台」，靈台乃「心齋」。人墮形骸，培養心靈元氣，與天地元氣相通。元氣週遊宇宙萬物，人心元氣合於天地元氣，同元氣和萬物相通。與萬物相通而歸於一，「天地與我並生，而萬物與我爲一。」（齊物論）「與造物者爲人，而遊於天地之一氣。……茫然彷徨於塵垢之外，逍遙乎無爲之業。」（大宗師）人的精神元氣，逍遙於宇宙以內，翱翔於萬物以上，「以遊於無窮」（逍遙遊）「遊乎四海之外。」（同上）「遊乎塵垢之外」（齊物論）人心達到這種意境，直接向「道」開展，如〈大宗師〉所說：「三日而外天下，七日而外物，九日而外生，而後能朝徹，能見獨，無古今，不死不生，以進於『攖寧』」，「其爲物，無不將也，無不迎也，無不毀也，無不成也，其名爲攖寧。」達到這種境界的人，乃是「真人」、「至人」。

這種境界，究竟只是一種理想境界，實際可到的境界則是虛靜的生活。

虛是老子所說：「見素抱樸，少私寡欲。」（道德經 第十九章）莊子說：「無爲名戶，無爲謀府，無爲事任，無爲知主，體盡無窮，而遊無朕。盡其所愛於天而無見得，亦虛則已。」（應帝王）靜，「萬物無足以撓其心者，故靜也。」（天道）

虛靜的生活，使心靈不被物質所困頓，向宇宙的生命開展。宇宙萬物的生命，爲宇宙萬物的「存有」，「存有」是內在動，不屬於物質，屬於非物質性或精神性，含有神秘色彩。心靈向宇宙的生命開展，心靈超出空間和時間，遊於塵垢之外，中國詩人裡陶淵明、王維、陸游最能代表這種意境。陶淵明說：

「結廬在人境，而無車馬喧，問君何能爾，心遠地自偏。
採菊東籬下，悠然見南山，山氣日夕佳，飛鳥相與還。
此中有眞愛，欲辯已忘言。」（飲酒詩）

這首詩中的「心遠地自偏」，表露出人飛出了物質以上；「此中有真意」，真真地包含人生的意義；「欲辯已忘言」，精神上的開展，只能感受，不能言說。

王維說：

「老年惟好靜，萬事不關心。自顧無長策，空知返舊林。
松風吹解帶，山月照彈琴。看問窮通理，漁歌入浦深。」（酬張少府）

「中歲頗好道，晚家南山陲，與來每獨往，勝事空自知。
行到水窮處，坐看雲起時，偶然值林叟，談笑無還期。」（終南別業）

「獨坐幽篁裡，彈琴復長嘯，深林人不知，明月來相照。」（竹里館）

王維把「好道」和「好靜」結合一起。靜，「萬事不關心」，「興來每獨往」，「獨坐幽篁裡」，以獨字表示靜，靜則萬事都不關心，在漁歌裡表達對人生意義的通達。

陸游說：

「歲晚喜東歸，掃盡市朝陳迹，揀得亂山環處，釣一潭澄碧。賣魚沽酒醉還醒，心事付橫笛，家在萬重雲外，有沙鷗相識。」（好事近）

「放浪形骸」，在中國傳統的文化裡，爲一種高尚的人格，這等人的心靈，「掃盡市朝陳跡」，把名、位、利的市朝形色，掃除乾淨，在自然界的生命中，找到了美、善、真。

乙、儒家的休閒

儒家的人生觀，爲入世的人生觀，講究盡職負責，全心投入事物裡，強調人格向別人的開展。所提出的「親親、仁民、愛物」，是由事物裡的開展，愛人物的心，裹在事物的包袱裡。但是儒家傳統地宣揚《易經》的生命思想，宇宙乃一生命的洪流，人的生命爲生命洪流的導航。道家主張宇宙生命的導航爲「自然」，儒家以「人」能夠擴張「自然」對生命的創造力，創造文明。實際上中華民族四千多年的文明史，都是儒家所建造。社會制度、道德意識，造成了儒家的道統。但是孔子自己也明瞭人的精力可以消耗，人的精神可以衰頹，須有時停止外面的活動，使自己的生命和宇宙的生命相連，提振自己的精神。

> 「子曰：予欲無言！子貢曰：子如不言，小子何述焉？
> 子曰：天何言哉？四時行焉，百物生焉，天何言哉！」（陽貨）

孔子把藏在心底的話，向弟子們透露出來，教訓弟子們在內心體會宇宙的生命，少做外面的活動。曾一次和門生談每人的理想，聽到曾點說：

「暮春者，春服既成，冠者五六人，童子六七人，浴乎沂，風乎舞雩，詠而歸。夫子喟然嘆曰：吾與點也。」（先進）

朱熹註說：「曾點之學，蓋有以見乎人欲盡處，天理流行，隨處充滿無欠闕，故其動靜之際，從容如此，而其言志，則又不過即其所居之位，樂其日用之常，初無捨己爲人之意，而其胸次悠然，直與天地萬物上下同流，各得其所之妙，隱然自見於言外。……故夫子嘆息而深許之。」這種在山水間，與自然界生命相接，自莊子的意境，「直與天地萬物上下同流。」

後世儒家學者仰慕孔子的生活意境，在社會世務以外，尋找在山水中的樂趣，或者是遊山玩水，或者是建築樓閣亭台，以便飲水賦詩。中國文學中，乃有山水遊記，詩歌中，也有即景生情的詩。

中國文學中的山水遊記，以柳宗元和蘇軾的作品最佳。柳宗元說：「自余爲僇人，居是州，恆惴慄，其隙也，則施施而行，漫漫而遊，日與其徒，上高山，入深林，窮迴溪，幽泉怪石，無遠不到。到則披草而坐，傾壺而飲。醉則更相枕以臥，臥而夢，意有所極，夢亦同趣。覺而起，起而歸。以爲凡是州之山有異態者，皆我有也。」（始得西山宴遊記）柳宗元寫了八篇遊記，烘托出一偉大的人格。

蘇軾在〈前赤壁賦〉說：「客亦知夫水與月乎？逝者如斯，而未嘗往也；盈虛者如彼，而卒莫消長也。蓋將自其變者而觀之，則天地曾不能以一瞬；自其不變者而觀之，則物與我皆無盡也，而又何羨乎！且夫天地之間，物各有主，苟非吾之所有，雖一毫而莫取。惟江山之清風，與山間之明月，耳得之而爲聲，目遇之而成色，取之無禁，用之不竭，是造物者之無盡藏也，而吾與子之所適。」

這兩位古文家，文筆的天才非常高，欣賞自然美景的靈感也非常敏銳，在山水的自然生命中，使自己的生命而得發展，因著自然美而心曠神怡，逍遙物外。

古文中〈樓台記〉，也充分表達這種意境。王禹偁的〈黃岡竹樓記〉說：「公退之暇，被鶴氅衣，戴華陽巾，手執周易一卷，焚香默坐，逍遣世慮，江山之外，第見風帆沙鳥，煙雲竹樹而已。待其酒力醒，茶煙歇，送夕陽，迎素月，亦謫居之勝概也。」

歐陽修作〈醉翁亭記〉，他說：「醉翁之意不在酒，在乎山水之間也。山水之樂得之心，而寓之於酒也。」

范仲淹記岳陽樓，說在霪雨連月的時候登岳陽樓，「則有去國懷鄉，憂讒畏譏，滿目蕭然，感極而悲者矣。」在春和景明的時候登樓，「則有心曠神怡，寵辱皆忘，把酒臨風，其喜洋洋者矣。」

蘇軾作〈超然台記〉說明人的福樂在於心能超出世物，「予弟子由適在濟南，聞而賦之，且名其台曰超然。以見余之無所往而不樂者，蓋遊於物之外也。」

唐宋文人以賞山水之美，獲得休閒的樂趣，元明清的文人卻少有山水休閒的生活。民國八十年，兵荒黨亂，社會動蕩，那還有山水休閒的環境。台灣八十年代，社會富裕，興起了休閒生活，但已經不是山水休閒，而是聲色生活，不是休閒，乃是消耗精神，造成許多青年和成年人，人格掃地。

中華民族的文化裡，還有另外一種人格向自然界生命開展的途徑，就是藝術。文人的生活裡，習慣滲有「琴棋書畫」，用意在於調節生活情緒，以藝術使人的情感，和自然美相連接，人的生命滲入自然界的生命中，或者說自然界的生命滲入人的生命中。

「此地一為別，孤蓬萬里征。浮雲遊子意，落日故人情。」（李白　送友人）

「國破山河在，城春草木深。感時花濺淚，恨別鳥驚心。」（杜甫　春望）

「亂山殘雪夜，孤獨異鄉人。」（崔塗 除夜有作）

「三湘愁鬢逢秋色，萬里歸心對月明。」（皇甫冉）

詩人的生命和自然界的生命，融會在同一情感裡，兩者都超越了外面的形色，在生命的精神裡相連接。

孔子在日常生活和教育題材裡，有禮樂，他說：「興於詩，立於禮，成於樂。」（泰伯）詩、禮、樂，三者都是藝術。他還說：「志於道，據於德，依於仁，遊於藝。」（述而）在仁義道德的嚴肅題材裡，孔子加上六藝。六藝爲禮、樂、書、數、射、御；後代文人的琴棋書畫，就是孔子教材的延伸。中國繪畫史乃有「文人畫」，文人的畫，忽略筆畫顏色的技術，而發揮繪畫的精神。

中國繪畫的精神，在於畫中的生命，構成畫品的氣韻，創造繪畫的神品。

謝赫曾著《古畫品錄》，標出「六法」。六法是：氣韻生動、骨法用筆、應物寫形、隨類賦彩、經營位置、傳移摹寫。這六法從第二到第六，都是畫畫的技術，只有第一法，代表畫品的精神。「氣韻生動」的意義，在於靜態的畫，表現生命的動；畫的動，由於筆墨顏色互相調協，渾成統一。即是中國宋朝理學家所說宇宙的生命，靜中有動，動中有靜。

中華民族是藝術性的民族，把藝術的美引入人生的日常生活裡，就是最俗的事，食色，也都要有藝術性。這種藝術性的名詞，是「雅」，雅和俗相對，中華民族最注重「雅」，最厭惡俗。食物要雅、服裝要雅、住室要雅、飲酒狎妓要有雅興。魏晉時代品評人格，崇尚「雅」。社會上直到現代最看不起「一身俗氣」的人，貶爲「暴發戶」。

藝術由美，提起人的精神，超越物質，進入生命中心。人和宇宙萬物融會爲一體，呈現「一體生命」。中國人的生活，由善到美，心靈純潔，不愧於天，不怍於人，心靈的精神和宇宙萬物相通。這種精神可以說是孟子的「浩然正氣」，「至大至剛，以直養而無害，則塞于天地之間。」（公孫丑上）

丙、天主教對天父的孝心

天主教的精神生活，在於對天父的孝心。從宇宙方面去看，宇宙萬物爲天主（上帝）所造。天主看自己所創造的各種物體，都稱讚說好，宇宙各系銀河的偉大，太陽系運轉的次序，地球上大小物種的構造。《易經》的作者在五千年前，就驚奇宇宙萬物的化生，嘆爲「神妙」。「範圍天地之化而不過……通乎晝夜之道而知，故神無方而易無體。」（繫辭上 第四章）天主教的信仰，肯定宇宙萬物顯示造物主的美妙，造物主創造萬物按照自己的觀念，造物主的觀念是對自己本性的認知，萬物的美妙，就顯示造物主的美妙。但是沒有靈性的萬物，不能認識自身和物體的美妙，唯獨人是按照天主的肖像而造的，具有能夠認識的心靈。從宇宙萬物的美妙，人認識天主的美妙。人認識美，又能欣賞美，又自動讚頌創造美好萬物的天主。在天主教的聖經裡，有一冊聖詠書，全書是歌頌天主的詩篇，在詩篇中有許多篇歌頌受造物的美，邀請受造物歌頌造物主。又因天主創造宇宙萬物，由於愛萬物，而且造萬物爲人的需要，更表示對人的愛，人更該頌謝天主。聖經舊約的聖詠中的第一百三十六首說：

「稱謝至尊，肫肫其仁。歌頌眞宰，百神之神。……
憑其眞慧，締造天廷。洪濤之上，展布乾坤。
匠心獨運，靈光紛呈。何以御晝，實憑大明。
何以御夜，惟月與星。……」（吳經熊 聖詠譯義）

「引泉入谷，水流山麓。群獸來飲，野驢解渴。
飛鳥來集，巢於其林。相顧而樂，嚶嚶其鳴。
主自高宮，沐山以霖。大地欣欣，結實盈盈。
離離芳草，飼彼六畜。青青新蔬，酬人勞作。」

（同上 第一〇四首）

天主教歷代的祈禱，常誦唸這類讚頌造物主的詩篇。信徒的心靈因著信仰，在萬物中看到天主的美妙，體會到天主的慈愛，和萬物一齊歌頌造物主的恩德。

在天主教所敬的聖人中，有於十二世紀義大利的聖方濟，普通因他的出生地，稱爲亞細細聖方濟。這位聖人常保持童年的赤子心情，真誠無猜地和人相處，也同樣和禽獸相處。一次對著一隻兇暴的豺狼作了十字聖號，喊說：「狼兄弟，你來吧！我用耶穌聖名，命你不許傷人。」豺狼竟垂頭跟他進城，以後四年每天到城裡吃城人給它食物，一直到老死，從不傷人畜。一次聖方濟因眼痛須行手術，用火燒，聖方濟對火說：「火姐，你輕一點罷！不要燒的太痛。」他還作一首太陽歌，乃義大利文的初期文學作品。

太陽歌說：

「我主，你造生萬物，創造太陽兄弟，陽光普照，
白晝明朗美麗。你應受讚美。
太陽美妙，照須光輝。至高者主，太陽象徵你。
我主，你創造月亮妹妹和星辰，安置天上，光明美好珍貴，你應受讚美。

我主，你創造風兄弟，造了空氣和白雲，氣候分明，
給萬物以支持。你應受讚美。
我主，你創造了水妹妹，有用而謙虛，貞潔珍貴。你應受讚美。
我主，你創造了火兄弟，光照黑暗，英俊又愉快，
勁健又剛強。你應受讚美。
我主，你創造了地姊姊，慈祥如母親，負載照顧我們，
產生各種菜蔬果實，花卉草木，色彩繽紛，你應受讚美。」

這首太陽歌和屈原、司馬相如、揚雄對自然界所作的賦，有些相似，描述自然界物品的美麗，但是在精神上不同。太陽歌的作者，一切童心赤誠，看受造物爲自己的兄弟姊妹，大家都是一個造物主所造，都視造物主爲天父，彼此爲一家人。聖方濟人格的開展，在宇宙間到達了極限，真真是「心外無物」。

3. 向上天開展

甲、儒家天人合一

儒家生活的目的，常以「天人合一」爲止境，也就是生活的至善，「天人合一」的意義，應從「易傳」開始，《易經・繫辭下》第一章說：

「天地之大德曰生，聖人之大寶曰位，何以守位？曰仁。」

「易傳」列出生字和仁字，中間列著聖人，生和仁由聖人去連繫。《中庸》發揮這種思想，以生和仁的連繫，爲「贊天地的化育」，聖人的人格就在於能夠表現這種精神。《中庸》第二十二章，認爲每個人，即是每個單體的人，要發揚自己的個性，以後就能夠發揚人的人性，物的物性，最後則贊天地的化育。

「唯天下至誠，為能盡其性。能盡其性，則能盡人之性；能盡人之性，則能盡物之性；能盡物之性，則可以贊天地之化育；可以贊天地之化育，則可以與天地參矣。」

《中庸》描述聖人的人格，稱讚能和天相通：

「大哉！聖人之道，洋洋乎發育萬物，峻極于天」（第廿七章）

《易經・乾卦文言》說明聖人與上天相通之道，在於和天地的運行相符合：

「夫大人者，與天地合其德，與日月合其明，與四時合其序，與鬼神合其吉凶。先天而天弗違，後天而奉天時。天且不違，而況於人乎？況於鬼神乎？」

《中庸》繼承這種思想，描述孔子的人格：

「仲尼，祖述堯舜，憲章文武，上律天時，下襲水土，辟如天地之無不持載，無不覆幬，辟如四時之錯行，如日月之代明，萬物並育而不相害，

道並行而不相悖。小德川流，大德敦化，此天地之所以為大也。」（第三十章）

儒家的人格，橫則向天地萬物開展，縱則向上天開展，孔子達到了這種境地。這種境地爲人生修養的目標，在日常生活中要處處流露這種境地的精神。孔子在日常生活裡，常能有這種表現。他相信自己奉上天使命，傳述文武之道：

「子畏於匡，曰：文王既沒，文不在茲乎？天之將喪斯文也，後死者不得與於斯文也。天之未喪斯文也，匡人其如予何！」（子罕）

「子曰：天生德於予，桓魋其如予何？」（述而）

孔子終生懷著這種使命，沒有得到諸侯們的信用，回到家裡授徒教書，心中感慨地說：

「莫我知也夫！子貢曰：何為其莫知子也？子曰：不怨天，不尤人，下學而上達；知我者其天乎！」（憲問）

行事，作人，以不違天意爲原則。

「子見南子，子路不悅。夫子矢之曰：予所否者，天厭之！天厭之！」（雍也）

「獲罪於天，無所禱也。」（八佾）

遭遇痛心的事，想到上天的命：

「顏淵死，子曰：噫！天喪予！天喪予！」（先進）

「伯牛有疾，子問之，自牖執其手，曰：亡之，命矣夫！斯人而有斯疾也！斯人而有斯疾也！」（雍也）

孔子自己說：「吾五十而知天命。」（為政）最後他說：「予欲無言，子貢曰：子如不言，則小子何述焉？子曰：天何言哉？四時行焉，百物生焉，天何言哉！」（陽貨）

孟子曾說自己養有浩然之氣，「親親、仁民、愛物」，又以自己的人格向上天開展，雖不像孔子的常在上天的仁心中生活，但也常知天命：

「行或使之，止或尼之，行止，非人所能也。吾之不遇魯侯，天也，臧氏之子，焉能使予不遇哉？」（梁惠王下）

「夫天，未欲平治天下也，如欲平治天下，當今之世，舍我其誰哉？」（公孫丑下）

宋朝理學家，專注重「理」字，由理到性，以性爲人的生活原則。性和理都是天生，天生爲自然而有。理學家到了「生」，不再往上，解釋「天命之謂性」，以性爲人由天生所有，即生來就有，卻不滿人怎樣出生。道家還知道由氣到「道」，理學家則到了陰陽之氣，就止了。在本體方面講不透徹，在人生方面多講不全。但是當人生大事時，儒家學者還是想到上天。方孝儒作〈深慮論〉，結論說：

「古之聖人，知天下後世之變，非智慮之所能周，非法術之所能制，不敢肆其和謀詭計，而唯積至誠，用大德，以結乎天心；使天眷其德，若慈母之保赤子而不忍釋。故其子孫，雖有至愚不肖者足以亡國，而天卒不忍遽亡之，此慮之遠者也。夫苟不能自結於天，而欲以區區之智，籠絡當世之務，而必後世之無危亡，此理之所必無。」

「自結於天」，在計謀人事時，人自以爲看到禍亂的原因，予以預防，可是禍亂卻在另一方面發生，「蓋智可以謀人，而不可謀天。」在人事中，人常虛心向上天，力求行善以結天心。儒家相信天下大事常有天意，人絕不能自以爲功。曾國藩當弟弟曾國荃打敗了南京，平定太平天國，寫信給弟弟說：「事事落人後著，不必追悔，不必怨人，此等處總須守定畏天知命四字。金陵之克，亦本朝之大勛，千古之大名，全憑天意主張，豈盡關乎人力，天於大名，吝之惜之。千磨百折，艱難拂亂而後予之。老氏所謂『不敢爲天下先』者，即不敢居第一等大名之意。弟前歲初進金陵，余屢信多危悚儆戒之辭，亦深知大名之不可強求。今少荃（李鴻章）二年以來屢立奇功，肅清全蘇，吾兄弟名望雖減，尚不致身敗名裂，便是家門之福。老師雖久而朝廷無貶辭，大局無他變，即吾兄弟之幸。只可畏天知命，不可怨天尤人。所以養身卻病在此，所以持盈保泰亦在此，千囑萬囑，無煎迫而致疾也。」（同治三年四月二十日致沅弟書）曾國藩的「畏天知命」四個字，可以代表歷代儒家學者的人生觀。此種人生觀，以人格向上天開展。

乙、天主教，天主與人合一

從哲學方面去講，人的「存有」爲相對的「存有」，不能由自己而有，不能靠自己而存。人的「存有」由天主所造，由天主而保全。天主是造物主，以自己的「創造神力」，創造了宇宙，宇宙爲一「創生力」。創生力常動，萬物因創生力的動而化生，人也是由創生力而生。

人的觀念，爲一個抽象的理念，存在人的腦海中。人的存在，則是一個實際的單體，是「我」。「我」的本體就含著天主。「我」不是我自己有的，是由父母而來，父母並不能任憑自己的意思生我。他們願意生一個嬰孩，他們以精卵相結合，可是究竟能不能生，究竟生男生女，不能自己，不能作主，他們只是創生力的「緣」，創生力則是「因」，創生力來自天主的創造力。「我」是由天主所化生，「我」生了，自己並不能自己存在，因爲我不是生命的主人，父母也不是我生命的主人，天主是我生命的主人，天主用創造力通過創生力，保全我的存有，即我的生命。因此，「我」在本體就含著天主，在形上本體方面，「我」和天主相連。

在心理方面，「我」常追求正義，在社會裡卻常缺乏正義。一樁事明明應該這樣做，實際卻正不合理；一件案件明明是冤枉，卻大家認爲是眞的；誠心正意的人，卻常不受人重視；違法走巧的小人，卻成爲社會的名人；按法辦事的人，屢屢受欺侮；不守法逞強的人，卻處處的人都讓步。「我」的正義感常常碰壁，沒有可以伸張的機會。

「我」的心渴望知道眞理，但是事情的眞僞難於分辨；學問的知識，愈多更愈覺不夠。

「我」的心熱切地盼望愛，愛人愛物，又受到人物的愛；但是世上最純淨的母愛，也受時間和空間的限制。別的人物的愛，總雜有利害因素使心疑慮不安。

聖奧思定在他的《懺悔錄》中乃說：「主，我的心是爲你而造的，不在你以內，我的心不能安定。」

我的心是精神體，精神體追求無限的滿足，常向絕對無限的精神體——天主開展。

這便要由宗教信仰去引導。

天主教信仰相信萬物爲天主所造，每一件物體展露天主的一份美善。在每件造物上體會到天主的美，體會到天主的愛，和每種物件感謝頌揚天主。

天主教信仰相信每一樁事，都會有天主的旨意，不常是天主直接安排，卻常是天主所允許。耶穌曾經說：「兩隻麻雀不是賣一個銅錢嗎？但若沒有你們天父的許可，牠們中連一隻也不會掉在地上。就是你們的頭髮，也都一一數過。」（馬竇福音 第十章第廿九節）沒有天父的許可，一根頭髮也不會掉。因此，在一切事上都看到天父的旨意；天父的旨意是愛，我對凡百事件都可以安心。

一切的人，全都是天父的子女，而且領受洗禮的人更成爲基督的肢體。對人所做的事，就是對基督做的，耶穌曾經說：「凡你們對我這些小兄弟中的一個所做的，就是對我做的。……凡你們沒有給這些最小中的一個做的，便是沒有給我做。」（馬竇福音 第廿五章第四十節、四十五節）入世的天主教生活觀，在一切事上，在一切事件和物體上，常體會基督和天父的臨在，心靈常和基督及天父相連。

天主教的出世人生觀，有如佛教的禪宗，空虛心中的一切妄想，連自己的「我」也空掉，在心的底處，見到真如，找到了自己的真我，成佛而入涅槃。若不入涅槃，留在人世作爲菩薩，超渡凡人。天主教心靈超出世外，靜觀天主的人，以主動和被動的克己工夫，把心靈從一切事物慾望裡超脫出來，將自己的全部心靈奉獻於天主。心靈既沒有世界事物的陰影，常在天主的光明中，喜怒哀樂的情感溶成了唯一的體驗，體驗和天主相結合的精神樂。精神樂在精神的愛裡洋溢到人的身體，身體的痛苦在精神的愛裡被熔化，整個的「我」仍舊還是人世的「我」，「我」的心靈則已和天主相接，精神的相接是精神的愛相接。聖保祿宗徒說：

「雖能使我們與基督的愛相隔離？是困苦嗎？是窘難嗎？是迫害嗎？是飢餓嗎？是赤貧嗎？是危險嗎？是刀劍嗎？然而靠著那愛我們的主，我在一切事上大獲全勝。因為我深信：無論是死亡，是生活，是天使，是掌權者，是將來的或現在的事物，是有權能者，是崇高或深淵的勢力，或其他受造之物，都不能使我們與天主之愛相隔斷。」（羅馬人書　第八章第三十五節）

註：

㈠　哲學人類學　劉貴傑譯　頁四六〇。

㈡　同上，頁三九。

㈢　同上，頁四四。

㈣　羅光　生命哲學續編　頁七五。

㈤　同上，頁七七。

羅光全書

冊三之二

人生哲學修訂本

臺灣學生書局印行

修訂本序

民國七十三年，我寫了這本《人生哲學》，作為輔仁大學人生哲學課的講義。但是我祇講了一個學期，第二個學期，因為我去美國三個星期，回國後，又在醫院住了三個星期，便把大傳系的人生哲學課請系主任代講。這冊講義的後半部，印出來以後，我就沒有再讀。

民國七十五年，我晉鐸金慶和晉牧銀慶時，輔大教授和朋友們編了一冊紀念論文集，集中有鄔昆如教授的一篇〈讀人生哲學感言〉，鄔教授指出了這冊書的優點，又列出這本書的缺點。缺點在於忽略了西洋的現代思想，放過了一些當前的青年問題。我讀了以後，覺得鄔教授說得對。

今年我寫完《儒家哲學思想的體系》續集，暫時不寫書，乃將以往所寫較為普遍閱讀的書，加以修改。先改了《生命哲學》，又改了《中國哲學大綱》，然後修改《人生哲學》，一方面減少了所引古書，一方面加些現代西洋思想，如論人，論生命，論自由，論真理，論幻想。再又添加了附錄四篇，討論婚姻和社會問題。我希望能夠更適合青年學生的要求，更能了解人生之道。

民國七十八年五月十六日

序

輔仁大學在新莊復校，就設立人生哲學爲全校必修課，二十年來沒有變動。近來常有系主任來說：學生們不喜歡人生哲學課，因爲教授所講多係日常事故，沒有學術性，耽誤時間。而且系內本科的課目多得不能分配，請把人生哲學一科取消。

取消人生哲學課，我當然不答應。大學教育首在培養學生的人格，人生哲學乃是講授培養人格之道。輔仁大學的特色，就在於這種倫理教育。

我在輔大雖教了二十年的哲學，但沒有在系裏開課，祇教研究所的學生，現在既然系主任們說人生哲學課不容易被學生接受，我想自己親身經歷一下，究竟應該怎樣講授。便決定大傳系的人生哲學課，今年由我自己來教，而且先寫講義。

人生哲學講人生之道。人生是具體的活事，不是呆板的事物，隨時隨地常有變化。況且每個人的個性不同，生活也就不同。對這些不同的活生活，給予普通的原則，便應該有哲學的根據。講授原則時又不能祇留在抽象的理論上，還要貼合實際的生活。聽講的學生不是學哲學的，對於哲學的術語和原則，常覺得很生疏。因此，祇講人生原則，聽來就很枯燥生硬；僅講實際問題，聽來淺薄無味。有原則的理論又有實際的運用，纔可以吸引學生的興趣。由聽的興趣，又要進入青年的心中，對於他們生活真能有啓發性的效力。

中國傳統的教育，以培養人格爲主。《大學》開端就說：「大學之道，在明明德，在親民，在止於至善。」《中庸》開卷也說：「天命之謂性，率性之謂道，修道之謂教。」《大學》和《中庸》指出了教育的目標，又指出教育的途徑。中國歷代的教育傳統，乃有所謂「尊師重道」。老師教人做人之道，學生便要尊敬老師，看重人生之道。

人生之道就是人生哲學，在學校裏老師不教了，即使教，也祇當做一門學課去教，從學理方面去講。口不講做人之道，身不教做人之道，學生和老師的關係，緊縮到聽課的關係，那裏還能要求學生「尊師重道」呢？現在要求老師擔任導師的責任，導師要懂心理輔導，但又要懂人生哲學的生活原則，否則輔導不當，或者自己生活不正，仍舊不能使學生「尊師重道」。

這冊人生哲學，即是我對大傳系學生所講的，也是我平生所實行的。

生活爲生命的發揚，生命發揚有自己的高尚目標，有自己的正確原則。《中庸》以率性爲生活的原則，完全率性的人則達到參天地化育的目標。得有孟子「仁民而愛物」的「浩然之氣」。人的生命怎麼可以沉沒在肉慾的污泥中，怎麼可以拿金錢作爲終生的嚮往？人雖然是心物合一的主體，人的思慮則是精神。有思慮乃有自由選擇，自由選擇使人成爲自己的主人。思慮超越物質而趨向無窮，生活的目標便應超越物質而趨向永恒。

民國七十三年十一月

人生哲學　修定本

目　錄

第六章 人生的經歷……一四九

緒論

人生哲學是一門淺近的學問，又是一門高深的學問，人生哲學講做人之道，《中庸》說：「君子的道，用處很廣，而本體卻很微妙。雖是愚夫愚婦，也都能共同知曉，至於精微遠大之處，就是聖人也有所不知。」㈠ 中國哲學從古到今都是講人生之道，《大學》和《中庸》兩書的開端就提出這端大道理。中國古人求學就在於求做君子，老師教學就是教學生成好人，古代所以尊師重道。

生命是我們人的根本，沒有生命，我就不在了。生命不是呆板不動的，而是很靈活的，有生命便有生活。生活既然活動，活動就該有原則和規律，因此人的生活有生活的原則和規律，講論人生的原則和規律的學問，就是人生哲學。

大家一聽哲學兩個字，心頭有些納悶，認為必定很枯燥乏味，很抽象玄想；實際上，哲學講理、講原則，雖然有些近於抽象，但是人的生活則非常活潑，講論生活原則的哲學，應該不是枯燥呆板的。

我現在把對於人生哲學要講的內容，提綱挈領地說一說：第一，講人生的意義，生命是人的生命，人的生命有重大的意義。第二，講人生的原則，人和宇宙萬物相連，宇宙萬物的變易常有原則，人的生活也一定有原則。第三，講人生的規律，人的生活除普遍的原則外，還有更具體的規律，有人性、有法律、有良心。第四，講人生的抉擇，論自由、責任感、價值觀、人生目的。第五，講人生的發展，人的身體和心靈，不是一成就固定了，也不是一出生就成全了，須要漸漸發展，，身體要發展，心靈更要發揚，中國古人乃講尊德性而道問學。第六，講人生的經歷、命運、自強、苦樂、成敗；每個人一生中都經歷過。第七，講人生的範圍，人不能孤獨的生活，是生在家庭、社會、國家和宇宙中，家庭的生活有夫妻關係和父子關係，社會生活有朋友關係，國家生活有國民的責任，在宇宙的生活有互相連繫的關係。第八，講人生的成就，中國古人講三不朽，立德、立功、立言，關於立德則講倫理道德，關於立功，則講職業和工作，關於立言，則講大眾傳播。第九，講人生的提昇，黑格爾曾講精神哲學，以美術、宗教、哲學，令人體認自己爲精神體。《大學》指導人要追求至善，《中庸》說明至誠的人，發揚人性贊助天地的化育，使人升入超於物質的境界，這部人生哲學，討論這九方面的人生問題，指明實際的生活之道。書後附有一附錄，介紹天主教。

先總統　蔣公曾標示倫理、民主、科學爲建國的大綱，也是教育的原則，但是目前的教育和社會趨勢，卻忽略了倫理，一心追求科技，科技爲目前當務之急，然而倫理則爲立國之本，人生哲學不講關於人生歷代哲學家的主張，而是講論倫理的實踐，即是大學校院的倫理教育。

註：

㈠　新譯四書讀本　三民書局　中庸　第十二：「君子之道費而隱，夫婦之愚可以與知焉；及其至也，雖聖人亦有不知焉。」

第一章　人生的意義

一、人

1.人

前　言

二十世紀的人，是信心極強的人，自以爲是宇宙的主人。科學的發明，建立了他的信心，他自信用科學可以控制宇宙，可以解決一切問題。二十世紀的人，有很高的成就感，他已經能夠登上月球，已經能夠乘太空艙遨遊天空。而且也快要可以自己決定生男孩或生女孩，並且可以延長壽命。但是，很可惜，二十世紀的人，卻不是很幸福的人。傳統爲人保養幸福的婚姻和家庭，竟常破碎傷害人心。傳統中平靜和諧的社會，竟常是鬥爭殘暴的罪惡。在自由中國的社會裏，運用西方的科技，發展了工商業的經濟。但是西方的科技經過兩三百年的歷史，順著社會的文化傳統，逐漸前進。我們的科技發展，採迎頭猛進的方式，發展經濟所帶來的西方生活方式，脫離了傳統文化，社會生活乃陷於紛亂。青年人出生在物質享受慾為主的社會裏，他們內心的慾望相形活躍。當代青年人內心的慾望，可以說是三種：性慾、佔有慾、表現慾。青年理智的運用還沒有成熟，慾望常使青年盲動。因此，大學應向學生講明人的意義，和人生之道。

甲、萬物之靈

中國古人最看重人，最古的第一本哲學書《易經》稱人和天地為三才㈠，代表整個宇宙。上面的星辰由天代表，下面的山水由地代表，中間的萬物由人代表。《禮記》以人得天地的秀氣而生㈡，為萬物之靈。人有心靈，心靈靈敏，能知，能主宰㈢。西洋哲學以人為有理智的動物；由物開始，物分為生物和無生物，生物分為動物和植物，動物分為有感覺的和有理智的，人為有理智的動物，居一切萬物的頂端；中國儒家則以人為有倫理者。《孟子》和《中庸》都說：「仁，人也。」㈣仁是愛惜生命，凡是物都愛惜自己的生命，人當然也愛惜自己的生命。然而人愛惜自己的生命，不是自私，而是像天地一樣愛惜一切物的生命，因為《易經》說天地有好生之德，使萬物生長㈤，孔子也說仁人是「己欲立而立人，己欲達而達人。」（論語 顏淵）朱熹說我們人得天地的心為心，天地有好生之德，我們人的心便是仁㈥。孟子更以人心生來有仁義禮智之端，若是沒有這四端便不是人㈦。中國傳統的文化，不僅以人爲有理智的動物，更是有倫理的人，生來心裏就有倫理的種子，人之所以爲人，不僅在於有知識，而是在於自己主宰，使生活合於規律。

在中國傳統的文化裏，人的地位很高，和天地並列。天地化生萬物，天覆地載，《中庸》說：天地的道理，可以一句話包括盡的，就是對待萬物都是至誠不變，所以化生萬物不可測量。天地的道理，就是廣博、深厚、高大、光明、悠遠、無窮。㈧人和天地相配，以自己的道德，和天地相連，贊助天地化育萬物。《中庸》又說：偉大啊！聖人的道德，充滿在宇宙之間，足以發育萬物，其高大可與天相齊。㈨《中庸》又讚美孔子說：上效法天道的自然運行，下順應水土一定的道理。好比天地沒有不能負載的，沒有不能覆蓋的，又好比四季的更替運行，和日月的交替輝映，萬物一齊生育而不互相傷害。㈩

但是，天主教把人看得還更高。天主教相信人是天主所造的，並且相信宇宙萬物都是天主所造的。天主造人則按照自己的肖像所造，作萬物的主宰。人便相似天主，是宇宙萬物的主人(十一)。

我們人是誰呢？我們人是有心靈能推理的人，生來有倫理道德的善心，自己作主宰，管理宇宙萬物；而且相似造物主天主有無限的創造力，無止境地向上追求真美善。人還有基本的人權，在各國的憲法上都有規定，有生存權，有結婚權，有生育權，有職業權，有財產權，有行動自由，言論自由，結社自由，宗教信仰自由等等人權。

乙、心物合一

這樣崇高的人，他的本體應當和宇宙萬物不相同，具有自己的特點，古希臘哲學家柏拉圖主張人有靈魂，靈魂為精神體，存在於觀念世界中，勉強和肉體相結合而成人。亞里斯多德為柏拉圖的弟子，繼任老師的學說，加以修改，說人有靈魂和肉體，靈魂是型理，肉體是質料，兩者相合而成有心物合一體。中世紀大哲學家聖多瑪斯遠紹亞氏的學說，以天主的信仰予以補充，他主張肉體為物質體，靈魂為精神體，靈魂為天主所造，永久存在，在人死後常生存。近代生物學家達爾文發明物種進化論，以人由猿猴進化而來。然而最近生物學家，發現猿猴出現在人以後，而且物種進化論，在生物史上，沒有繼續的形跡，卻是新種突然出生。馬克思便以人完全是物質，心靈也不過為極輕微的物質物。國父　孫中山先生雖採進化論，然主張人心含有神性，由獸性進到人性，由人性進到神性，先總統　蔣公肯定人為心物合一體。　蔣公說：「生命的成份，乃是由精神與軀體兩種要素融合而成為生命的一體。精神就是心靈、理智、魂魄與情感等——乃是肉眼所看不見的，亦可謂之無形的生命；軀體就是指四肢、五官、筋骨、皮肉等——都是肉眼所看得見的東西，亦可謂之有形的生命。有形的生命不是生命的本質，生命乃是以精神的無形生命為本質，而有形生命不過是附於生命本

質的一種軀殼而已！」（五十年耶穌受難節證道詞）

人的生命較比一切萬物都高，有生理、感覺、心理三部份，這三部份的第一、第二兩部份，以身體爲基礎、爲中心。第三部份也要運用身體的神經。爲這三部份生命，身體具有適當的器官，有生理的器官、有感覺的器官、有心理的神經。這些器官，在母胎時，祇粗具胚胎形態，出生後，漸漸發育，到了成年時，器官達到成熟階段。生命的中心，則在於靈魂，即是心靈。心靈爲精神體，但和身體合成一體，在生活上，乃和腦神經相結合。

存在論哲學家卡爾・雅斯培（Karl Jaspers）說：「人有三種特徵。首先，就肉體的生命形式而言，人是屬於大自然中的一種動物。其次，人是屬於歷史中會思考、會行動、會創造的生物，人一方面創造歷史，一方面又隸屬於自己所創造的歷史中。最後一特徵：人可以說將自然和歷史結合於自身的存有。」(十一)

在中國哲學方面，漢朝董仲舒曾以人的身體爲一小宇宙，「唯人獨能偶天地。人有百三十六節，偶天之數也。形體骨肉，偶地之厚也。上有耳目聰明，日月之象也。體有空竅理脈，川谷之象也，心有哀樂喜怒，神氣之類也。……天以終歲之數成人之身，故小節三百六十六，副日數也。大節十二分，副月數也。內有五臟，副五行數也。外有四肢，副四數也。乍視乍瞑，副晝夜也。乍剛乍柔，副冬夏也。」（春秋繁露　卷十三　人副天數）

當然我們現在的人不接納這種思想，過於虛想，過於牽強。想人爲一小宇宙，中外都有這種說法，因爲人的身體，含有宇宙萬物所具的因素。人的骨骼，同於礦物；人的軀體同於植物；人的感官，同於動物。病時，人吃藥，是吃礦物植物；飢時，人用飲食，是吃植物、動物。王陽明因此常說在生命上，人和萬物同一體。再者，我們也常稱讚人的軀體「頂天立地」，站在天和地的中間，成爲三才。

心靈，我們稱爲靈魂（Anima Soul）現代西洋哲學則祇稱爲理智（Mind）。

心靈爲精神體，無形無色，不可見，不可捉摸，動作經常神妙，不可推測，《易經》以心靈之動，和天地生化萬物的行動同樣神奇：「唯神也，故不疾而速，不行而至。」（繫辭上 第十章）

靈魂爲每個人生命的中心，也就是人的生命力。靈魂一離開肉體，人就沒有生命。中國古人以肉體爲陰氣，靈魂爲陽氣，陰陽相合爲生，陰陽分離爲死。

人的生命都以生命力爲根基，生命力即靈魂分佈在人軀體的各部份。靈魂不是物質，沒有量，不受時間空間的限制，心靈要思想時，上到太古，下到未來，遠到星球，近入人體，都可以想；而且從一地到他地，從一事到他事，一秒之間都可想到。

精神生命，以靈魂爲中心；軀體的生活，也以靈魂爲要素，《大學》說：「心不在焉，視而不見，聽而不聞，食而不知其味。」（第七章）

靈魂和軀體合成一個人，一個人爲一個整體，乃動作的主人，人的一切活動都歸於整體的人，雖然有的動作屬於軀體，有的動作屬於靈魂。但是兩方面的動作都是整體的一個人的動作。軀體的動作，要有靈魂（心靈）的認可意識；心靈的動作，要用軀體的神經，心物既合成一體，心物的動作也由一體而動。因此，不能像唯物論的人說：心靈思慮要用腦筋，心靈便是物質性。心靈思慮要用腦筋，因爲是人的思慮，人是心物合成的，思慮便也是心物合成的。

人由父母所生，父母精卵成人胚胎，胚胎爲軀體，軀體內有生命，生命便也來自父母。胚胎的生命，已經是人的生命，含有心物兩方面的生命。這個生命來自父母，因爲父母由造物主得有創生力，在適合的環境中創造適合的生命，這種生命力具有創生靈魂的能力，一切生命都不能來自物質，由物質而生生命。都是因爲造物主在物質內置有創生力。[12]

人死後，軀體化爲泥土，靈魂爲精神體，在人死後仍舊存在。靈魂常存，乃宗教信仰的事理，科學和哲學都不能肯定或否決。

因著對人的觀念不同，中西哲學上乃有各派不同的人生觀。中國道家重心靈，主張避世人生觀；佛教以軀體爲空，主張絕慾出世人生觀；儒家以心物合成人而主人心，乃主張入世的道德人生觀，西洋古希臘有重軀體的伊壁鳩魯享樂人生觀，斯多噶學派的禁慾人生觀。天主教傳入羅馬帝國，成爲歐洲的共同宗教，乃信從身後永福的人生觀，而以自我犧牲爲人服務爲原則。近代英國培根及法國孔德提倡社會學，歐洲遂產生社會利益的人生觀，後來德國馬克思以唯物無神論而建立社會主義的唯物人生觀，美國方面則占姆士和杜威主張實證論而成立實用人生觀。(十四)

我們是人，人有心靈和身體，心靈可以知，可以自作主宰，身體自然追求安逸，心靈自然追求真與美，人乃時時思考，努力工作，運用自然力量，改良生活工具和環境。文化乃有進步，大學生受過高等教育，在社會上，該當是文化進步的先驅，古來稱爲「士」，孔子曾說「士志於道」（論語 里仁）士必定有修身之道，以成爲一個完全的人，孔子曾說：「見利思義，見危授命，久要不忘平生之言。」（憲問）可以算是完全的人。

2. 我

我們人都是「人」，可是世界上找不到一個人，卻常看到每一個「我」，每個人都是「我」，雖然我看別人乃是「非我」，但每一個「非我」的本人都是「我」，所以世界祇有我。

「我」是人，這是當然的事；若不是人，便不能是「我」，若單單是人，卻也不是「我」。「我」較比「人」要多有一些成份。在哲學上，我們稱「我」是一個「單體」，有人格、有一致性。

什麼是「單體」？單體是一個具體的物體。人，是一個普遍的抽象觀念，世上有千千萬萬的人。這千千萬萬的人都是一個一個的人，一個人就是一個單體。所以「我」是一個單體。單體的人比抽象觀念的人要多有什麼？要多有「個性」，個性乃是「我」的成份，使「我」和別人不同。個性在外面有身體的相貌，高、低、胖、瘦、美、醜；在內面有天才、興趣、脾氣、專長。中國傳統地說這些都是天生的，也是所謂「才」。

人的觀念指著人性，每個人都有人性而成爲人。人性有型理和質料（元形、元質），型理是心靈，質料是軀體，心靈爲精神，沒有量；軀體是物質，有量。心靈上有各種的「能」，「能」爲能力，就是才，所以普通稱爲才能；在理智方面，人有各種「能」，在情感方面人有各種「能」。當靈魂（心靈）和軀體相結合時，即是人在母胎受孕爲胚胎時，軀體的「量」就限制了心靈的各種「能」，每個人的軀體各不相同，「量」也就不相同；軀體的量所給予心靈的能之限制便不相同。這種受限制之「能」，造成每個人的個性，就是每個人的才，一個人聰明高，一個人聰明低；一個人長於文學，一個人長於數學，一個人長於藝術；一個人生性內向，一個人生性外向；一個人嗜好讀書，一個人嗜好運動；一個人愛色，一個人愛酒；一個人柔順，一個人容忍，一個人暴躁。至於軀體方面的相貌、高低，更是來自軀體的「量」。

朱熹以型理爲理，質料爲氣。他認爲單體的個性都來自氣，因爲氣有清濁，氣清則佳，氣濁則惡。

若問爲什麼軀體的「量」不相同？或問朱熹爲什麼氣的清濁不相同？我的氣爲什麼濁，你的氣爲什麼清？朱熹說：那是因爲理限制了氣。實際上，理限制氣，使氣成爲人的氣，但是因爲理是性理，性是類，理並不限制氣使成爲單體的氣。在相應的西洋哲學質料之「量」，也不來自型理，哲學祇能說那是天生的，宗教信仰則說那是造物主天主所安排的。

每個人有自己的個性，每個人的生命，當然是人的生命，然而更是「我」的生命，在具體的生活上，表現不同。

現在青年人很看重自己的個性，也要求自己認識自我，心理衛生中心和心理輔導中心協助學生們作自我心理測驗，供學生本人和輔導員的參考。但最重要的，是每個人自己的反省，自己反觀自己，深入自己的心靈，青年人的毛病，就在於常說沒有時間反省。

世界上沒有兩個完全相同的「我」，兩個雙生兄弟或姊妹在外貌上可以相同，分不出彼此，但是在心理方面彼此一定有分別。普通講人生哲學祇就「人」這一方面講，不就「我」

這一方面講，那是因爲在學術上祇能在普遍的觀念上以求普遍的原則，不能就個別的事實講方式；但是爲求人生哲學所有原則的實踐，則必定應該注意「我」的個性，以免俗語說「削足適履」。

在實際生活上，每個人依照「個性」而生活；然而每個人的生活決不能是孤單的生活。每個人都是生活在宇宙中、在萬物中、在人群中，和這一切都具有密切的關係，因此乃有生活的原則，以適合各種關係。若祇求發展個性，則造成自私的心。

3. 生命的意義

甲、生命

生命是內在的自發活動，使活動的主體存在而發育。普通以植物和動物含有生命，稱爲生物或有生物；礦物則沒有生命，稱爲無生物。生命的解釋，屬於生物學；哲學祇就生命的基本性質，加以說明。

生命分有等級，低級生物爲植物，高級生物爲動物，植物和動物中，又分多種等級。生命的高低，在於生物器官的簡單或精密。人身器官的精密，達到最高的程度，但無論生命的高低，生命不是物質性的，因爲物質不是自動，常因外力而動。雖然馬克斯堅決肯定物質可以自動，然而由哲學的原則去評判，仍然不合理。生命有生命中心，中心稱爲魂，植物有生魂，動物有覺魂。生魂和覺魂都不是精神體，祇是生命力的中心，隨著物體而生滅。人的生命中心，稱爲靈魂，靈魂爲精神體。

生命的由來，科學家目前還在實驗室裏找尋答案：是不是由物質而來。在實際的生活上，生命由物質而來，從一個生物生另一個生物。我們解釋這種事實，是由造物主天主在創造宇宙之初，給予了物質「創生力」，孫中山先生稱爲「生元」。

在輔仁大學所編爲大學生讀物「當代德國思想譯叢」第三集的《人與科學》一冊中，有兩篇文章討論生命的來源，一篇是魏柴克（Carl Friedrich Von Weizsacher）的《生命的演進》，另一篇是海特勒（Walter Heitler）的《生命不是化學作用》。魏柴克贊成生命有演進，然而不知道演進的原因，達爾文的學說，至今還沒有確實的證據。海特勒說生命有四個層次：無生物、植物、動物、人。「當生命被當做和物理及化學作用相等的時候，便無異宣告所有生命的毀滅，我們可以從今日整個自然環境的瘋狂破壞上看出端倪，然而人的生存與其他的生物之間，具有相互依賴的關係。環境的破壞將會造成自然對人的反搏，而終將導致人自身的毀滅。」(15)

中國儒家哲學由《易經》開端，以整個宇宙具有生命，《易經》講宇宙變易，以宇宙變易爲「生生」，即化生生命。《易經》說：「天地之大德曰生。」（繫辭下　第一章）又說「生生之謂易。」（繫辭上　第五章），宇宙的變易，由陰陽兩動力而成，「一陰一陽之謂道，繼之者，善也；成之者，性也。」（繫辭上　第五章）陰陽兩力繼續變化，化生萬物，宇宙乃爲一道生命的洪流。陽陰在所成的每一物體內又變動不停，宇宙萬物，就是一塊石頭，陽陰兩力在裏面也繼續變動，所以可以說是生物。朱熹曾說：宇宙萬物同一理，但每物的氣不同，理的表現便不同，他便說：「理一而殊。」理是生命之理，因氣不同的清濁，生命的表現不同，生命乃有層次，人的氣最清，生命之理在人就完全表靈，人的生命乃最高。㈥

西洋哲學家萊不尼茲（G. W. Leibniz）以物體由「單元」而成，單元常動，即是生命。單元的動爲知覺，爲希求，即是生命的活動，一切物體都可稱爲生物，而生物分有等級。黑格爾，則以生命爲同化，有生物吸收外物，使和自體同化，以保全自己，同化的最高程度則爲自我意識，在心靈內使外物和自己相合，同時又相分。㈦

乙、生命的意義

生命是我的存在，我幾時有生命，我就存在，幾時我沒有生命，我就不在了，世界上就沒有我了。人的生命的第一個意義，就是人的存在。

存在是我的最基本要件，我存在，才有我。生命便是我的「存有」，我的「存有」是實際上有我；實際有我，其他一切關於我的事才可以講。因此，生命的意義是表示「存有」，生命存在的價值是最貴重最基本的價值。

就生命而言，人在萬物中最貴最靈，因爲人有心靈，心靈和軀體合成一個人，因此，人的生命是心物合一的生命。軀體的生命有生理和感覺兩方面，跟禽獸相同。不過人的感覺要經過心靈的認識才能有感覺印象。同時，心靈的生命雖然是精神生命，常要藉用軀體的神經。人的生命，應該是心物合一的生命，求心靈和軀體兩方面的平衡。

在追求心靈和軀體的平衡時，要以心靈爲最後的標準，精神的心靈高於物質的軀體，否則人的生命便不是萬物中最秀最靈的人的生命，而淪於禽獸的生命。生命的第二個意義，是心靈生命的價值。

人在萬物中，不僅最靈，而且也是主宰。人的生命要使萬物得有高的意義。藝術家使萬物有藝術的意義，科學家使萬物有科學的意義，哲學家使萬物有哲學的意義，宗教家使萬物有宗教的意義，這一切意義，使宇宙萬物成爲活的宇宙。一個荒島沒有人，荒島是僵石，雖然有動、植物，但都沒有意義，宇宙在沒有人的時候，宇宙是僵石，宇宙有了人，人認識宇宙的物，給物體名字，運用物體的本能，宇宙才成活的宇宙，人的生命乃是宇宙的生命。

人因相似造物主，具有心靈的創新力，常追求新的知識，發明新的生活方式。人的生命和禽獸的生命不同，不是千古一樣，而是常有新的發明。人的生命便是創新的生命，宇宙間的一切文明建設，乃人生命的成績，生命乃是創造，生命的第三種便是創新，發揚自己的人性，《中庸》的第二十二章說盡人性和盡物性，以贊天地的化育。

人的生命是每個人的生命，從人的觀念上說，人的本性在人一存在時，即是一有生命時，人性就完全定了，人就是人，不會改變。但是每個人都是「我」，我的「個性」則不是一有生命時就完全定了，「我」有生命時，我的「個性」祇是一顆種子，要漸漸發揚。因此，每個人的生命，就在於發揚自己的個性，以求更加成全，軀體要發揚，理智要發揚，意志要發揚，建立完成的人格，修得高尙的品德，生命乃是發揚。

人的生命雖是每個人的生命，每個人的生命，並不是孤單的生命，而是和宇宙萬物相連的生命。中國古人的宇宙觀，在《易經》表示出來，以宇宙爲有生命的宇宙，宇宙生命在萬物裏繼續流行，從不間斷，五穀在一年四季常是春生、夏長、秋收、冬藏循環不停。每個人的生命，應該和宇宙萬物的生命，尤其和人類的生命相連繫，以協助萬物的生長。先總統蔣公曾說：「生活的目的在增進人類全體之生活，生命的意義在創造宇宙繼起之生命。」（自述研究革命哲學經過的階段）人的生命和宇宙萬物的生命相連。

人的生命爲精神體，精神體傾向無限。人心乃追求無限的真善美，以超越物質世界。在現世不能得到滿足，人的生命仍繼續存在，在無限的追求中，升到無限的境界，人的生命永久無窮。

人的生命具有高貴的價值，涵有崇高的意義。宇宙間的文明，都是人生命所創造的。人的生命不是一個數字，像今天政治家所說的人口問題，兩個子女恰恰好，第三個子女就不給撫養費。人的生命也不僅是生產力的一份，人口多，手工生產力多；人的生命乃是宇宙的主人，乃是學術的進步，乃是文明的創造，乃是無限精神的發揚。

註：

(一) 易經　說卦第二章：「昔者聖人之作易也，將以順性命之理，是以立天之道曰陰與陽，立地之道曰柔與剛，立人之道曰仁與義，兼三才而兩之，故易六畫而成卦，分陰分陽，迭用柔剛，故易六位而成章。」

(二) 禮記　禮運：「故人者，其天地之德，陰陽之交，鬼神之會，五行之秀氣也。」

(三) 荀子　解蔽：「心何以知？曰：虛壹而靜。」「心者，形之君也，而神明之主也。」

(四) 孟子　盡心下：「仁也者，人也，合而言之，道也。」

中庸　第二十章：「仁者，人也，親親為大。」

㈤　易經　繫辭下　第一章：「天地之大德曰生，聖人之大寶曰位。何以守位？曰仁。」

㈥　朱子語類　卷五十三：「天地以生物為心，天包著地，別無所作為，只是生物而已。亙古亙今，生生不窮，人物則得此生物之心以為心。」

㈦　孟子　公孫丑上：「無惻隱之心非人也，無羞惡之心非人也，無辭讓之心非人也，無是非之心非人也。惻隱之心仁之端也；羞惡之心義之端也；辭讓之心禮之端也；是非之心智之端也。人之有是四端也，猶其有四體也。」

㈧　中庸　第廿六章：「天地之道可一言而盡也，其為物不貳，則其生物不測，天地之道，博也，厚也，高也，明也，悠也，久也。」

㈨　中庸　第廿七章：「大哉聖人之道，洋洋乎發育萬物，峻極於天。」

㈩　中庸　第三十章：「上律天時，下襲水土，辟如天地之無不持載，無不覆幬，辟如四時之錯行，如日月之交輝。萬物並育而不相害。」

⑪　舊約　創世紀　第一章第二六節：「天主說：讓我們照我們的肖像，按我們的模樣造人，叫他們管理海中的魚，天空的飛鳥、牲畜、各種野獸、在地上爬行的各種爬蟲。」天主於是照自己的肖像造了人，就是照天主的肖像造了人。

⑫　雅斯培　人是什麼　當代德國思潮譯叢2　人與哲學　頁六六　孫志文主編　聯經　出版公司　民七十一年。

(十三) 參考羅光 生命哲學 第三章。

(十四) 參考克魯泡特金 人生哲學（其起源及其發展） 台北 帕米爾書局。

(十五) 海特勒 生命不是化學作用 當代德國思潮譯叢3 人與哲學 頁一二三 聯經出版公司 民七十一年。

(十六) 參考羅光 儒家哲學的體系 學生書局。

(十七) 參考項退結 人之哲學 中央文物供應社，一九七一年。

第二章　人生的原則

前　言

二十世紀的時代，是知識爆發的時代，不但是各種科學飛速進步，許多資訊傳播的工具，將一切知識向全球人類傳播。五歲的小孩從電視和電動玩具所得到的知識比我這輩老年人，而且成天讀書的老年人，還要多的多。在另一方面，現代的青年人，對於人生的問題，卻徬徨、懷疑、矛盾、心頭不安。因爲科技發展所帶來的生活方式，脫離了傳統的方式，也就脫離了傳統的原則，新的原則又沒有建立他們就沒有原則可以遵循。再者，社會變遷的迅速，超過了人的想望，舊的問題還沒有解決，新的問題就發生了。例如青年人結婚，馬上就有節育問題，接著又是墮胎問題，新近又發生借腹生子的問題，將來又有自定生男生女的問題。青年人本來就反對傳統，反對權威，內心自然產生對於人生徬徨、懷疑和矛盾的心理狀態。在這種情況下，大學教育應該幫助青年學生看清人生的原則，心能安定，穩步向前。科學和科學的方法，爲求知的途徑，但只能用在科學的範圍內，各種學術，各有各自的方法，青年人對於人生徬徨，也是因爲想用自然科學的方法，用到人生倫理方面。人生倫理爲人文科學，應該用人文科學的方法。

一、中國的宇宙觀

古代的哲學所研究的第一個問題，是宇宙問題。人所看見的宇宙是什麼？是怎麼構成的？在今天的科學時代，大家都知道宇宙問題是科學的問題，天文學、地質學、生物學從各方面研究宇宙，確實的答案現在還沒有得到，因爲科學沒有辦法回到幾萬萬年以前，以知道當時宇宙的情形是怎麼樣，現在科學對於宇宙的起源也祇是一些推測的構想。

在兩三千年以前，人類對於宇宙的研究，是哲學家的推論，希臘古代哲學家有的說宇宙或是火、或是水、或是原子所構成的，印度古代哲學家有的說世界或是地水火風四大原素，或是由微塵所構成。中國古代的哲學也研究宇宙，構成中國哲學的宇宙論。

中國哲學研究宇宙或研究萬物，不和希臘哲學一樣從靜的方面研究宇宙或萬物是怎樣構成的，而是由動的方面研究宇宙和萬物是怎麼樣起源的。

西洋哲學以宇宙起源歸於宗教，宇宙由神靈所造，造物之神靈稱爲上帝或天主，從無中創造了天地萬物。哲學祇研究萬物是如何構成的，分析萬物的本體本相予以研究。中國古代雖也相信上帝創造萬物，但是中國哲學則特別研究宇宙萬物的起源，不講宇宙的造物主。

老子在《道德經》裏講宇宙萬物的起源，有兩個基本的思想：第一：有生於無，第二：一二三遞相化生。有生於無，無是「道」，「道」至大無限，不能爲人所知，所以說是無名、無欲、無爲。宇宙一切都由「道」而來，所以說「有生於無」。「道」生萬物的程序，是「道生一，一生二，二生三，三生萬物，萬物負陰而抱陽，沖氣以爲和。」（道德經第四十二章），老子自己沒有解釋一二三是什麼，普通學者們則解釋一爲氣，二爲陰陽，三爲天地人。從宇宙變化的現象裏，老子和莊子推論出一些宇宙變化的原則：一、宇宙變化完全自然而動，沒有特別的意義。二、滿招損，退則進；太陽和月亮的變化，一年四季的變化，都符合這個原則。虛則久，靜則動；水代表虛靜，水的力量最強最久，從這些宇宙變化的原則，老莊制定了人生的原則，這第一項原則在於一切自然，人的生活越簡單樸素越好，所謂文明的建設，反而使人的生活痛苦。道家主張居在鄉間和自然多接觸，對於世事世物沒有慾望，心常虛靜，絕不求名求利。道家的人生原則，構成道家的人生觀，普通稱爲避世的人生觀，逃避人世的爭執，不以享樂爲目的，祇求心安意足，這種人生觀不爲一般人所接受，祇有少數的人，如詩人陶潛、王維，高興渡著避世的生活。㈠

佛教來自印度，在漢末時傳入中國，經過魏晉南北朝，到了隋唐，已經傳遍了中國各地，信仰的人很多，中國佛教的宇宙論，以宇宙萬物爲空爲虛，實際上不存在，祇因爲人自己愚昧妄以爲有，自己相信，便心中產生許多慾望，造成人生的痛苦，但是究其實完全沒有的宇宙萬物怎麼可以被人相信爲有呢？佛教的各種宗派各有各的解釋，真正代表中國佛教的華嚴宗、天臺宗、禪宗，則主張有一絕對實體，稱爲「真如」，即是佛。真如有兩方面：一方面是真如本身，絕對實體；一方面是真如向外的表現，沒有本性本相，祇是現象，即是宇宙萬物，好比海中的波浪，海水爲實有，波濤爲現象，人爲波浪之一，自己愚昧，便以自己爲實有，又妄以宇宙萬物爲實有。佛教的人生哲學便在除掉這種愚昧，使人得到光明智慧，得智慧的方法在於絕慾，心中空虛一切，在心內能看見真正的自己乃是「真如」。這種人生觀是佛教和尚尼姑的人生觀，吃齋苦修，安靜坐禪(二)。

但是我們中國傳統的思想爲儒家的思想，儒家的宇宙論和人生哲學乃是中國人歷代所傳授的和所實行的。儒家的宇宙論是《易經》，《易經》表面是一本算命卜卦的書，書中卻有許多的哲學思想：有宇宙變化的思想，有倫理生活的思想，還有精神生命的思想。

《易經》的宇宙論，以宇宙常在變化，宇宙裏沒有一樣物體不變的，宇宙變化的目的在於化生萬物，所以說「生生之謂易。」（繫辭上 第五章）宇宙變化的程序，先有太極，次有兩儀，再有四象，後有八卦。《易經》說：「是故易有太極，是生兩儀，兩儀生四象，四象生八卦。」（繫辭上 第十一章）這種程序是畫卦的程序，卦爲一圖形，由三畫而成，每

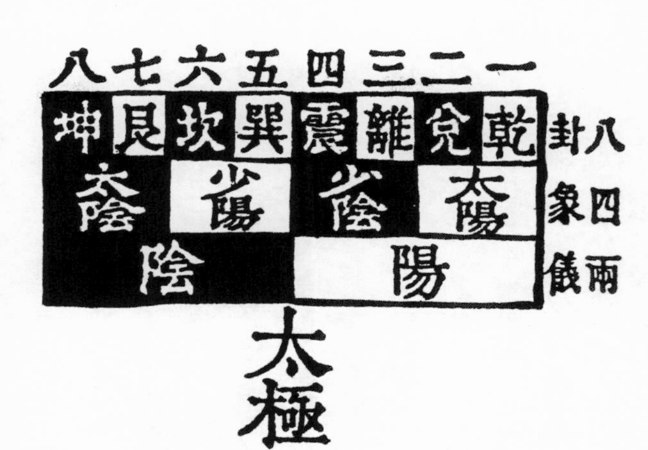

一畫或者是直線，或者是兩段。

太極爲變化的起點，爲太虛之氣，不分陰陽。兩儀爲陽氣陰氣，陽爲白，爲直線一；陰爲黑，爲兩段。兩儀爲陽陰兩畫的連繫，八卦演爲六十四卦，爲六畫的連繫。

儒家以宇宙的變化由陰陽兩氣相合而成，《易經》說：一陰一陽的相合相生，運轉不息，爲宇宙萬事萬物盛衰存亡的根本，這就是道，繼續陰陽之道而產生宇宙萬事萬物的就是善。成就萬事萬物的是天命之性。㈢

陰陽兩氣變化無窮，繼續不停，宇宙乃生各種物體，每種物體又常繼續變化，生生不息。儒家便以宇宙爲一大生命，長流不止。這種變化象徵上天好生之德，愛惜萬物的心。《易經》說：「天地之大德曰生。」（易經　繫辭下　第一章）

《易經》講述宇宙變化有幾項基本的原則：

第一：陰陽相合相成。陰陽爲兩種元素，性質不相同，陽爲剛，陰爲柔，但是兩者不是相反相否定，如同黑格爾和馬克思所講的正反合的辯證式，則是互相調協，互相成全，才能成家生育子女。自然界的物體，不是自相鬥爭以求生存，而是按照自然的次序，互相調協。

第二：自然界常求平衡，宇宙間陰陽變化互相調協以求平衡，礦物、植物、動物彼此中間互有天然的次序。這種次序不容破壞，否則萬物都要受害。因此，各物都應各得其所，在自己的地位上，按照自己的本性及遵循自然的次序而變化。《易經》所以講「中正」，《易經》的「中正」，在於陰爻和陽爻的該在的位置，卜卦時，常看陰爻和陽爻的位置以決定吉凶。這種自然界的平衡不時遭天災的破壞，天災過後，自然界的平衡力又自然會予以補償，以恢復平衡。但是現在人類卻以科學的餘毒破壞自然界的平衡，自然平衡力沒有辦法可以彌補，人類和萬物都要受到傷害。

第三：自然界的物體，互相連繫，按照自然的次序，互相協調。宇宙間，沒有一個物體能夠孤獨存在，天覆地載，草木蟲魚鳥獸，彼此爲著生存，都連繫在一起。天地之氣週遊在宇宙萬物裏，萬物乃能存在。每一物爲存在，須要借助其他物體，而且爲飮食還要傷害別的物；這樣傷害，如動物吃草、動物吃動物，這也是自然界生命的次序，也是表示彼此相連，並不是達爾文所說弱肉強食。

第四：自然界的變化乃是為生命繼續不斷。在中國以農立國的社會，人們對自然界的觀察，都從農作物去看。宇宙的變化以一年四季為代表，一年四季的變化乃是為五穀能夠生長。春生、夏長、秋收、冬藏，代表五穀成長的過程。中國古人看宇宙是一道生命的洪流，長流不息，象徵上天對萬物的愛。老子以一切自然變化，沒有意義，他說：「天地不仁，以萬物為芻狗。」（道德經　第五章），儒家《易經》卻以宇宙的變化，顯示天地好生之德。

第五：宇宙的變化，循環不已。循環的原則，儒家和道家都有。宇宙變化的現象，白天黑夜，春夏秋冬，常是循環不已，假使白天黑夜不繼續了，宇宙一切都亂了。生命的現象也是生死循環，舊的物消失了，新的物就生了。

第六：循環中常生新的現象。宇宙變化的循環，是大氣的循環，循環中所化生的事物則都是新物。這一點代表自強不息的精神。《易經‧乾卦象》曰：「天行健。」天是陽。陽常運行，強健剛正，宇宙中便有新物化生。

上面的原則為自然界變化的原則，現在我們還能觀察得到。科學的發明，也證明這些原則的真實性。儒家孔子、孟子以及宋明的理學家從這些自然界的原則，推論出人生的原則。

㈣

西洋天主教和基督教的信仰則談宇宙的變化，也講到宇宙變化的原則。　國父和先總統蔣公曾信基督教，都因宗教的信仰而相信宇宙為上帝所造，宇宙因著造物主所給予的「能」

繼續變化，變化有固定的原則。這些原則爲自然界的法則，也爲自然科學的法則，中國古代稱爲天理。人被上帝所造，作爲宇宙萬物的主人，以理智運用萬物，充實自己的生命，又從萬物看到造物主的美好，體驗造物主對萬物的愛。

但是現代人，尤其是西方科學最發達的國家裏的人，現今覺到三種疏離：和自然界的疏離、和社會的疏離，和造物主上帝的疏離。現代的人，認爲以科學可以控制整個宇宙，生活的一切型態，都由人自己去設計，結果現代人卻都有孤立感，都有恐懼感。「那麼，怎麼辦呢？是不是讓專家、科學家、主張科技至上的人找出脫身或相出最好的方法來熬過現代困境？這可能是最容易的方法，但都會使事情惡化。」(五)「經驗強迫人去遵守自然律」。(六)

二、人生的原則

自然界有變化的原則，物理、生物、天文對於自然界的各種現象，都從變化原則去解釋。人的生命在宇宙的各種變化中，應是最高最神奇的變化，人的生命便不能不有原則。人既然是宇宙萬物中的一部份，宇宙萬物變化的普通原則，也該應用於人的生命。中國《易經》曾以宇宙變化之道爲天道地道人道，天道地道即是自然界的原則，人道爲人生之道，和天道地道合成宇宙的自然原則。《中庸》說「誠」是天道，一切自然界萬物，天然地按照自然原則而變動；「誠之」是人道，人則自己要誠心願意按照自然原則去生活，自然原則是天然的，是普遍的，不是人所製造的（中庸 第二十章），就是人性。

1. 生命是愛——仁

生命是什麼？是愛的象徵，儒家哲學主張宇宙間的變化都以化生生物爲目的，表示天地愛萬物，天地代表上天，上天愛萬物，所以化生萬物。天主教聖經上說「天主是愛」，天主愛物愛人，所以創造人物。宇宙間所有的物和生命，都是上天愛心的表現，每一件物體，就象徵上天的愛，一朵玫瑰花非常美麗，你能說它是自然盲目地，偶然地產生的嗎？它是象徵造物的愛。

我們每個人的生命，也是愛的象徵，象徵父母的愛，因爲子女是父母相愛的結晶。我們每個人的生命從剛在母胎中懷孕，母親父親立刻愛心的照顧。出生了以後，母親又是日夜關照，稍大，父親關心教育。一直到我們成長，自己能夠獨立，父母才算解除了對我們的心事。

離開了父母的照顧，子女成人。成人的子女又尋找另一種照顧的愛心，男女互相追求，願將兩個人的生命合成一個生命；這個合一的生命，完全由愛而結合，由愛而保持，由這個愛的合一生命，產生新的生命，生育子女，使男女的愛在新的生命裏繼續流傳。

父母愛惜子女的生命，爲子女的生命不惜犧牲自己的生命，所以父母的愛在宇宙的愛裏，最爲純潔、最爲高尙。因爲每個人都愛自己的生命，就像每個物體都愛惜自己的「存有」，自己不願意毀滅自己。一塊石頭因著外面的風霜雨雪，才漸漸風化。一個小動物逢著生命的危險，它會自然地逃避。人更是愛惜自己的生命，他一生所做的，一切都爲著自己的生命。所以自殺是違背人生的第一項原則。

佛教主張人生是痛苦，生命爲人愚昧所造的結果，人由輪迴而生，輪迴爲惡業的惡報。當然人生有許多痛苦，但是也有許多快樂，不過痛苦和快樂不論怎樣多，不是生命的價值。生命的價值，不在於痛苦或快樂，而是在於生命所作成的事業。生命的事業，有生命的創造、有生命的發揚。宇宙的生命互相連繫，人有責任保全和發揚自己的生命，也有責任保全和發揚別人的生命，而且也有責任去保全和發展宇宙萬物的生命。孟子曰：「仁民愛物。」（盡心上）

生命因此是愛的象徵，由愛而來，由愛而保全，由愛而發揚。按照這項原則，仁愛爲人生命所有，人的生活在於發揚仁愛，不在於發動鬥爭仇恨，仁愛爲孔子的一貫之道，更是天主教的一貫之道。

人生的第一個原則，是愛自己的生命。

2. 生命是平衡——中庸

在宇宙萬物裏有一種天然的平衡，中國古人稱爲「天籟」，爲天地間的一種天然音樂，例如民國七十三年八月六日在中央日報有一篇專論討論大陸人口問題，作者說在一國人口中，男女的比例有一種天然的平衡，假使若因人工的方法，把這種平衡破壞了，大家都選擇生男孩，社會上就會產生許多新的困難。自然界常有平衡，也常有保持平衡的自然力。中國古人非常佩服自然界這項平衡的原則，在人生方面便製定了中庸的原則。

孔子最看重中庸，曾說：中庸的原則，真是好極了！而人們很少能夠做到，已經很久了。(七)

中，是得其中，不過也不不及，不偏也不倚；庸，是庸常，即日常。中庸的原則，是日常的每樁事要恰得其當。中，不是呆板的原則，不能事事處處都一樣，因此說不過也不及，必定要一個標準。這個標準在原則上是一個，即「恰得其當」；但是在實行上，就要合於實際的情形，這就靠學識和經驗，朱熹講正心先要格物，研究事物以求知識，就是爲求得這種實際的學識。陸象山則說只要反觀自心便可以知道，實際上反觀自心所研適的是抽象的原則，不是具體的實行標準。例如男女結婚的婚宴，大家都知道原則是不要鋪張，也不要吝嗇。實際上鋪張和吝嗇，要看男女兩方的家庭情形和社會地位。中華民族從古代就養成了中庸的民族性，愛和平，不好偏激。鄉裏有爭端，由鄉裏或族裏有聲望的人出來調停，不往衙門打官司。中庸的原則還有另一個意義，即是中立不倚堅守合理的原則，決不放棄，也不騎牆，腳踏兩邊船，也不隨風擺舵。

中華民族歷代養成了中庸善德，但也養成了幾種壞習氣：一、沒有法治觀念，常講人情。法律不講「中」，一個字是一個字，中國人就不像德國人、英國人、日本人守法。二、不喜主動，常多被動，以爲多一事不如少一事，造成保守的惰性。

現在，我們的社會由農業社會變成了工商業社會，一切以生產爲主，工廠已走向自動化，在這種動的社會裏，仍舊還是要守中庸，以保持平衡。第一，每個人要保持心身的平衡，以免精神受傷害。社會上精神病者增多，就是心身失去平衡所致。第二，建業要平衡，社會發展應整體化，不能城市發展，鄉村落後。不能工業發達，商業落後。我們社會間常有一窩蜂式的發展，一種商品暫時銷售很好，許多工廠馬上都生產這種商品，以致供過於求，大家失敗。教育界也有這種現象，一種學科能多有就業機會，學生就向這門學科鑽，政府製定政策常祇顧目前，不顧將來，注意科技忽略人文。中庸之道，愈在動的社會中，愈見重要，以維持生活的平衡。但是有些傳統的中庸習慣卻要改正，現在要少講人情，多講守法，要多主動少被動，要注意進取，不怕困難，使我們的社會不呈現保守的氣象，而有安祥和諧的氣象，又要塑建人格，有骨氣，有志向，不隨流合污，孟子曾經說：在有道的社會裏，以道殉身，在沒有道的社會裏，以身殉道。（盡心上）

3. 生命是連繫——大同

宇宙變化的原則，有一項最重要的，是萬物的生存都互相連繫。達爾文所說「弱肉強食」，互相鬥爭，不能是人類生活的原則，也不能爲動物生活的原則。爲能生存，植物和動物須要養料，養料從自然界覓取，須要傷害別的生命，這是自然界生命的天然次序，下級供上級所用，人類在物的頂端，所以使用宇宙的一切。就是因爲人要使用一切，人和一切就互相連繫，而且要愛惜一切，若是人對於萬物不加愛惜，隨意濫用，萬物並不是用不盡的，一旦用盡了，就不能用了。當然，人有智慧可以另尋資源。但是天然的動物植物，一旦絕了種，人的智慧也沒有辦法可以再造。再者，用盡了一種資源，或是濫用了自然物，破壞了自然界的平衡，物和人都要受到傷害。目前，自然生態已經遭遇到多種破毀，人的生命就受到威脅。

儒家素來講大同，以萬物的生命爲一體，孟子主張「仁民而愛物」（盡心上）對於人，孔子更是主張「己所不欲，勿施於人。」（顏淵）。天主教的基督福音，以人生原則乃是互助。在實行上，中西的社會所有表現並不相同。中華民族對於別的民族，雖常看作野蠻民族，但是不把他們征服，作爲奴隸供自己利用；卻想教化他們，改善他們的生活。對於暹邏、對於安南、對於朝鮮，歷代都用教化的政策，歐洲的古羅馬人，建立了帝國，征服當時歐洲和非洲的野蠻民族，把他們作爲奴隸，並且在羅馬法上規定祇有羅馬人民爲自由人，享受公民權。天主教傳到羅馬帝國以後，改變了奴隸的制度；然而歐洲人的功利思想繼續流傳，到了近代乃產生了殖民主義，歐洲人以非洲、亞洲作爲殖民地，由他們統治，供他們使用。第二次世界大戰以後，殖民主義已經消滅了，亞洲和非洲和大洋洲的國家都是獨立自由國家。不過，在現代國際上，種族的歧視還沒有消失，還造成許多政治問題，況且共產黨在各處宣傳階級鬥爭，鼓吹仇恨。我們要緊強調大同的原則，各種民族互相連繫，人和自然也相連繫，須要互助協助，勤於服務，生命才可發展。

4. 生命是創新——積極

中華民族的習氣，趨於保守；然而民族精神則是積極進取。《易經》：「天行健，君子以自強不息。」（乾卦象曰）《大學》說：「大學之道，在明明德，在親民，在止於至善。」（第一章），對於「親民」，《大學》本書所作的解釋爲「新民」，商湯的盥洗盤上所刻的文字是：誠能除去舊染的污垢，不斷地求革新，當日新又日新。，《康誥》說：鼓舞大眾革新。《詩經》說：周雖然是個古老的邦國，到文王能自新新民，承受天命，建立新生的國家，所以有德位的人當盡心盡力來做。㈧

上面所引的話爲中國五經中：《易經》、《書經》、《詩經》的話，代表中華民族最初的訓誡，人的生活要日新又日新，繼續向前。

宇宙萬物雖然遵循自然法變化，不能自作變更；但是整個宇宙則不斷更新，由於自然界的創生力使宇宙生命不僅流行不絕，而且常有新種。人類的生命則因人有智慧、有自由，既要抵抗自然界對生命所有的障礙，又要設法利用自然資源，人的生命乃常有新的方式，常有進化，乃能建造民族的文明。

每個人的生命，從少到老，繼續發育。軀體到了老年，雖逐漸衰弱，心靈則多加經驗和學識，更加成全。創新爲人生命的特色，使宇宙萬物增添意義和價值，使人自己的享受逐漸增高。

道家避世的人生觀，不主張積極創造社會的文明，祇主張追求精神的舒適和定安。佛教出世的人生觀，否定事物的價值，以自我的創造爲愚昧。儒家則有積極入世的人生觀，主張自強不息，努力創新，提高自己的人格。天主教的人生觀，乃屬積極，因爲人心傾向造物主無限的真善美，人心無止境地向上追求。人的智慧肖似造物主天主，便具有創新的能力，人須善用自己的能，以美化人生，美化宇宙。

5. 生命是循環——歷史的教訓

人生因著智慧常積極向前，繼續創新；然而宇宙變化的循環原則，在人類的生活裏也成爲原則。並不是像孟子所說：「五百年必有王者興。」（公孫丑下）但是在中國人的心目中，常有一條原則──「分久必合，合久必分；治後有亂，亂後有治。」中國幾千年的歷史也證實這項原則。在社會上，大家也相信──「沒有一個永久貧窮的家庭，也沒有一個永久富貴的家庭。」，聰明的父老常告誡自己的子弟不可炫耀家門，免得由富貴馬上轉入貧窮，這些觀念在目前的科學時代已經不爲一般青年所接受；然而人事循環的另一個觀念，就是在科學興盛的時代，仍舊有效，即是「歷史的教訓」，中華古人常主張皇帝要研究歷史，從歷史上學習治理國家，一部《資治通鑑》，即是供皇帝讀的，研究歷史爲治國，不是抄襲古人治國的方法，乃是爲知道在和歷史相同的環境裏，可以發出同樣的事，前朝皇帝某種情形之下失敗了，現在就要避免造成那種環境，這是說「聽取歷史的教訓」。

例如說：在大陸，國民政府在抗戰勝利以後，共產黨的軍隊叛變，美國政府逼迫國民政府和共產黨談和，簽了和約，共黨不守，後來共黨竊據華北，進攻華中，許多國民政府的官員主張和共黨談和，逼先總統　蔣公下野，瓦解了士心，共黨很快佔據了大陸。我們現在就說「聽取歷史的教訓」，決不能和共黨談和；因爲共黨的政策不會變，祇是方式變。

辦政治，須讀歷史；每一個人的行事，也要記取以往的經驗，因爲在同一的情況下，人們應付的心理相同。我們不要相信命運，也不要相信機械性的循環；但是歷史事件的重演，則是可能的，我們在不利的時候要預防這種循環力的傷害；在有利的時候，可以借用這種循環力的協助。我們拒絕和共產黨談判，預防共黨統戰的陰謀；我們又宣揚「分久必合」，以激勵大陸民心的思念民族文化，在民族文化中歸向統一。

註：

(一) 參考羅光　中國哲學大綱　道家篇　台灣商務印書館。

(二) 參考羅光　中國哲學思想史　隋唐篇下冊。

(三) 周易今釋今註（略改）台灣商務書局。
周易原文：「一陰一陽之謂道，繼之者善也，成之者性也。」

(四) 羅光　生命哲學　第三章　我的生命與宇宙　學生書局。抬頭方東美　中國人生哲學概要　第二章　中國先哲的宇宙觀　先知出版社。

(五) 孫志文(Arnold Shrenger)現代人的焦慮和希望，頁七三。當代德國思潮譯叢

(六) 同上，頁八七。

(七) 中庸　第四章：「中庸甚至矣乎！民鮮能久矣。」

(八) 大學　第三章：「湯之盤銘曰：『苟日新，日日新，又日新。』康誥曰：『作新民』，詩曰：『周雖舊邦，其命維新』，是故，君子無所不用其極。」

第三章 人生的實際標準

前面一章講述了人生的普遍原則，研究了人生自然的傾向。這些原則由宇宙變易的原則中演繹出來，使人的生命和宇宙萬物的變易，互相調協，能夠保持自然的和諧。然而原則非常普遍，帶有抽象的性質，人類爲管理自己的生活，還須要有更具體的實際標準。

實際的標準，爲人類生活的善惡所有的實際標準，孔子曾經說「非禮勿視，非禮勿聽，非禮勿言，非禮勿動。」（論語 顏淵）孔子以禮爲實際標準，《中庸》則說：「率性之謂道」，以「人性」爲實際標準。明朝王陽明則以「良知」爲實際標準，所以極力主張致良知。

一、人性

1. 人性的意義

《中庸》一書開端就說：「天命之謂性，率性之謂道，修道之謂教。」所說的「道」就是人生之道，人生之道在於「率性」，是按照人性而生活。教人按照人性而生活就是教育。人性是什麼？人性是由上天而來，稱爲「天命」。有些學者，特別是宋明理學家解釋「天命」爲天然而有，或天生的。但是天然而有或天生的，並沒有解釋人性是什麼，祇不過說人所天生的稱爲性。這種解釋和告子所說「生之謂性。」相同，孟子就反對這一點。人性的問題，在中國哲學史上是一個大問題。(一)

儒家爲解釋行爲的善惡問題。乃有人性的善惡問題。這個問題從孟子一直到宋明理學家，爭論了一千多年。

人性善惡問題，發自孟子。性字的解釋則起自《中庸》。《中庸》說：

「天命之謂性。」（中庸 第一章）

即是說天在人以內所指定人之所以爲人的理由，這一點便稱爲人性。人所受於天而不可變異的，是人所以爲人之理。所以說理即是性。古代儒家對於天命之謂性，則以爲人所有的天生傾向，稱爲性。

孟子以爲生字若等於性字，那麼天下的物性人性都相等了，那便不通了。他以爲

「天下之言性者，則故而已矣。故者，以利為本。」（孟子　離婁下）

朱子註釋說：「故者，其已然之跡，若所謂天下之故者也。利，猶順也，語其自然之勢也。」孟子以人的自然傾向爲性。孟子曰：

「口之於味也，目之於色也，耳之於聲也，鼻之於臭也，四肢之於安逸也，性也。有命焉，君子不謂性也。仁之於父子也，義之於君臣也，禮之於賓主也，智之於賢者也，聖人之於天道也，命也，有性焉，君子不謂命也。」（盡心下）

孟子以人所天生的，都轉爲命，也可稱爲性；但是感官的天然傾向，只能稱爲命，不可稱爲性，人心的仁義禮智的傾向，則不稱爲命，應稱爲性，性是人心的天然傾向。

荀子也說：

「凡性者，天下之就也，不可學，不可事。」（性惡）

告子的人性論，是於《孟子》書中。告子把人性譬若杞柳，任憑人們去棬棬，可以捲成圓形，可以捲成方形。他又以人性譬若流水，可以決之東，可以決之西。人性本來無所謂善惡，只看後來人的習慣怎樣。

孟子反對這種主張，他認爲人心是傾向於善，人作惡，則由於後來的習慣。人的天然傾向，在人不思不索而動時，則充份表現出來。孟子說：

「孩提之童，無不知愛其親也。及其長也，無不知敬其兄也。親親，仁也；敬長，義也。」（孟子 盡心上）

小孩都知道愛父母、敬兄長；這不是由教育而學來的，乃是由天生的。天生傾向仁義，當然人性是善了。

「今人乍見孺子將入於井，皆有怵惕惻隱之心，非所以內交於孺子之父母也，非所以要譽於鄉黨朋友也，非惡其聲而然也。由是觀之，無惻隱之心，非人也；無羞惡之心，非人也；無辭讓之心，非人也；無是非之心，非人也。惻隱之心，仁之端也；羞惡之心，義之端也；辭讓之心，禮之端也；是非之心，智之端也。人之有是四端，猶其有四體也。」（孟子公孫丑上）

一個人驟然看見一個小孩將跌入井裏，馬上會跑去救他，並用不著多加思索。這種行動，乃出乎天然。救孩童不叫他跌入井裏，是樁善事，人天然而行善，人性必定是善。人性所有的善是行善的傾向，可以稱爲善端。

人性既善，那麼人爲甚麼作惡呢？人之作惡，是人摧殘了自己人性所有的善端。

孟子之後，有荀子出，極力反對孟子的性善論，主張性惡，以人生來是傾於惡。他說：

「人之性惡，其為善者，偽也。」（荀子　性惡）

他的主張，恰恰跟孟子的主張相反，人生性向惡，所以惡人多於善人，惡事多於善事。爲行善，人須受教育，加修養，受制裁，行善難於行惡。荀子說：

「今人之生而有好利者焉，順是，故爭奪生而辭讓亡焉。生而有疾惡焉，順是，故殘賊生而忠信亡焉。生而有耳目之欲，有好聲色焉，順是，故淫亂生而禮義文理亡焉。然則從人之性，順人之情，必出於爭奪，合於犯分亂理而歸於暴。故必將有師法之化，禮義之道，然後出於辭讓，合於文理而歸於治。用此觀之，然則人之性惡明矣，其為善者偽也。……今人之性惡，必將待師法然後正，得禮義然後治。……今之人化師法，積文學，道禮義者為君子。縱性情，安恣睢而違禮義者為小人。用此觀之，然則人之性惡明矣，其為善者偽也。……凡性者，天之就也，不可學不可事。禮義者，聖人之所生也。人之所學而能，所事而成者也。」（荀子性惡）

孟子說人不學而知道行善；荀子說禮義須教而後能，人不受教，只知道爭奪犯分，所以作惡是人的天性，行善是人爲的教育。

但是荀子的話，雖說的很近乎實情，在學理上卻難於解釋。行善爲反人性，說來太不入耳。而且人性若是惡，教育和禮法又怎能加以補救呢？教育必定無所用，只有刑法去威嚇。且獨居靜處，人有行善者，則不是怕刑罰，而另有所本了。王陽明後來也說做賊的人，若罵他是賊，他也不好受，良知也指責他，可見作惡不是人的天性。後代儒家沒有從荀子的主張的，但也不能以他的主張完全無理，所以大都採孟荀兩家的折衷性論，以性爲善，以情爲惡。漢朝儒家董仲舒、王充、揚雄的論性，便都是折衷論。

董仲舒主張人有性有情，性出於陽，發於爲善；情出於陰，發於爲惡。他說：

「身之有性情也，若天之有陰陽也。言人之質而無其情，猶言天之陽而無其陰也。」（春秋繁露　深察名號）

王充《論衡》解釋董仲舒的性情，說：

「仲舒覽孫孟之書，作情性之說，曰：天之大經，一陰一陽；人之大經，一情一性。性生於陽，情生於陰。陰氣鄙，陽氣仁。曰性善者，是道其陽也；曰惡者，是見其陰者也。」（論衡　本性論）

王充自己則以性分上中下三品：上品爲善，下品爲惡，中品則善惡相混。他說：

「余固以孟軻言人性善者，中人以上者也。孫卿言人之性惡也，中人以下者。揚雄言人性善惡混者，中人也。」（論衡 本性論）

揚雄主張人性善惡相混，性中有善有惡，所以人可善可惡。他在《法言》裏說：

「人之性也善惡混，修其善者則為善人，修其惡者則為惡人。」（法言 修身）

李翺論性，宗於董仲舒；然而他的性明情昏的話，來自佛教，漸開宋儒的性論。李翺在《復性書》裏說：

「人之所以為聖人者，性也。人之所以惑其性者，情也。喜怒哀懼愛惡欲七者，皆情之所為也。情既昏，性斯溺矣，非性之過也。七者循環而交來

，故性不能充也。……情之動弗息，則弗能復其性而獨天地為不極之明。」（復性書上）

漢唐儒家的折衷性論，並沒有解決性善性惡的問題。無論主張性善，或主張性惡，或主張性有三品，都有一個根本問題，爲甚麼性是善，或是惡，或是有善有惡呢？爲答覆這個問題，宋明理學家乃有性理之學。

理學家對於人性，有整體主張的人當推朱子，朱子根據理氣二元之說，以人性爲理，但每一個人的性，因爲理與氣和，性上便帶有氣。朱子稱人性爲「天地之性」，即是天然的抽象之性；稱一個一個人的性，爲「氣質之性」，即是帶有氣之性。朱子說：

「天地之性，則專指理言，論氣質之性，則以理與氣雜而言之。未有此氣，已有此性。氣有不存，而性卻常存。雖其方在氣中，然氣自是氣，性自是性，亦不相夾雜。至論其徧體於物，無處不在，則又不論氣之精粗，莫不有是理。」（朱子語類　卷四）

人性若從抽象一方面去說，沒有氣，可以有人性。這種人性，天地之性，即天地間人所共有之性。凡是人都該有整個的人性，不然便不成爲人。人性既是全的，當然是好的，人性便是善的。

在每一個具體的人內，理與氣相合，人性與氣質相接。每個人所稟的氣各不相同，有清有濁。雖說人的氣，爲五行之秀，但尙有清濁的程度。氣作成人的氣質，氣的清濁不同，人所以有智愚賢不肖。氣濁的人，氣質昏，性的天理不能顯，人乃爲惡。氣清的人，氣質明，性的天理容易顯出，人乃爲善。因此人的善惡，緣因在於氣的清濁。朱子乃說氣質之性有善有惡。

「天之生此人，如朝廷之命此官。人之有此生，如官之有此職，無非使之行法治民，豈有不善。天之生此人，無不與之以仁義禮智之理，亦何嘗有不善！但欲生此物，必須有氣，然後此物有以聚而成質。而氣之為物，有清濁分明之不同。稟其清明之氣，而非物慾之累，則為聖。稟其清明而未純正，則未免微有物慾之累，而不能克以去之，則為賢。稟其昏濁之氣，又為物慾所蔽而不能去，則為愚為不肖。是皆物慾之所為，而性之善，未嘗不同也。」（朱子　玉山講義）

氣質的清濁，乃性的善惡。這種善惡是人從生就有了，人用修養的工夫，能夠加以修正，因爲氣質是可以變的，只有上智與下愚不可變移。氣質的表現爲情慾，人從情慾下工夫，處處加以節制，情慾便少，性的天理即可顯明於心，人即向善了。

朱熹的解釋並沒有把問題解決；而是更使問題複雜了，他把本體論和倫理論混在一起，氣的清濁，祇能使每個人才能的多少和高下不同，至於善惡，則在人按不按倫理規律去使用才能，或發動情慾，因此善惡問題不在人性上，人的人性應該是善的。《中庸》以人生之道在率性，《大學》以「大學之道，在明明德。」人性爲光明的善德，人應使「明德」顯明於人的生活，切實誠於自己的人性，人性乃是人生活的規律，即實際的標準。

2. 性律

人性爲人生的規律，凡是人都直接體認到自己心內有天生的生活規律，作爲實際的標準，例如「行善避惡」，無論古今中外的人，都天生地知道惡事不能做。可能對於善惡的分辨有些不同，但對於不能做惡事，則都有同感。

人性爲人之所以爲人的理；在本體方面，人有所以爲人之理；在行動方面，也有所以爲人之理。凡是物，都各按各自的物性而生存，礦物有礦物的性，植物有植物的性，動物有動物的性，人有人的性。萬物天然地按照物性或存在或發展，桃樹按照桃樹之性而發育，狗按照狗性而生活。萬物沒有自由，自然地「率性」；人有自由，自己要願意「率性」；爲使自己願意，須受教育，須自加修養，「率性之謂道，修道之謂教。」（中庸第一章）

人性爲人類所共有，人性的規律，爲人類所共有的規律，不分古今，不分中外，稱爲「性律」，或稱「自然法」。

「性律」的意義，爲人性所有的規律，具有普遍的效力，常久不變。在倫理學上和法學上，現在有許多學者反對「性律」的觀念和意義。他們否認「人性」的觀念，主張性律爲人類的普遍法，然隨時代而變，沒有一成不變的倫理規律。(二)

否認人性觀念的學者，以爲「人性」爲人對人的認識，是人的一種觀念，不代表實體，不是一成不變。但是在哲學的認識論研究認識的問題，我常說一切的名詞，一切的學術，都是人對事物的認識，因爲我們稱呼事物的名，討論事物的實，都是由我們對事物的認識而來，而且就都是我們對事物的認識，因爲這一些活動都是理智的活動。中心的一點，不在於人的認識，而是在於人的認識代表客體的對象，不是由人自己所幻想的。

人性是人對於人的認識，對於人的認識在歷代的學術思想上能夠有變易。但是人對於人的認識，也是我對於我自己的認識，我對於我自己的認識在基本點上是直覺的，是天然的。例如「我有理智而講理」，我自然就知道，你也自然知道，他也自然知道。這一點便代表人對於人的基本認識，大家相同，處處相同。假使沒有一共同的基本點，則這一時代所認識的人，和別一時代所認識的人，完全不同，便沒有人類可談了。

人既然在本體上有共同的人性，共同的人性爲人的基本點，人在做人的生活上也應該有共同的基本點，否則便不成爲人了。這種做人生活的基本點，就是人生的「性律」。

「性律」爲人類生活的基本點，便不能多，也不能複雜。凡是人，無論野蠻人或文明人都可以認識，其他複雜的後天規律應以「性律」爲基礎。反對「性律」絕對不變的學者，常從社會史方面去講，引用許多倫理規律的實例，如男女兩方面的倫理規律，孝道的倫理規律，隨地不同，隨時而異。然而這些規律不是「性律」，祇是後天人造的規律，後天人造的規律當然隨著社會而變，不過在變易中常有不變的一點，例如孝道規律可變，「子女要孝父母」的一點則不能變，這不變的一點便是「性律」。

「性律」究竟有多少條？人們怎麼可以知道？「性律」有多少條，歷代學者沒有研究討論，大家都祇說祇有最基本的幾條，人們從自己的良心（良知）可以知道。

「性律」是我們人生活的基本規律，人的生活是生命的發展，性律便應是關於生命的基本規律。生命的基本規律：第一，愛自己的生命和別人的生命，不應該自殺或殺人。第二，愛自己生命的根源，即是愛父母和子女，直系血親不能結婚。第三，保留自己生命的急需，也有方法去取得，便應有最基本的私產，也就不能偷盜。第四，生命的流傳有婚姻制度，制度可以不同，制度以外的男女關係不合倫理。第五，生命有基本的活動，私人和團體不宜加以妨礙，例如作工以謀生。這些規律可以說是「性律」的內容。還有基本的人權，就是以性律爲基礎之生命權、結婚權、生育權、私產權、自由權等。

天主教的信仰裏，還有「十誡」，「十誡」是天主所頒，稱爲「神律」，內容則和「性律」相彷佛。一、欽崇天主在萬有之上。二、毋呼天主聖名以發虛誓。三、守教會節日和主日。四、孝敬父母。五、毋殺人。六、毋行邪淫。七、勿偷盜。八、毋妄證。九、毋貪他人妻。十、毋貪他人財物。

二、法律

人生活在社會裏，社會應該有組織，組織便應有章程。社會組織中最完全的是國家，國家乃有法律。

1. 法爲國民行動的規律

法字在中國古代有模型有標準的意思。爲模型，因法與古刑字同義。爲標準，因法的古字爲　。但是法律的法，已不是簡單的字義；法家的法，涵義已很複雜。

在法學上，法的第一意義，是一國人民的行動規律。法家所以任法，是以國家無法則亂。所謂亂，即是沒有秩序。人民沒有秩序，是因爲人民沒有規律。法即是給人民一種規律，而且這種規律，全國都一致。慎到的佚文說：

「法者，所以齊天之動，至公大家之制也。」（見馬驌 繹史 百十九卷）

天下的人民既衆，若是他們的行動，沒有一致的規律，叫他們都整齊劃一，天下必亂。管仲說：

「明主者，一度量，立表儀，而堅守之；故令下而民從。法者，天下之程

式也，萬事之儀表也。」（管子 明法解）

法，爲天下之程式。天下的人，在行動時，都看著法，把法當作模型，照著法去做。法即是天下人行動的程式，人在行動時，便該照樣套上這種程式。法又爲萬事的儀表。儀表是一件事物的外形，法即是社會上一切事件的外形，一切事都該有這種儀表。尹文子所以說：「百度皆準於法」。

2. 法是國家公佈的法令

欲使全國人民，在行動上，都守一致的程式，在做事上，都有一律的儀表，則不是一兩個私人所立的規律，所能做到的。所以法，乃是國家公佈的法令。韓非子說：

「法者，憲令著於官府，刑罰必於民心，賞存乎愼法，而罰加乎姦令者也。」（韓非子 難三）

又說：

「法者，編著之圖籍，設於官府，而布之於百姓者也。」（韓非子 難三）

在未公佈以前的規律，不能稱爲法。即使人君偶然一兩次按著一種標準定刑賞，這種標準，既未制成法，而公佈之，仍舊不是法律。

法該是成文而公布的法令，一方面免得人君和官吏，任意定刑賞，另一方面，使人民容易知道法令的條文，可以遵守。

3. 法是定分的

爲甚麼緣故，務必要有一種天下一致的規律呢？因爲天下的人，都有求生的慾望。爲求生，則必求所以得生存的物件，那未便該有種規律，規定一個物件屬於誰，即是誰對於這一個物件有名分。再者，天下的人，既然同居共處，則不能像牲畜一樣沒有秩序。爲定次序，則該每人有一定的位置，有了位置，每個人便知道自己該怎樣自處了。自己知道怎樣自處，即是知道自己的名分。

儒家重禮，用禮去正名定分。法家重法，用法去正名定分。慎到說：

「今一兔走，百人逐之，非一兔，足為百人分也，由未定也。由未定，堯且屈力，而況眾人乎！積兔於市，行者不顧，非不欲兔也，分已定矣。分已定，人雖鄙不爭。故治天下及國，在爭定分而已矣。」（慎子）

分不定，則以力，雖有堯舜也必爲力所屈。分既定，野鄙之人，也不力爭了。怎樣去定分呢？定分以法。

4. 法的效力

甲、法爲禁惡

禮與法的分別，在效力方面也很明顯，禮是教民為善，法是禁民作惡。《大戴禮記》說：「禮者，禁於將然之前；而法者，禁於已然之後。」將然之前，是教民不作惡；已然之後，是叫民知道若犯某罪必有某罰。

法家所以主張任法，他們的哲學根基，是以人心偏於惡。法家並不是不承認德治高於法治，但是認為德治的效力不及法治，因為社會的人心，不適於德治。人心既惡，不是教導力所能治的，只能用刑賞的方法去驅使，纔能有治。

法家主張性惡，是從日常經驗而得的結論。韓非子說：

「父母之於子也，產男則相賀，產女則殺之。此俱出於父母之懷衽；然男子受賀，女子殺之者，慮其後便，計之長利也。故父母之於子也，猶以計算之心以相待也，而況無父子之澤乎？」（韓非子　五蠹）

天下的人，親莫過於父子，父子之間，尚且計算利便，天下的人，誰不以計算利便相待呢？計算利便的人，僅僅勸他們「何必曰利，亦有仁義而已矣！」（孟子　梁惠王）那就等之於耳旁風。唯一的辦法，便是告訴他們，那種物件不可以拿，那樁事不可做。不遵守的人，必受刑罰。人雖性惡不願受德教，但是刑罰則必定怕，然後不致因利相爭了。㈢

乙、法應合於倫理

在政治學和法學上有個爭執的問題，法律和倫理有何關係？有的政治學家和法學家主張兩者沒有關係，倫理的目標在於教人爲善，法律的目標在於社會的利益，善惡是私人的事，社會的利益是公家的事，公家的事高於私人利益。因此在社會利益所要求時，法律可以反對倫理。例如墮胎的合法化，墮胎是惡，不合倫理，但是合法，不受國法制裁。

但是法律和倫理有關係，而且法律要合於倫理。當然，國家有許多法律可以和倫理不相關，例如交通規則，車子走左或走右，單行道或雙向道，都和倫理無關。又如稅金法，抽多抽少，何種產品抽何種產品不抽，也和倫理無關，但是這些法規在基本方面，仍然要守倫理，不能侵犯國民的基本人權。普通一般的法律，和倫理互相關連，養成社會道德，維護國民權利。國家施行政治，不能僅以利益爲目的。中華民國傳統的政治哲學，以「仁政」爲施政大綱，以「政」爲「正」，正己正人，教民爲善。現在雖是工商社會，政治仍要講道德，僅僅謀求利益，不顧道德，結果反而要使國民蒙害。人是心物合一的本體，單顧軀體利益而不顧心靈，軀體雖暫時受益，心靈卻受損，終於心靈的損害，必定連帶傳到軀體上。實用主義的影響，早已傳到國際的政壇，國際政治更以利益爲主。各國立法的目標，也常在追求利益，利益而違背道德，已經不是利益。㈣

通常國家的法律，都被假定是合於倫理的，國民有守法的義務，法律便是人生的實際標準，國家和社會的生活，常賴守法的精神以維持。中華民族的傳統民族性，傾向講人情，因爲追求中庸的原則，不喜歡呆板條文，大家遇事講合情合理，避免法律的硬性規定。因此，在現代工商業的動態社會裏，處處都顯出混亂。例如交通規則雖然很詳細，大家不遵守，台北市交通的紊亂在世界上成爲話柄。在動態的工商業的社會裏，國際交易頻繁，交易的據點就是法律。我們守法，在國際上才有信譽。國內的社會次序，也建立在法律上。若講人情，人情是人人不同，社會次序就因此缺乏共同規範常被破毀。先總統　蔣公曾說：

「守法和負責的精神也就是建立眞正的民主制度的保證。」（重建本黨的根本問題）

「要養成守法的習慣，尤其是先要養成遵守公共秩序的習慣。法律是一般人行為的規範，是維繫社會生活和群眾生命必要的條件。」（廬山軍官團學員應有之心得）

「尊重法律，實行法治，務使成為國民習慣，養成社會風尚，然後才能建立

一個眞正合於民主法治條件的新國家。」（反共復國的基本條件和當前工作的重點）㈤

三、良心

1、良心的意義

生活的倫理規範，在現代的社會裏愈演愈複雜。法規日漸增多，活動越動越多。每個人既沒有精力，也沒有時間，學習一切法規。可是每個人每天在動，而且每一時刻都在動，不是行就是言，不是言行就是思慮，這一切都要合乎倫理規律。我們人應該怎麼辦？造物主給人類設了一個很簡單的辦法，就是每個人在思言行動時，內化自然知道可以做或不可以做。這種天然的「是非知識」稱爲「良心」，或稱爲「良知」，孟子所說的「不學而知」。

「良心」是人心的一種警告，告訴人目前的思、言、行，可以做或不可以做。這個警告，每個人都有，對每樁事都有，而且是自然的，成爲每個人對於行事（思言行）的必然規律。人必定要遵照，否則違反良心就是作惡。

「良心」是人心的警告，不來自外面的勸戒，而是當人要行動時，自心立刻有種評判，評判這種行動是對或不對。同時就警告該做或不該做。西洋大哲學家聖多瑪斯曾詳細加以解釋。㈥

「良心」的內容非常簡單，在對於當前要有的行動，或是思或是言或是行，指示是非，警戒可做或不可做。這個警告出自理智，不是一種下意識的衝動。祇有有理智活動的人才有，喪失理智或精神混亂的人不能有，人在睡眠中也不能有。這種理智警告自然而生，必然而來，不須人去追求。但是對於行動的是非評判，通常是天然而知，不必學習；因爲「良心」的評判即是「性律」的表現，人性的天生規律對於人的動，天然地讓人知道。不過「性律」祇是普遍簡單的規律，對於簡單的行動立時指示是非，但若行動的內容複雜，或是環境複雜，良心不能馬上評判，人心便忐忑不安，不知如何定斷。因此人應該對於法律，對於倫理學或社會學加以研究，或是向明智人請教，使良心能有一判斷，知道目前的行動是善是惡，可做或不可做。最後，人還是照「良心」的指示去做，即使做錯了仍舊免於罪惡。人對行動的最後規律，或最實際的標準，乃是良心，但爲使良心正確，除天生性律的知識，人應該對後天的倫理規律加以學習。㈦

2. 中國儒家哲學對良知的研究

《大學》第一章講修身之道，在於正心誠意致知格物，對於這些修身之道，《大學》本書作有註解，但對於格物致知的注解，在宋朝以前就遺失了，朱熹注釋四書時，就加了一段注解：所謂致知在格物的意思，是說要想增進我們的知識，要從即物而窮究事理上著手。因每個人的心，都具備了天賦的特殊靈明知覺，天下的事物，同樣也具備了自然的規則和原理。由於事物自然的原理未加窮究，所以我們的知識也有未盡。因此《大學》教人，必使學者就他所遇的任何事物，以他所已知的道理，更深入去探討窮究，以求達到最高深的境地。至於用力久了，一旦豁然領悟，那時任何的事物，無論裏裏外外，粗的細的，都能明白它整個的內容和相互的關係。同時我們的知識才可以完備，我們的見解，也可以透澈。這才叫做窮究事理，這才叫做求得知識的極致。(八)

朱熹的這段解釋，在大綱上是不錯的。天下事物並不簡單，我們必須予以研究，使我們良心的評判可以正確不錯，每一事有每一事的理，常能和天理性律相合；但在複雜的情節中，並不能馬上看出，須要詳細研究。所謂事理，不是事物的物理，而是事物的倫理關係。

當時另一位哲學家陸象山不贊成朱熹的主張，他認爲我們的良心天然地具有一切事物之理，爲行動，我們衹要看自己的良心就知道怎樣應付，不要去研究外物之理。一般的人那能有機會去研究事物，重要的在看自己的良心。這種主張有一部份是對的，就是爲行動，人衹要聽自己良心的指示。但是良心並不能知道一切事物所有在後天複雜的環境裏，可不可以做的道理，爲使良心正確，應該好好研究。這就是朱陸對於致知格物的爭端。

到了明朝，哲學家王陽明提倡「致良知」。他接納了陸象山的思想，主張「心是理」，而且心是透明的。透明的心稱爲良知。

王陽明的良知是甚麼？良知是人天生能知是非之心。一個人做事時，爲知道這事的善惡，決不能靠窮理，乃是憑天生一種辨別是非之心，不知思慮，馬上知道眼前所做之事，是對是不對。王陽明稱這種辨別是非之心，爲良知。

「夫良知者，即所謂是非之心，人皆有之，不待學而有，不待慮而得者也。」（王陽明全書　卷八）

良知的名詞出於孟子，孟子說：

「人之所不學而能者，其良能也；所不慮而知者，其良知也。」（告子上）

王陽明主張每個人生來都有這個良知，良知所發現的爲天理：

「天理在人心，亙古亙今，無有終始，天理即是良知」（王陽明全書 卷三）

既是理在吾心，吾心又能知理。那麼我的行動標準，便是吾之良知，又何必去窮理呢？

「爾那一點良知，是爾自家的準則。爾意念著處，他是便知是，非便知非，更瞞他一些不得。」（王陽明全書 卷三）

按著良知去做，一定不會錯。良知乃是天理的表現，按著良知，即是守天理。

「良知原是完完全全，是的還他是，非的還他非。是非只依著他，更無有不

是處。這良知還是爾的明師。」（王陽明全書　卷三）

而且這個是非之知，用不著費氣力去求，用不著加思索，它自然而然就來。良知好比一面鏡子，一個意念剛起了，馬上就照在心頭的鏡子裏，是非立顯。

「良知常覺常照。常覺常照，則如明鏡之懸。而物之來者，自不能遁其妍媸矣。」（王陽明全書　卷三）

可是在事實上，人卻常常不照良知的指示去做，這是甚麼緣故？王陽明說這不是良知的錯誤，乃是因爲良知叫私慾所蒙蔽，不能顯現出來。如似一面鏡子蒙了灰塵，照出的像或者迷混不清，或者簡直沒有像了。

因爲良知能被障蔽，王陽明乃講致良知。《大學》上所說格物致知，即是致良知。

致良知的致字，不作求字解，致知不是求有良知；因是良知常在吾心，用不著求。致字作用字解，作誠字解。致良知是致用我心的良知，人對於自己的心能誠。

不能致良知的緣故，是因著私慾的障蔽，良知乃不現。無論怎樣一個惡人，他的心內仍舊存有良知，只是隱著不顯，私慾蔽塞。

「只是物欲遮蔽，良心在內，自不會失。如雲自蔽日，日何嘗失了。」（王陽明全書 卷三）

「良知在人，隨你如何，不能泯滅，雖盜賊亦自知不當為盜。喚他做賊，他還忸怩。」（王陽明全書 卷三）

良知常存人心，只因遭著私慾，或不能現，或不能有效。修身之道，便在除去私慾。王陽明稱這番工夫爲格物。格者除也，物者物慾，格物是格除物慾，以致用良知。格物又稱爲正事。格者正也，物者事也。王陽明說：

「我解格作正字義，物作事字義。」（王陽明全書 卷三）

格物爲正事，說把事正對自己的良知。我們爲照鏡子，應該好好看著鏡子，看對還不夠，要鏡子沒有灰塵。鏡子有灰，我們正對不了鏡子，除了灰塵，我們纔可對鏡。使良知能夠「致知」，王陽明主張知行合一。知行合一，是良知之知，要見之於行，纔算爲知。因爲良知指出目前要行之事的是非，爲著人能夠遵循。人若在行動時，違反良知之知，則是良知之知，僅只有了前一半，即指出事件的是非，而後一半做人的行動標準，則沒有實現。既缺了一半，良知之知即沒有成全，便等於沒有。所以良知之知，真爲知時，是在人能致良知於行，因此王陽明主張知行合一。是非之知要在行爲相符時，纔算完成。(九)

行爲的實際標準，尙有所謂習慣法，在國家法律之外，社會群眾造成一些習慣，習慣普遍經過社會人士所接受，成爲社會人們行動的規律，這些規律沒有法律的效力，但是在社會群眾的心目中，人人都該遵守。中國傳統的社會生活裏，曾經具有許多的習慣法，每家的父母對年輕的子女就教導他們遵守。在家庭父子的關係，妯娌的關係，媳婦和翁姑的關係，在社會裏朋友的關係，家族的關係，行業的關係，師徒的關係，原先都有習慣法規。目前社會變了，社會生活和以往不一樣了，習慣也就被人忘了，新的習慣還沒有造成，社會生活便呈現混亂的現象。例如原先結婚、出殯慶壽，按照風俗習慣大家知道怎樣行禮，目前，沒有一樣的習慣和禮儀，大家就或古或新或隨便自己去做了。另外對於倫理道德的習慣，大家都喊叫廢除，結果社會成了沒有倫理的社會，人心似乎越來越野蠻了。

3. 良心爲行動的規範

目前，社會的成年人和青年人，在打倒傳統的風氣下長成，對於是非善惡，表示不關心。青少年的犯罪的記錄，日漸加多。在社會裏，每個人的生命隨時可以遇到威脅。許多有心人士乃主張恢復傳統道德。

但是最重要的一點，則在於尊重自己的良心，自己要對得起自己。良心不會消失，作惡必定受自己內心的指責。每個人常要聽自己的良心，常要知道反心自問。孔子曾經說人生的大快樂，在於自覺自心無慚。「內省不疚，夫何憂何懼。」不憂不懼，便稱得起是「君」子（論語 顏淵）。孟子曾經說君子有三種快樂，第二種快樂，就是對得起上天，對得起別人，問心無愧。（盡心上）

誠，爲人生的大道，誠是誠於自己然後才能誠於別人。誠於自己，在誠於自己的良心，王陽明稱爲「知行合一」。良心爲每個人行動的規律，這也是人之所以爲人的最高理由，人的行動由自己作主，由自己內心的良心作主，聽良心指導，乃是聽自己的指導。

但爲使自己良心的評判常常正確，自己便應培養自己的良心。良心是理智的評判，良心評判雖是天生的，然受後天的影響很大。人事越來越複雜，良心不僅憑天生知識，就能評判一切行動的善惡，自己平日應加增學識。另一方面，慾情常能掩蔽理智，也能擾亂理智，因此人要習慣冷靜，作事不要衝動，當內心煩亂的時候，不要行動。青年人喜歡動，喜歡動的快；便要在清晨或深夜的時候，個人反省一下對於今天或昨天的行動，良心有什麼話說。習慣聽良心的話，必定可以建立高尚的人格。(十)

註：

(一)　論人性一段取材於　羅光所著　中國哲學大綱　台灣商務印書館。

(二)　參考　羅光　中外法律哲學比較研究　第二章自然法　中央文物供應社　民國七十二年。

羅光　士林哲學　實踐篇第六章倫理規律　學生書局　民國七十年。

(三)　論法的第一段取材於　羅光所著　中國哲學大綱　附錄二。

(四)　參考　羅光　中外法律哲學比較研究　法律和倫理的關係。

(五)　此三條引語　俱見於先總統　蔣公嘉言總輯　第一輯秦孝儀　民國七十年。

(六)　S. Thomas Summa Theologica I. g. 79. 13

(七) 參考 羅光 士林哲學 實踐篇第六章第四節良心 學生書局。

(八) 大學 釋格物致知：「所謂致知在格物者，言欲致吾之知，在即物而窮其理也。蓋人心之靈；而天下之物，莫不有理，惟於理有未窮，故其知有不盡也。是以大學始教，必使學者即凡天下之物，莫不因已知之理而益窮之，以求至乎之極。至於用力之久，而一旦豁然貫通焉。則眾物之表裏精粗無不到，而吾心之全體大用無不明矣。此謂物格，此謂知之至也。」

(九) 此論王陽明良知一段取材於 羅光著 中國哲學大綱。

(十) 孫志文(Ar. Sprenger)在當代德國思潮譯叢8——「人的條件」一書中有「論良心」的一篇，篇中舉出良心的特點：第一、這個「共知者」（良心）只單獨出現在當事者的內心深處，他只對我一個人說話，……我們稱這種現象為良心的「密友」特性。第二、良心的聲音很少講「那樣很好，那是一條很好的路。」卻常暗示：很危險喔！你內心的清白快保不住了。第三、良心可以神速地的掌握住我所處的全盤特殊情況。第四、印在良心上，無法抹除。第五、內心清白不清白，只你自己知道，自己負責。

第四章　人生的抉擇

一、自由

1. 自由的意義

人的尊貴，在於自主。宇宙萬物，按照各有的物性，依照自然法的規律，天然地變易。雖然有老子和《易經》所說的不動而動，不疾而速，無爲而無不爲的奇妙。但是這種奇妙爲宇宙變易的奇妙，顯示創造萬物者神奇的安排，每個物體則柔順地聽隨造物主所訂的自然法規，不自作主。宇宙的變易顯得很有秩序，萬物的變易也顯出非常和諧。唯有人類雖有天生的性律，卻具有靈性，能自作主宰，人的行動由人自己作主，他應該遵守性律，但他若不願遵守，造物主也不勉強，一切由作者自己負責。這就是自由的意義。

自由的意義，是自己爲自己行動的主人。我的行動，是我的行動；既是我的行動，便屬於我自己；屬於我自己，是我自己所願意的；我自己所願意的，就是由我自己作主。願意是我的心願意，心代表我自己，無論誰也不能代替，身體的四肢百官，別人都可以拿去，也可以代爲，別人可以開可以閉，也可以挖去。心則看不見，摸不著，只有我自己知道，只由我自己作主，外力不能強迫。

自己作主，是說一項行動，無論思、言、行，是我所願意做的才做；或是一項行動，無論思言行，是我所不願做才不做。這種意義是自由的本來意義，也是自由的高貴點。

普通說自由是在兩項或多項的行動中選擇一項，或都不選擇，這是選擇的自由，是人類的自由。但是對於眞正的眞美善，則是不有選擇的自由。

選擇的自由似乎較比不有選擇的自由更好更高，實際上卻不是這樣。自由是自己作主，自己作的事必定對於自己的生命有益，這是生命的天然原則，生命絕不傷害自己。爲生命有益的是眞善美，因爲生命本體是眞善美，生命的活動則在於追求眞善美的發揚。眞善美的本體，爲絕對眞善美，即是絕對的實有體。宇宙間的一切，祇是相對的眞善美，但雖是相對的，卻能是眞正的眞善美。對於絕對的眞善美不能有選擇的自由，對於相對的眞善美，也應該選擇，這種選擇，怎麼能說是自由？因爲是自己願意選的。

自由的根基，在於心靈，心靈能知，能主宰，也就是理智和意志。不知，不能有自由；不主宰，也不能有自由。知越成全，自由越大；主宰越成全，自由也越大。然而人是有限的相對性實有體，人心的理智對事物的認識也就有限，對於客體事物不能都認識，也不都認識清楚。對於不認識的事物，人心不能願意。

選擇的自由，不僅因爲人的認識智力有限，又因爲萬物的眞善美也都是有限，不過具有高下的差別，便不能必定吸引人的心。

男女青年追求結婚的對象時，都是在比較更好的對象中去選，假若遇到一個最美最善的對象，必定馬上選擇，否則，失去了，便再找不到了。這都是因爲世上事物各自具有相對的有限的眞美善，人心不能被決定於一，所以人心可以有選擇的自由，但這不是自由的眞諦，自由的眞諦在於自己作主。自己作主，對於不足以全部滿足人心的對象，便可以選擇自以爲較好的對象，於是乃有選擇的自由。

選擇的自由，也並不是任意選擇，在善與惡的中間，祇能選擇善，因爲人的本性，必定選擇有益於生命的事物，惡的事物對於生命常有害。在人選擇惡時，是因人錯認惡爲善，有時兩惡之中選擇較小者，也是以小惡對自己爲善。例如強盜要錢，否則要命，便祇好把錢給他以保性命。

自由是在內心，內心沒有外力可以強迫，軀體的行動則可以被外力驅使。若是心裏不願意，外面被強迫的行動，不歸屬於自己，不算自己的行動，或善或惡，都不負責。女子如遭人強暴，心中始終反對，她並沒有失節。

2. 自由的因素

人有自由，是因人有心靈。心靈爲精神體，不天生被定於一，要自己決定，這是因爲人心有理智和意志，理智能知，意志能斷，人的自由便由理智和意志而成。

理智能知，知識是人行動的照路燈，沒有知識，人不會行動。若說生理的生活，天然行動不停，不算爲人自我的活動，嬰兒、白癡、睡眠的人都有這種天然活動。真正人的活動，是人有意識的活動，有意識的活動，必先有知識。有知識，才有自由，知識越清楚，越完全，自由也越大，越完美。知識不明白、懷疑、不定、甚至錯誤，自由隨著減少，甚至消失。

理智的運用，常和客體的可認識性成比例。客體簡單明瞭，理智便能認識清楚；客體若複雜，若曖昧，若艱深，理智便分辨不清。但是理智運用也可以受內心的牽制，那就是情慾。當情慾對於一客體，有強烈愛或恨，就可以蒙蔽理智，使客體看不清。俗語說：「當局者迷，旁觀者清。」作事的決定，須人心冷靜，才能正確。

自由的基本因素，在於人心意志的決定，人心看清了客體的事物，意志便作決定，乃有選擇。意志的決定——代表人自己的決定，就是自由。

意志的決定能受外力和內心的限制，外力的限制，或者使自己的決定不能實行，俗語常說「心有餘而力不足」。或者使自己不能決定，而由外力強迫去做，內心的限制就是情慾，情慾對意志影響力很大，能夠與以左右。除非常加修養工夫，鍛鍊意志，否則意志抵不過情慾的誘惑，還有習慣也能左右意志，有壞習慣，沉酒好色，吸毒嗜賭，這等人的意志發揮不了效力。

自由的選擇，不是良心，自由是人心所定。人心選擇以後，良心會告訴選擇的好不好。普通所說：「懸崖勒馬」即是選擇錯了，臨時因良心的指示乃不動，也是真正的自由，因爲是自己戰勝了自己。

西洋近代哲學，對於自由，意見很多，本校哲學系教授袁廷棟神父所著，由本校出版社所出版的《哲學心理學》書中，討論自由時，舉出反對自由的學派，有物質決定論、經濟決定論、心理社會決定論，生理決定論，心理決定論，神理決定論。這些學派都認爲人的行爲，常被內外因素所決定，沒有真正的自由。決定的因素，或是生理的，或是心理的，或是社會的，或是造物主上帝。實際上我們在行動時，常有一些因素，使我們的心，已偏於一面，如愛、恨、貪、名利、生理方面的缺憾。但是在這些情況中，我們的理智，並沒有昏迷，我們也知道，事情要我們自己作決定，因此自由仍舊在，祇是不純淨，不完全。對於所做的事不能推卸責任。在另一方面，袁神父沒有說到的，有的學說主張無限的自由，如尼采的超人，一切由自己作主，自己是絕對的主人。還有法國的哲學家居友（Jean Marie Guyau 1854-1888 A.D）出版了《無義務無制裁的道德之概念》，道德發自人的內心。但是我們人生活在社會裏，不能沒有規律，個人自由便應在這規律以內。(一)

二、責任感

1. 人的成全

自由的真諦，在於自主，自主的意義，在於自己負責。自己作主所做的事，當然要由自己負責。

在法律上，成年人有自主之權，未成年人須要有監護人。法律按照一般人的情況，假定未成年人理智和意志的運用，還不到成熟的階段，所以不能自己作主，對自己所作的事不負完全的責任。成年人，則法律假定已到運用理智和意志的成熟階段，自己做事可以作主，在法律方面自己負責。因此負責，表示人已經成熟了。一個人有責任感，表示自己的心理狀況已到成全的地步。

沒有責任感的人，表現自己的心境不成熟，雖然做事由自己決定，卻不知道決定的後果，他的心理生活尚滯留在孩童的階段，然而又不是「大人不失其赤子之心」。赤子之心乃是誠實樸素之心；不負責任之心，則是詭詐不誠之心。

責任感，不僅是對自己所做的事負後果的責任，另外是對自己職份應當做的事負責，自己必定盡力去做份內之事。孔子曾經極力主張「正名」；孔子的正名不是講理則學去正名詞，而是講倫理學，每個人按照自己的身份負起責任。齊景公向孔子問治國之道。孔子回答說：當國君的盡國君的責任，當臣子的盡臣子的責任，做父親的盡父親的責任，做子女的盡子女的責任。景公說：好極了！要是君不盡君責，臣不盡臣責，父不盡父責，子不盡子責。縱然有穀子，我怎麼能享用呢？(二)

在工商業的社會裏，社會的結構日趨複雜，每種工作和每種機構互相連繫，好比一架大機器的齒輪，一處不動，就影響到整體。今天的社會須要大家分工合作，每個人盡自己的責任。一個人不盡責就會拖累他人，每個人都應勤勞、負責、彼此互助。先總統 蔣公曾說：

「勤勞是立身、處事、治兵之本。所謂身勤則強，佚則病。家勤則興，佚則衰。國勤則治，佚則亂。軍勤則勝，佚則敗。眞是如響斯應，歷歷不爽。」（奮鬥與成功之路）

「一件事能與他人互助合作，至少可以發生兩倍乃至兩倍以上的力量，合作精神越高，則其產生力量越大，甚至可以產生其無限大的力量。」（復興本

黨與完成革命的中心問題）

「行己有恥，就是對自己負責；不欺其志，則是對主義、歷史負責；而毋忝所生，乃是對國家、民族負責。」（黃埔的革命精神和黃埔的革命責任）

「一個不負責盡職的人，任憑他有何種卓識異能，亦不足稱為人才。只有肯負責，能擔當的人，才能自動負務盡責，精密周詳，不肯敷衍塞責。」㈢

2. 人的自尊

責任感，也是表現人的自尊，自己做事，自己負責，自己有職務，自己盡職，自己可以拿的錢才拿，不可以拿的就不拿，這是自尊，自尊不是自傲，祇是自重。

在工商業的社會裏，人和人的接觸每天每刻都有，而且多是同業同事。人和人相接觸，要能得到人的尊重，取得人的信任，要得到人的尊重和信任，先要自己尊重自己，自己信任自己。人若不肯負責，對於職份沒有責任感，自己就對不起自己，別人怎麼會尊重他，會信任他呢？

在目前國家民族處在生死的關頭，國家所求於每個國民的，在於肯負責，肯負責便敢吃苦，敢吃苦便能工作，每人都肯工作，國家民族必定能夠復興。

對國家民族肯負責，勿不因爲不得已，自己沒有別的辦法，別人有辦法遷居外國，他沒有辦法，祇好留在國內，留在國內當然要做事，這種做事負責本來是好；但若可以出國而不出國，出國而又回國，爲對國家盡自己的責任，這種負責精神更難能可貴。年青人應該有這種志氣。

工作在社會有高低貴賤的分別，工作的本身則都有同樣的價值，即是發展每個人的生活，每個人對於自己的工作應該看重，同時也就看重自己，自食其力便是自重。自己遵守倫理原則，也更是自重。

三、價值觀

1. 人之所喜

自由是自主，是自作選擇，自作選擇必定有選擇的標準。選擇的標準在理論方面說很簡單，即是「選好的」。好的，在理論上是真、美、善；但是在實際上，選擇的標準就很難說了，就好比談口味，各有所好。可是這一點，對於人生之道，非常重要，缺而不講，便把握不住人生之道。

一個人選擇一事、一物、一人，是他看重這件事、這件物、這個人。「看重」在學術上稱爲價值觀。自由和價值觀是相對待的，自由隨著價值觀而定。

價值觀是什麼？是人心所看重的，因著看重，人心便喜愛。耶穌曾經說：

「你的財寶在那裏，你的心必定在那裏。」（馬竇福音 第六章第二十一節）

價值觀是人所定的，而且很主觀。然而人心相同，人心所喜好的也多相同。再者，在社會大多數人已經接納少數提倡一種價值而成爲風氣時，大家便接取同一的價值觀。

從哲學方面去分析，價值觀有自己的客觀因素，或者是美，或者是利，或者是善，或者是真，或者是享樂。在客觀上完全沒有價值，當然不能吸引人心，但是客觀價值的多少，不能作爲主觀價值的共同標準。共同的標準，在於當時的環境，影響價值的環境，第一是「物以稀爲貴」，需要者多，供應品少，供應的價值就會貴重。第二是一時的風氣，社會一時大多數人都喜歡一件物品時，物品的價值就會提高。目前，我們談社會問題，常講價值觀，就是因爲當前人心的趨向，把社會的價值觀改了。昔日讀書人爲趕考做官，現在讀書人則看重科技以成專家。昔日婦女們看重貞操，「男女授受不親」，今天則看重愛情，男女公開表示親暱，這種價值觀就是風氣所造成的。但是無論因物稀而貴，或因風氣而貴，根本上還是人心的喜好。大家都爭著買時髦的衣服，一個女子心裏不喜歡那種時裝，在她眼中，那種時裝便沒有價值。古代儒家、道家、佛教，三者的價值觀不相同，因爲三者對於人生的理論不同，使人心的喜好便異。儒家喜歡做官，以爲能造福民眾；道家輕看官爵，認爲是個累贅；佛教根本以世事爲假，那還去求做官？所以價值觀的形成，有客觀的因素，有主觀的因素，最重的成素還是人心的喜好。

人心所喜好的事物多得不勝枚舉，但是若因人心相同而看人所共同喜好的事物，便可以歸併到幾種，作爲價值觀的對象，有名、有色、有財、有位、有享樂。總括起來是：名、愛情、金錢、享受。

數理哲學家懷德海(Afred NOrth Whitehead)以價值觀爲世上事物互相連繫的因素，世上的事物，是一個一個地，時時變動，使事物互相連繫，結成一整體，就是人的價值觀。

2. 名

名，不是名字，而是名譽。名譽，是社會一般人對於一個人的估計。估計，似乎太俗，把人當做了商品，然而實際上名譽就是代表人們對於一個人的評價。

社會上的人對於人的評價，有評價的標準。在魏晉南北朝時，社會崇尚清談，所謂清談是幾個學者聚在一起，對於一個人、一樁事，大家共同討論，有些相似今天的座談會。在魏晉南北朝清談的題目中，有一條是評論當時的人，給他們高低的聲譽。

通常，在社會上的名譽，不由清談而生。社會上對於人的評價，已經有自己的標準，標準是德、學、才、功、位、財、色。按照這些標準，社會上對於合符標準的人，大家表示尊重，這人便得有好的名譽，即是美名或美譽，若是一個人恰恰和標準相反，大家對他表示輕視，給他一個壞名，他便有壞名譽，即是惡名或臭名。普通所稱的聖人、君子、小人、英雄、豪傑、義士、奸賊、美女，都代表一種名譽。

「名譽爲第二生命」，名譽代表一個人的人格，象徵一個人的生命的收穫。名譽好，算是生命的收穫好，取得社會人士的敬重，自覺生命有意義。名譽壞，表示生命的收穫不好，生命看來沒有意義。所以每個人有一種基本的人權爲保障自己的名譽，國家的法律也予以保障。

名譽既然代表人格，每個人有責任去爭取一個好名，因爲每個人有義務建立自己的人格。中國傳統孝道也使兒子應該「揚名顯親」，以盡孝道。若自己名譽不好，連累父親的名譽，乃是不孝。

名譽不僅代表生命的收穫，又代表生命的延續。中國古人稱「不朽」，即是名譽的不朽。人死了不活了，他名譽留到後世，就象徵他的生命存留到後世。「流芳百世，遺臭萬年」，在中國人的心目中，常常作爲生命的目的。孔子作《春秋》一本書，運用倫理道德標準，對於國家和社會的人，予以評價，或褒或貶。《春秋》這本書的意義，就能使亂臣賊子懼，不敢作壞事，免得在後代留個臭名。歷史的教訓，也有這種留名後世的教訓。所以人若面對歷史，考慮將來歷史對他的評價，因爲人要對歷史負責。

求名，乃人生的大事，而且很有意義；但是求名不能作爲人生的目的。人的生命常求生命的發展，生命的發展在於追求真美善。人若努力發展自己的生命，以成爲一個成全的人，好名譽應該隨著而來。雖然在人世的社會裏，人們的評價不常跟著客觀的因素成正比，好人好事不常得好名；然而人所求的，該是生命的真正發展，在道德、學術、事業上求進取，不能專心祇求外面的名。耶穌曾訓誡門徒不要求虛名：

「所以，當你們施捨時，不可在你們面前吹號，如同假善人在會堂及街市上所行的一樣，為受人們的稱讚。……當你祈禱時，不要如同假善人一樣，愛在會堂及十字街頭立著祈禱，為顯示給人。」（馬竇福音　第六章第二節　第五節）

孔子曾告弟子說：

「子曰：不患無位，患所以立；不患莫己知，求為可知也。」（論語　里仁）

不要求外面的名，應求名譽的實。一個人努力做好自己該做的事，不存心於名譽。好名譽來了，自心可以滿足；好名譽不來，自問內心無咎，心裏也能滿足。因此，人的價值，不應當以名為標準，而以名之實為標準。孔子曾經說：子貢問道：一鄉的人都喜歡他，這個人怎樣？孔子說：還不可以說他是好人。子貢又問：一鄉的人都討厭他，這個人怎樣？孔子說：還不可以說他是壞人，倒不如一鄉的好人喜歡他，同時壞人討厭他，這才是真正的好人。㈣

人應關心自己的名譽，也要關心別人的名譽，不容人傷害，也不傷害別人。不名譽的事一定不做，但不一心祇求名。祇求名，則成偽君子，假善人。

3. 愛情

色，名詞不好聽，常指壞的一面，表示淫；而且指責男人濫用女人。孟子曾經說：「形色，天性也；惟聖人然後以人踐形。」（盡心上）形色的美，乃天然之美，喜愛形色之美，也是人的天性；但是祇有聖人才能夠真正合理地去愛美色。因為聖人沒有情慾，男女的交往，一定不會放縱情慾。這就表示男女的關係，不能任性。以往，祇講男人好色，可以選擇女人，女人則祇忠於一個男人，無所選擇。現在男女平等，男女的交往，不能以色字代表，而以愛情作代表。愛情已經成爲人生重大價值之一，爲愛情而自殺，爲愛情而殺人；並且在女人的生命中，別的價值如名、位、金錢，沒有像在男人生命中的意義，因此，女人的生命，常以愛情作爲價值觀。

男女的愛情，在西洋的人心中，價值很高，中古的騎士專以「護花」爲榮譽。天主教且常以象徵人對神——天主的愛。

男女的愛爲互相授予的愛，兩人互相以心相贈與，兩心合爲一心，兩人互相以身體相贈與，兩體結成一體；兩人互相以生命相贈與，兩個生命溶成一個生命。這種贈與不是一次，不是一日，不是一年，而是一生。兩性的愛，目的在於結婚，百年偕老。

男女愛情的神聖和可貴，在於奉獻自己的給對方，不是在佔有對方；在於心靈的結合，不在於肉體的結合；在於生命共融，不在於個性的表現。愛情是犧牲，而不是享受；在犧牲中有心靈的滿足和愉快。

愛情具有高尚的價值，青年男女必以它作自己生命的重點。但是愛情的價值觀，要有它應有的意義。第一，愛情爲生命中最可貴的，但不是生命；在愛情追求時，決不能以生命爲代價，爲愛情而自殺或殺人，都不合理合法。第二，愛情的目的在於結婚，沒有結婚的目的，或有不能結婚的事實，便不能談情說愛，否則不是愛情，而是玩弄或畸戀。第三，愛情以心靈感情的結合爲主，結婚以後才有肉體的結合，否則不是愛情而是淫情。第四，愛情專於一，白頭偕老；在結婚以前，沒有找到可以以身相許的對象時，決不談愛情，而祇談交友；結婚以後，愛情已經範圍在結婚以內，決不能外溢。

天主教以愛由天主而來，天主自己是愛，天主造宇宙萬物，乃是愛的表現。人肖似天主，人的心靈能知能愛。儒家《易經》以天地有好生之德，天地的心就在於化生萬物，人得天地之心爲心，人心乃仁，仁即生命之愛。因此，愛情爲神聖而高貴的，純潔而慷慨的。天主教的神父和修女，獨身守貞，不談人世的愛情，乃追愛情的根源，專心愛天主基督，又能因天主基督而偏愛世人世物，如孟子所說「仁民而愛物。」（盡心上）

4. 金錢

在以往的時代，愛錢的人雖然多，但還不成爲社會的風氣，農業社會的人，有飽食暖衣就心滿意足了，現在工商業社會所標舉的目標，則在於金錢。多生產，多進出口交易，以求盈利，一切不僅以金錢計算，而且目標就在於多有盈利的金錢。社會人心，便都看著金錢作爲生命的價值觀，社會盛行金錢主義。

金錢是什麼？經濟學上一定有正確的定義，一般說來，金錢是物質物的價值代表，作爲彼此交易的標準。在人類原始時代，人類對於物品的交易，是以物易物。後來文明開端了，交易乃用一種中間物作爲物品價值的代表，便產生了錢幣。錢幣在古代用實質的五金，後來爲便利計，改用紙幣。現在手裏拿著一張紙幣，都認爲可以代表多少金元銀元，似乎覺得很滑稽；然而這種滑稽卻代表人的聰明。

金錢代表物質品的價值，它對於人生命的意義，第一，代表生命所需用的物品，衣食住行所需的一切，要用金錢去買。第二，代表事業的成敗，一切事業需要基金，一切事業須有利益，這一切都是金錢。第三，代表生活的享受，人的慾望不僅在於飽食暖衣，還求衣食住行各方面的舒適，現行科學以所有發明供人利用，已經造成社會的享樂主義，爲享樂須有錢使用。金錢在這三方面，有非常重要的價值。因此，政府極力提倡發展經濟，提高國民生活水準，增多國民的平均收入，國民也盡心想賺錢。

在中國傳統的思想裏，不必說道家和佛教看不起金錢，就孔孟儒家也輕視錢財。孔子明白講君子和小人分別，君子好義，小人好利。義是道德，利是金錢；愛錢的人，乃是小人。小人，在中國社會裏就是被人看不起的人，並不一定是壞人，祇是偏愛物質，賺錢不擇手段。

孔子的人生觀是快樂的人生觀，他自己曾說明他自己是怎樣的一個人：葉公向子路問孔子的爲人，子路一時不知道怎麼回答。孔子說：你爲什麼不這樣說：他這個人那，發憤讀書，連飯都忘了吃，常常快樂，把一切憂愁都忘記了，連自己快要老了都不知道呢！(五)

孔孟儒家所看重的在於仁義道德，有了仁義道德就是沒有錢，心中也快樂。孔子所以說：

「君子謀道不謀食，……君子憂道不憂貧。」（衛靈公）

「飯疏食飲水，曲肱而枕之，樂亦在其中矣。不義而富且貴，於我如浮雲。」（述而）

孔孟的價值觀，以仁義道德爲重，有了仁義道德，心中便可以安定滿足。金錢代表物質的享受，金錢的來源屢次不合於道德，孔孟因而輕視金錢。

但是中國古代的人，並不能都實踐孔孟的思想，歷代實踐的人也不少。當時賺錢在於做官，所謂「貪官污吏」即是愛錢的人。做官有了錢，便在鄉閭中造成「豪門富弟」，盛氣凌人。不過這等人在社會人們的心目中並不受重視，社會上所尊敬的，是有德的長者。

目前，在工商的社會裏，價值觀改了，金錢取得了很高的地位。人們似乎有一種心理；有錢，萬事都可以做，俗語說「有錢能使鬼推磨」；沒有錢，一切路都不通。

究竟應該怎樣呢？

金錢是有它的價值，但也有它的限制。

金錢對於人的存在具有價值。每個人天生具有生存權，爲生存每個人有置產的權利，金錢就是財產。每個人所有財產爲私有產，私產制乃天生的人權。消滅私產即是反對人權，人追求私產爲執行天生的權利。但是財產代表人類生活的資源，生活的資源乃是爲供一切人的需要；因此，私產供給一個人生活的各種合理需要並適當的享受，所有盈餘則應用爲國家和社會的公益，還要用爲協助旁人生活的需要。財產本身帶有兩層意義，爲私益，爲公益，兩者不可偏廢。爲生存而求金錢乃是合理合法的事，求錢的方去也該合理合法。

金錢對於事業具有價值，工商業時代的事業不僅爲私人謀利，也爲國家社會謀利。一座工廠辦得好，出品多而美，銷路很廣，廠主當然獲利，國家和社會的經濟也得利益。現在，不論國營事業或私營事業，都以發展國家經濟爲目的。大事業，營利高；小事業，營利低；無論高低，對於國家的經濟都有影響。學校的教育事業，不是營利事業，但是教育和學術都爲培植人才，對於國家的建業和社會的生活品質，關係非常大。

這一切的事業，需要資金，資金還須繼續加多，事業才能發展。爲事業而求金錢，當然合理合法。然而求錢的方法，也應合理合法。

金錢對於享受也具有價值。人的天性趨於享受，決不能像老子所說回到原始時代，祇要飽腹暖身。人的心靈生來有創新的智能，有前進的慾望，對於生命的發展常求新的方式，使生活一代較一代更舒服快樂。人要求享受，便是人的天性。可是人雖是心物合一的主體，肉軀的感官容易和物質品相接，人的慾情又常由感官而激動，人便常傾於肉軀的物質享受，使心靈精神受到傷害。因此，歷代的明達人都教導人類克制的慾情，限制物質的享受。目前，社會風氣卻崇尚物質的享受，造成了享受主義的價值觀，產生各種的罪行：賭博、吸毒、色淫、偷竊、經濟犯罪。爲挽救頹風，應該改正享受主義的價值觀。

現世的人生不是爲享受，而是爲發展自己的生命，在發展生命中，增加一點一點的好，心靈和肉軀感到滿足快樂，便造成生活的享受。因此，人生的享受，應該是生命發展的成果，使心靈和肉軀都得到益處，即是增加自己的成全。決不能爲享受而追求享受；吃喝是爲身體，不是爲吃喝而吃喝；衣服華美舒適是爲身體，不是爲穿戴而穿戴；藝術欣賞是爲心靈的充實；不是爲藝術而藝術，愛情是爲兩心的結合，不是爲愛情而愛情，一切的享受要歸到人的生命，使人生命對真美善的追求，能得到滿足。因此，享受不足成爲人生的價值觀；可是人生傾於享受，應將享受歸到人生命的增進和充實上，則可以合理去追求。爲享受而追求享受，將失去人生的意義，生活常不合理，享受也將變爲痛苦。在宇宙間有天然的一種平衡力量，若人類對自然界造成破壞，天然平衡力量予以反擊；若人對於自己生命予以破壞，天然的平衡力也將予以反擊，在享受中人心將感到煩悶、孤寂、空虛，而軀體也將發生疾病。享受祇能爲生命的發展而追求，祇能爲這種合理的享受而求錢。

5. 服務

在價值觀裏還有職業一項，職業的種類在現代社會眼裏很複雜，雖可以分門別類仍舊太多。若研究職業在人生的意義，則可以用「服務」來代表。

服務的名詞，是目前社會的一個新名詞，以往不曾通用。但是在天主教會裏，則由耶穌已經開始提出這個名詞，作爲祂一生的目標。

「你們知道：外邦人有首長主宰他們，有大臣管轄他們，在你們中間卻不可這樣；誰若願意在你們中間成為最大的，就當作你們的僕役；誰若願意在你們中間為首，就當作你們的奴僕。就如人子來不是受服事，而是服事人，並交出自己的生命，為大眾作贖價。」（馬竇福音 第二十章第二十五節）

耶穌在最後一次和門徒吃晚餐，那次晚餐也是猶太人的一個民族宗教典禮，在入席以前，耶穌突然自己爲十二門徒洗腳，洗了以後，他教訓門徒說：

「你們明白我給你們所做的嗎？你們稱我『師傅』、『主人』，說得正對，我原來是。若我為主子的，為師傅的給你們洗腳，你們也該彼此洗腳；我給你們立了榜樣，叫你們也照我給你們所做的去做。」（若望福音 第十三章第十二節 第十五節）

耶穌基督一生的目標，在於奉行天父的旨意，天父的旨意是派遣祂救援人類。因此祂向門徒說明祂降生是爲服務，服務是如同僕人，爲主人做事。

以往，在社會上聽不到服務兩個字，目前處處都講服務。政府人員爲國民的公僕，爲國民服務；執行黨中央人員聲明黨爲同胞服務，謀同胞的幸福。各種各色的職業，現在都說爲社會國家服務。說是說的對，實際上做不做，則另是回事。

服務這個觀念是正確的觀念，因爲宇宙間各種生命互相連繫，每種生命須要別的生命的協助。人的生命最高貴，也最須要其他生命的連繫和助力。在衣食住行上，人都須要別的人別的物，孤單的一個人沒有辦法可以生活。既然自己的生命須要別的人別的物，就該知道別的人和別的物也須要我的幫助。

人在社會裏的工作，是種種活動，每種活動是一種變化，變化常有起點和終點；人的活動起點是自己，終點不能常是自己，否則便成爲孤單的個人。活動以別人別物爲終點，又不能常以自己的利益爲直接目標，必要以別人別物的利益也爲目標，聖保祿曾標明一大原則：

「施予比領受更為有福。」（宗徒大事記 第二十章第三十五節）

生命間的關係，就是予受的關係，予受的關係爲愛心的關係，愛心的關係不應是自私。因此服務給予他人以利益，便作爲生命關係的原則，成爲現代流行的口號。

但是孔子曾經說：「古之學者爲己，今之學者爲人。」（憲問）孔子不是反對求學以服務於人，他曾說過：「夫仁也者，己欲立而立人，己欲達而達人」（顏淵）然而他欽佩古來的學者求學以充實自己，培養自己的品德。自己有了學識，有了品德，便自然而然地協助他人。因為西洋哲學有句成語「善是散發的。」（Bonum Est Diffusivum Sui），好比香氣自然散發香氣，臭氣自然散發臭氣。有善的人自然散發自己的善，自立而立人。若是求學的目的是為求人知道，不先自己充實自己，要為人服務，也難有實效。

先總統 蔣公說：

「教育要養成服務的精神。」（如何加強官兵教育）

四、立志

1、志向

人有自由，行動由自己作主，作主卻是難事，事事先要思索，然後定斷，錯了自己要負責，服務反而容易，不必思索，按照上面的指示而行，錯了不負責任。但是，人的尊嚴，就在於思索，思索而作決定，即使在服從上級的時候，也要自己誠願。

每樁事，自己都要定奪，定奪應有一個常久的標準，以免生活飄忽不定。這種常久的標準，乃是志向。

志向，是我們行動的目標。每樁行動都有目標，行動不是單獨的動，而是互相連結的動，連結的動結合人的生活；每樁行動的目標也宜互相連結，而成一總目標爲生活目標。生活目標即是志向，乃人所決定，作爲一生行動的趨向。

一個人決定一志向，即按他的價值觀而定。價值觀對於人生的意義，由每人所決定的志向而顯出。價值觀正確，志向也必正確。

人生的志向，按理說應當是求自己生命的完成；在物質生命方面，求身體的發育；在精神生命方面，求人格的成全。每一個人的志向，應該是在完成一個理想的我。理想的我，在內部培養一個完全的人格，在外面則表現在工作的成就。孔子曾對成全人格的理想說：現今成全的人格，只要做到看見利能想到義，看見危難能交出自己的性命，跟人有舊約，不要忘掉平日許人的諾言，這也可以說是人格完備的人了。㈥

這種成全的人格，在現在的社會裏還可以作爲人生的目標。看到「錢」就要想到「義」，這是有職業的道德，在要爲國爲道德須殉難時，敢交出自己的性命，這是有氣節，一個女子，寧願死，不願被強暴。事事講信實，重然諾，這是誠實可靠的人，在現在的社會裏，具有這樣人格的人，一定受人尊重。

有一次，門生詢問孔子有何志向，子曰：

「老者安之，朋友信之，少者懷之。」（公冶長）

這種志向是沒有機會治國平天下，「獨行其道」時的志向；這種志向仍舊是爲他人著想，即是服務。因此，現代青年人立志，應該以服務爲目標；爲國家民族服務，爲社會人群服務，爲家庭親人服務。

服務的志向，爲一個高尚偉大的志向，先總統　蔣公曾說：「我們爲學，一定要志在天下，能以天下國家爲己任。即古伊尹所說：『思天下之民，匹夫匹婦有不被堯舜之澤者，若己推而內之溝中。』與范仲淹所謂：『先天下之憂而憂，後天下之樂而樂。』的意思。」（為學之目的與教育的意義）

服務的志向很廣，包括各種事業。每人在決定志向時，要標出一項具體的事業作志向，如研究學術、經商、設立工廠、照顧家庭、教育青年，建立負責而又謙和的人格。在決定志向時，要先認識自己的個性和所處的境遇。志向雖是理想，然要和事實相符，以免流於空想。

人必定要立志，孔子自己說：「吾十有五而志於學。」（為政）志向使人的思想集中，使人的欲望有一歸向，使人的行動有一目標，使人的生活有意義，使人的精神常常不墮落。先總統　蔣公說：「立志是青年好學入德的第一義。」（建立三民主義的中心思想）「一個人的事業成功與失敗，其關鍵就在他自己能否立志，以及能否照著他所立的志向貫徹到底。」（如何加強官兵教育）

立志，可以說不是太難；貫徹志向，則是大難事。志向既決定了，自己的意志須要時刻警悟，時刻努力，自強不息。

2. 鍛鍊意志

西洋哲學將心靈的能力，分爲兩種：一是理智，一是意志，理智爲知識，意志爲定斷。中國哲學也就說心能知，能主宰。然而，中國哲學解釋意爲「心之動」，解釋志爲「心之所之。」意志連在一起，還是表示兩個事：「問意志？曰：『橫渠云：以意志兩字言，則志公而意私，志剛而意柔，志陽而意陰。』」（朱子語類 卷五）我們現在則通常已經習慣用意志代表心靈的主宰能力，而且也習慣用意志力代表我們行事的決心。

志向的保持，在於意志力的堅強，意志力的堅強須常鍛鍊。

鍛鍊意志由消極和積極兩方面去努力。消極的努力，在於消除意志力的阻礙。我們一遇到困難，意志力就遇到阻礙，困難愈大，阻礙也愈大。因爲遇到困難，心理方面就發生恐懼。若是因著困難而失敗，就可能心灰意冷，或者後退，或者改變主意，志向就遭破壞。要緊把困難當作試金石，當作鍊金的火爐，決不後退。人世沒有一樁不遇困難的事，不遇困難的事，必定是毫無價值的事。一個人所立定的志向，在實踐上不費擧手之勞，則所定的志向必無意義。

意志的鍛鍊在積極方面，是培養自己的意志力。例如立志求學，就規定讀書或研究的時間，努力遵守。又如，正當想抽煙時，故意不抽。想看電視時，故意不看。願意做自己該做的事，好好去做。這樣，自己鍛鍊做自己的主人，不作情慾或墮性的奴隸。有些年青人自以爲自己有性格，作事和人不同，自標新奇，不接納別人的意見，實際上則是成了自私心的奴才，不能表現自己是有理智，有品德的人。

現在我們講教育就是人格教育，人格教育就是意志教育，意志教育則是規律的教育。或是遵守自己所屬團體的規律，或是恪守自己所定的規律，遵守規律就是鍛鍊意志。經過意志的鍛鍊，不會輕易動怒，不會輕易許諾，失敗不會灰心，成功不會心驕。孔子曾說：

「三軍可奪帥也，匹夫不可奪志也。」（子罕）

意志堅強的人，有的是天生的，有的則是經過鍛鍊的。有堅強的意志，才能保持自己的志向。孟子曾說：

「人有不為也，而後可以有為。」（萬章下）

不是想做甚麼事，就做什麼事，爲一個意志堅強的人。想做的事雖好，自己卻能說既不是應該做的事，我這次不做；若是想做的事是不好的事，自己決定不做，這種人才是意志堅強的人，才可以有作爲。古今的聖賢豪傑，莫不是意志不平凡的人。人世成功的秘訣，就在於意志的堅強。

註：

(一) 參考第四章附錄：以守分來肯定自由的價值。

(二) 論語　顏淵：「齊景公問政於孔子，孔子對曰：『君君，臣臣，父父，子子。』公曰：『善哉！信如君不君，臣不臣，父不父，子不子，雖有粟，吾得而食諸？』」

(三) 此爲所引先總統訓言，俱見秦孝儀編先總統　蔣公嘉言總輯，第一輯，第二冊。

(四) 論語　子路：「子貢問曰：『鄉人皆好之，何如？』子曰：『未可也。』『鄉人皆惡之，何如？』子曰：『未可也。不如鄉人之善者好之，其不善者惡之。』」

參考孟子　告子上：「孟子曰：『欲貴者，人之同心也。人人有貴於己者，弗思耳。人之所貴者，非良貴也。趙孟之犧牲，趙孟能賤之。詩云：既醉以酒，既飽以德。言飽乎仁義也，所以不願人之膏粱之味也。令聞廣譽施於身，所以不願人之文繡也。』」

(五) 論語　述而：「葉公問孔子於子路，子路不對。孔子曰：『女奚不曰：其爲人也，發憤忘食，樂以忘憂，不知老之將至云爾。』」

(六) 論語　憲問：「今之成人者，……見利思義，見危授命，久要不忘平生所言，亦可以爲成人矣。」

附錄 以守分來肯定自由的價值

一、自由的意義

有一次，我曾見教宗保祿六世，談到中國大陸教友失去自由，不能表現宗教信仰。教宗嘆說：「不失去自由，不知道自由的可貴。義大利近來各處罷工，各事罷工，這種濫用自由，將會毀滅自由」。

自由的意義是自己管理自己。管理自己的基本條件，必須具有心靈，因爲心靈能知，能主宰。所以荀子說：

「人何以知道？曰：心。心何以知？曰：虛壹而靜。」（解蔽）

「心者，形之君也，而神明之主也，出令而無所受令。」（解蔽）

道，是人生之道。《中庸》說：「率性之謂道。」（第一章）

人的生命複雜神妙，必須訂定次序，次序乃是規律。宇宙間的萬物也運行不息，互相連繫，互相連繫的活動，也應有規律。宇宙的規律就是自然法。《易經》稱這種自然法為「天地之道」。一切萬物都循著自然法而運行，而且是自然地遵循不變，《中庸》稱為「誠者，天之道也。」（第二十章）誠，是誠實地去行動。自然界的萬物，沒有心靈，不思索，不自主，天然地按照自己的本性去行動。所以《易經》說宇宙間天然而動，誠於自己的本性。天然的行動，是沒有自由的行動。沒有自由的行動，是被外面的力量所發動，所推行；但是它們生命的行動，是由於它們物性自然法的規定者所指定。《中庸》說：「天命之謂性。」（第一章）萬物不會抗拒，不會違背。人的生命則和自然界的萬物不同。人的生命分為大小兩部分，孟子稱為大體小體，小體為肉體，大體為心靈。肉體的生命，和別的生物一樣，天然地遵循自然法，心靈的生命，則由人自己主宰，自己主宰，就是自由。《中庸》說：「誠之者，人之道也。」（第二十二章）「誠之」是誠於人性，「誠」成為一種動作，和「率性」而行的動作有分別，而是支配動，則不必要另一行動去支配，使它誠於物性，而是天然地就遵照物性去動，所以說「誠者，天之道也。」

中世紀歐洲的大哲學家聖多瑪斯曾解釋自由，他認為自由是對於自己行動的主權，能使行動從一面到反面。自由的來源是人自己知道行動的目標和理由，自由的主體是人的意志。自由在行使時，既不排除行動目標的必然性，也不排除行動的規律，若排除規律而使行動不符合禮法去作惡，這不是自由。

自由的意義，是自主；自由的價值在於自己作自己的主宰。自主的意義，是自己處理自己的行爲，不受外力的強迫；自由和強迫互相對立。人爲萬物中最優秀的，具有心靈，自己能知，自己能控制意願，能自己處理自己的事。人之可貴，也就在於自主。所以西洋有句諺語說：「不自由，毋寧死。」

人有自由，乃能表現自己的人格和個性；自由的價值，便是自己表現自我。

二、守分的意義

孔子最主張守分，強調「正名」。正名，是確定並實踐各人的名份。名份，是每個人在社會裏所處的地位，這個地位按照禮和法取得一些權利和義務，執行這些權利和義務，就是「正名」。正名便是守分。

一個人的生命，不是孤獨的生命，是和宇宙萬物互相連繫，互相連繫的生命，在彼此的關係裏，必定有一定的次序。儒家的傳統思想以宇宙爲一體，萬物的運動都有時有位。合於對位，稱爲「中正」。農產物和自然界的生物，天然遵守這種自然的次序，祇有人，因爲有自由，乃能破壞這種次序。生物的滅種，多是因人的摧殘而成。環境的污染，常是因人的作爲而成。

人和人的關係，即是人際關係，也是社會關係。這些關係的連繫，必有一定的次序。儒家稱這種次序爲倫常之道，即人的每樁行動，都產生一種關係，或者是自己對自己的關係，或者是對人的關係，或者是對物關係。每樁行動本身就帶有自己的次序，這些次序或是天然的，或者是人爲的。人的自由，在於可以選擇自己的行動，做或不做，做這個或做那個。但是選了一種行動後，（不行動也是一種選擇的行動），便應該遵守所選擇的行動本身所有的次序，否則便是濫用自由。

人怎麼會濫用自由呢？人不是有心靈，藉著心靈的理智可以知道行動的次序，可以看到次序的效果，爲什麼倒行逆施而破壞次序呢？那是因爲人有私慾。私慾是自私的情慾，有強烈的感情作用，可以掩蔽理智的認識力，可以動搖意志的主宰力。私慾一發動，既使人看事不清，又使人意志薄弱，而任憑私慾的誘惑，濫用自由，偏於邪惡。中國俗話常說：「旁觀者清，當局者迷」。

儒家全部的人生哲學，就在於力行。知道了生活的規律，認識了行動的次序，便應該按照著去做。或者是知易行難，或者是知難行易，或者是知行合一，都是追求力行之道。力行之道，《中庸》用一句話說明：「發而皆中節謂之和。」（第一章）發，是感情的發動，感情發動能夠合於規律，便是中節，便達到「中和」。「致中和，天地位焉，萬物育焉。」（第一章）人人若都能中和，事事若都能中和，宇宙萬物就都在自己的地位上，宇宙萬物的生命也就可以繼續發揚。

現在的社會科學學者可以不用儒家的名詞和語言來講自由和守分，然而道理是一樣的。

三、守分以肯定自由的價值

自由的意義是自主，自由的價值是自作主宰。用現代人的語言來說：自由是肯定我自己，自由的價值在於表現我的人格。

自由還有另一項社會價值。個人的自由促成自由的社會方面的發展，因著自由，社會表現祥和的氣氛，表現歡樂的景象。

但是自由的意義和價值，都要靠守分去建立和維持，否則，因著濫用自由，自由便會失去意義和價值。

一個人的自我，存在主義的泰斗海德格說：真正的我是在對理想的我之追求。普通人們也說：一個有爲的好青年，是一個有理想有志氣的青年。理想的我是怎樣呢？孔子說是聖人，人求學就是求聖人。存在主義的創立人吉爾格剛說：理想的我，是上帝給人立的模範。天主教教義則說：理想的我是基督。無論說是基督，說是聖人，說是上帝所立的模範，都是「克己復禮」，「發而皆中節」的「我」，不能是濫用自由的人。

一個人的人格，在於自主。自主是自作主宰。現在最時髦的大學課程爲企業管理。每種事業上下發號施令的人，都要學習怎麼發號施令，發號施令已成爲一門專門學問，這門學問教給人發號施令的規則和原理。精於這門學問，而又實際發號施令的人，便號稱爲優良的主管。請問，一個人對自己的生活，要發號施令，難道就不必要有原理和原則，只憑自己先天的脾氣和先天的嗜好去行動嗎？明末的王陽明學派講致良知，從心所欲，自然就行善。結果，被人罵爲疏狂，怪僻邪妄！孔子曾經說過：「七十而從心所欲，不逾矩。」（為政）然而孔子經過七十年的修養，養成了德性，纔使自己能從心所欲，不過還是要「不逾矩」、和「發而皆中節」。尼采曾宣講「超人」，超人自己創立一切，不守傳統倫理規律，自己作自己的絕對主人。當然，尼采是悲觀的，因爲他本人不能成爲這樣的超人，別人也不可能。若可以成爲超人，乃是秦始皇的專制君主，和近世希特勒、史大林、毛澤東的獨裁者。他們單獨一人自由，卻摧毀了其他一切人的自由。黑格爾講歷史哲學，以人類的歷史，爲追求自由的歷程；首先是單獨一人專制君主的自由；其次是少數貴族的自由；再後是一部份人操握政權者的自由；最後是全民的自由。全民的自由，乃是大家的自由，大家的自由，必須是守分的自由。

當前我們台灣基地是自由的社會，因著自由，社會生活在造成別人自由被破壞的危機，不少的青年人，不守本分，搶劫強暴，使台北市的住宅，家家安置鐵門鐵窗，形同牢獄，單身女子且不敢夜行。中國的理想社會，本是「謀閉而不興，盜竊亂賊而不作，故外戶而不閉，是謂大同。」（禮記 禮運）大同的世界乃是大家自由的世界。

台灣又有少數商人，自以爲精明，做輸出的國際貿易，第一次貨真價實，第二次則上面的貨是真，下面的貨是假。外國的買主，便來台灣控告起訴，再不向台灣定貨。這種不法商人濫用自由，傷害了國家的名譽，危害了我國的貿易。

還有一些不肖的工業家，貪圖私利，假冒外國的商標；又有一些圖利的出版者，偷竊別人的著作，盜印翻版，使國家的信譽蒙污。

因著這些濫用自由的罪行，各方面呼籲政府立法，保障國家信譽。立法，就是限制自由。所謂戒嚴法，也是因怕有人濫用自由而設立。聖保祿宗徒曾說：法律是因罪惡而來的。

（致羅馬人書 第八章）自由的限制，常是因著濫用自由而引起。

為避免立有不自由的法律，就靠每人自己善用自由，善用自由，就是在自由的範圍內運用自由，在自由的範圍內運用自由，就是守分，守分就是守法。

可是，我們中國人就是不喜歡守法，從古以來，看不起法家和法律。若是能夠鑽法律漏洞，常沾沾自喜。但是，中國古代除「法」以外還有「禮」；禮，是人生的規律。孔子曾很鄭重地說：「非禮勿視，非禮勿聽，非禮勿言，非禮勿動。」（顏淵）人的視聽言動，都要符合「禮」。符合禮，乃是守分。

我守分，則不妨害別人；別人守分，則不妨害我，彼此不相妨害，便是真正的自由。我守分，我建立高尚的人格。高尚的人格表現我有我的理想，我有理想則表現我的偉大，我偉大不是跨過名份，而是守分，守分乃肯定自由的價值。

人人都守分，社會乃有次序，社會有次序，生活便安定，生活安定，行動就有自由。安定的社會，便是真正自由的社會，實現自由價值的社會。

第五章　人生的發揚

人在母胎受孕，具有人之所以爲人的基本因素，已經就是人。後來他出生了，一直到老，他還是一個人，在基本因素上沒有增減。但在實際上，每個人卻沒有一天不變，身體在變，心靈也在變。因爲人在母胎受孕，祇有一個人的基本，這個基本按照本性要逐漸發展，以求成全。人是心物合一體，物是身體，心是心靈，身體要發育，心靈要發展。在哲學上說：人有各種的「能」，「能」須達成「行」，變成現實。例如人有飲食的「能」，人喝水吃飯，使飲食之能成爲行。人有說話之能，人說話，使說話之能成爲行。

一、身體的發育

1. 發育

人的身體爲人的一半，爲人的物質部份。人的一切活動也用身體的各種器官，生理活動用身體裏面的內臟，感覺活動，用體外的五官；心靈活動，用腦部的神經。這些器官不是一出生就都成全，須要逐漸發育。假使身體不發育，便是一個不正常的人，或是一個或兩個器官不發育，便成爲殘障的人。

每個人有責任照顧自己的身體，年輕人更要注意身體的發育，運動和飲食都要適合發育的要求。人用飲食吸收身體需要的養料，飲食乃人生命的必需品，國家應使每個國民有足夠的飲食可以維持生命。古來孟子就主張：「是故明君制民之產，必使仰足以事父母，俯足以畜妻子。」（梁惠王下）現在勞工界所謂家庭薪金就和孟子所主張的相同。

但飲食養身，飲食也可以傷身。飲酒過量，食物過度，都會傷害身體，不能圖一時口腹的爽快，種下後來的病根。飲食須有節制，在有節制的情況下，人也可以求飲食的口味享受。飲得好，吃得好，祇要有節制，是好事，不是壞事。不過，節儉乃是傳統的美德，節儉可以立家，可以建國。今天，政府正在提倡節約，就是因爲台灣的飲食過於奢侈。台北市大街小巷，每十步有一家大飯館。大家都說台北市每年在吃上所花的錢，等於一條南北高速公路的建築費，所以有笑話說：台北人每年吃掉一條高速公路！

身體在發育上，常能遇到阻礙，阻礙就是病症。看醫師，吃藥，也是每個人的責任。國家建立保險制度的疾病保險，使國民有就醫的便利，協助國民保持身體的健康。一個人不注意健康，有病不就醫，則有虧於發育身體的責任。古來，以子女的身體受之父母，子女的身體爲父母的遺傳，應該用心保全，勿加傷害，以免於不孝。今天雖不必這樣講，但若青年不注意自己的身體，以致生病，總有些對不起自己的父母。

體育運動爲目前學校教育的目標之一，用爲發育青年學生的身體。青年人的身體正在發育時期，爲使發育平衡，發育順利，運動能有很大的助益，年輕人不可以祇是坐著看書，使發育不能健全，將來身體也會多病。體育運動也能培養好的品德，如勇敢、耐勞、合群、守法。一個好運動員，應該具有這些善德。

一般的物質享受，和身體的發育都有關係，目標常爲使身體更健全。飲食不用說，住和行，也爲求身體的舒適。一切感官的享受，使人的生活更能成全，都具有積極的意義。但是缺點和危險，卻在於人的本身，人身的慾情屬於物質性，偏於感覺的吸引，常因物質享受的刺激，傾於物質的感覺而掩蔽人的心靈，破壞生命的平衡。人須有持久的修養才能確守合理合情的限制，使物質享受不傷害精神生活。現代中外社會所呈現的現象乃是物質享受主義，造成社會許多不平衡的問題，使人們感受心靈的虛空。

2. 人體美

宇宙間的萬物，都帶有造物主全能的印證。每一物體結構的奇妙，份子的調協，顏色的鮮豔，每一物體都是美的，人有小體大體，如同孟子所說：小體爲肉軀，大體爲心靈。心靈有精神之美，肉軀有人體之美；精神之美隱而不顯，肉軀之美常顯露在人前。

古代希臘的藝術，崇拜人體之美，以純白的大理石，彫塑裸體人像。現代梵蒂岡博物館陳列這些藝術品，幾乎千件以上。藝術愛好者，在像前流連不捨。在第四第五世紀，蠻族割據羅馬帝國以後，希臘藝術在歐洲絕跡。到了中世紀文藝復興時，重新提出希臘人體美的藝術，當時著名大藝術家米開蘭基羅，嗜好裸體繪畫和彫刻。他的藝術作品幾乎都是裸體，祇有摩西的石像穿有袍褂。近代歐洲藝術，仍愛好表現人體美。

中國藝術的風格和歐洲藝術的風格不同，中國藝術以線條爲主，西洋藝術以顏色爲主。線條藝術不適於繪畫裸體美女，而適於表達服裝的美。而且中國藝術注意整體的調和，表現宇宙萬物的生氣。中國藝術之美，在於整幅畫的神韻。

人體美固然可作藝術的題材，可供興享藝術者的興享。然而，在普通的社會生活裏，色慾的慾火已經充塞社會，裸體的人像，常能增加慾火的刺激，製造不潔的衝動。

食。

人體美不僅藝術的題材，尤其是婦女的心事，一個女人對身體的美好，愛惜如同生命，甚而可以不注意飲食，但對於自己身體的美好，必定注意，衣服和化粧品，就是女人的飲食。

女人注意自己身體的美，這是自然的天性。中國古人說：「女爲悅己者容」。女人裝飾自己，不爲自己觀看，而爲喜歡她的人看的，這一點也是合理的。因爲造物主造了人，一男一女，兩人要結合成一體，婚姻乃是人生大事。

男女在成婚以前，須加選擇，選擇對象時，首先所注意的在於眼睛可見的外貌，然後再觀察內心！因此身體美成爲男女往來的第一種條件，心靈美爲第二種條件。注意身體美爲合理而又應該的事。

不過，事事都要有適當的規律，注意身體美不可流於輕浮冶豔。招人非議，易惹侮辱，孟子說：「人必自侮，而後人侮之。」（離婁上）人體美爲造物主所造，分享造物主的絕對之美，加以著重，予以保養，表示愛惜造物主的恩賜。自然界之美得人欣賞，引人追求造物主的無限之美；人體美受人讚賞時，不宜令人沉溺於美的肉體，而應引入升到美的根源。不是弗洛依德所講的慾情昇華，而是人體美內涵有心靈之美，經由心靈之美上升到造物主。

人體美的內涵，爲人的品德，因爲人是心物合一體，肉軀之美應涵有心靈的美德，如端裝，誠實，純潔。內外之美相連，乃能有孟子所說：「充實之謂美！」（盡心下）肉軀之美由心靈之美予以充實。否則，徒有肉軀之美，心靈卻缺乏美德，那就是劉基指賣柑的壞柑子說：「金玉其外，敗絮其中。」還有更不好的比譬，耶穌曾罵說：「因為你們好像用白石灰刷白的墳墓；外面看來很華麗，裏面卻滿是死者的骨骸和各樣的污穢。」（馬竇福音 第二十三章第二十七節）

有內涵的美，《詩經》曾讚美說：

「碩人其頎，衣錦褧衣，齊侯之子，衛侯之妻。
東宮之妹，邢侯之姨，譚公維私。
手如柔荑，膚如凝脂，領如蝤蠐，齒如瓠犀。
螓首蛾眉，巧笑倩兮，美目盼兮。」（碩人）

聖經舊約的雅歌，描寫男女身體的美，比喻心靈的美。描寫新娘的美貌說：

「你多麼美麗！你多麼美麗！你的兩眼隱在面紗後，有如一對鴿眼；
你的頭髮有如基肋阿得山下來的一群山羊。
你的牙齒像一群剪毛後洗潔上來的母綿羊………
你的嘴唇像一縷朱紅線，你的小口嬌美可愛。你隱在面紗後的兩頰，
有如分裂兩半的石榴。你的頸項宛如達味的寶塔。……」（雅歌 第四章）

描寫新郎的美說：

「皎潔紅潤，超越萬人。他的頭顱金碧輝煌，他的髮辮有如棕枝，深黑有如烏鴉。他的眼睛，有如站在溪畔的鵓鴿的眼；他的牙齒在奶中洗過，按在牙床上。他的兩頰有如香花畦，又如芳草臺；他的嘴唇有如百合花，滴流純正的沒藥。他的手臂有如金管……他的軀幹是一塊象牙，鑲有碧玉。他的兩腿像一對大理石柱，置於純金座上。他的容貌彷彿黎巴嫩，壯麗如同香柏樹。他滿面香甜，全然可愛。」（雅歌　第五章）

聖經為世界最莊嚴的書，《詩經》為中國五經之一，竟有描寫人體美的文字，可見人體美有莊嚴的價值。

二、心靈的發展

身體的發育，乃有目共睹的事。心靈的發展，也爲每人共同體驗的事。假使一個人身體發育得很正常，甚至於很美！若是他的知識卻停滯在幼童的階層裏，他就變成了一個很可憐的白痴！我們的知識天天增長，我們的經驗時刻加多，同時，我們的品德也常常在長進；這樣，我們才成爲一個一個的堂堂正正之人。

心靈的發展，由兩方面進行，《中庸》曾說：

「尊德性而道問學。」（第二十七章）

朱熹注釋說：「一面尊重自身固有的德性，一面還要請教學習。」但是後來的儒家都解釋爲使自己的品德常常加高，使自己的學問多多知道義理，成爲修身的兩方面；一方面修德，一方面求學。求學是爲發展心靈的理智，修德是爲發展心靈的意志。這兩方面的發展，最重要的階段，在於求學受教育的時期，教育本來就是教育學生「尊德性而道問學」。然而人的一生，在這兩方面，都要繼續不斷地求發展。孔子曾經說他自己：

「吾十有五而志於學，三十而立，四十而不惑，五十而知天命，六十而耳順，七十而從心所欲，不逾矩。」（論語 爲政）

1. 求學

在古代無論中外，讀書祇是少數人的特權，一般民眾都不識字。到了現代，國民教育成了義務教育，人人都有讀書的責任。現代乃是智識爆炸的時期，各種學術的書滿天下。青年人不讀書，將來無以謀生！老年人也不能抱殘守缺免爲時代所淘汰。

求學的方法，在科學時代已有各種學術的研究法。大致來說：人文科學的研究法和自然科學研究法不同，自然科學重實驗，重歸納；人文科學重考據，重推論。但對於青年人求學在古代已有幾種方法，在現代還應該遵守，我簡單予以說明。

甲、及時

求學讀書雖是一生的事，然有適當的時候，孔子曾說：「吾十有五而志於學。」適當求學的時候，是在青年時代。青年時代爲人發育的時代，身體長高長大，對於知識也很有大的慾望。青年的理智和記憶正在發育期，能力強，也活潑。而且生活的工作和煩慮不多，父母也盡力使兒女無憂無慮，可以安心讀書。青年時代，一個人若不努力求學，虛度光陰，將來一生將「抱憾終身」。古代的文人和學者，發跡很早，少年即能文能詩。宋朝有名文人三蘇：蘇軾、蘇轍爲兄弟，少年發跡，蘇洵爲父親，廿七歲才下功夫讀書，他自認廿七歲已經太晚，讀書要較青年人難十倍，然努力不懈，終能成名。所以孔子說：「後生可畏，焉知來者之不如今也？四十五十無聞焉！斯亦不足畏也已。」（子罕）

青年人的天資，各不相等，有高有低，對於求學有難有易，《中庸》給青年人一個方法：

「人一能之，己百之。人十能之，己千之。果能此道矣，雖愚必明，雖柔必強。」（第二十章）

天資高的青年，對於一個問題，對於一篇書，只讀一遍就懂了，而且就記下來了。天資低的青年就要努力讀十遍，也可以有同樣的結果。問題難，一篇書長，天資高者要讀十遍才懂才背誦，天資低者要下決心讀千遍，也必懂，也能背誦。這是以人力補天生的不足，不可因天生不足而灰心。天資高的青年要記得一個比喻，比喻說兔子和烏龜賽跑；兔子自以爲只要跳幾下，便可以超過烏龜而先到，取得勝利，它安然地睡覺了。烏龜自知爬得很慢，便努力不息不往後看，等到它爬到目的地時，兔子才醒來，眼睜睜看著烏龜得獎。天資高，不用功，常要失敗。

乙、有恒

作事須有恒心，讀書求學更要有恒心。恒心由培養而成。為培養恒心，先要有時間表，再要用心去遵守。

時間表有似功課表，由自己按所有的時間而規定，規定可以詳細，可以祇有大綱。規定每天看書的時間，也規定那天看甚麼書。有了時間表，看書作事不會忙亂，常有定心的次序。有了時間表，該看的書和該寫的文章不會偏差，也不會將該讀或該寫的忘了。有了時間表，便會善用時間，忙中不感到忙。別人常常問我：既然事務很忙，怎麼能寫那麼多的書？我說只有一個秘訣，就是有時間表。我在羅馬的母校傳信大學校長剛恒毅總主教（後來升樞機），他是教廷宣傳部次長，曾經任過教廷駐華第一任代表。他工作非常忙，然仍舊出版書，他常說：「祇有忙的人會找到時間，閒散的人找不出時間。」人越忙，越知道時間的可貴，越知道善用時間。時間表可以使人在忙中為每件事安排適當的時間，也使人在忙中不覺忙。沒有時間表的人，忙的時候，忙得一頭亂，沒事的時候，不知道時間怎麼樣消磨。

擬定了時間表，務必要天天遵守，非不得已，不破例。假如破例多了，時間表就必作廢。遵守時間表，乃能培養有恒的習慣。青年學生多喜歡臨時抱佛腳，考試一到，夜晚開夜車，一宵讀到天亮。考完了，便一個月不作功課，趕考所讀的書，常靠記憶，不加思索，考試過後，很快就忘了，這不是求學的方去；求學的方法，在於慢慢讀，留心思考，然後才有心得。

讀書有恒，暫時所學的不多，然而時間久了，積少成多，學問就大了。我在羅馬讀哲學和神學時，每晚讀十分鐘中文書，看來時間很短，但是七年的功夫，每天有恒去讀，我的中文有進步。我習畫，祇在星期日午後和星期四午後練習，若遇到這兩天有事也不補。看來時間很少，但是十年有恒，我的畫也可觀。

有恒是成功的秘訣，作事有恒不覺得累。《中庸》說：「擇善而固執之者也。」（第二十章）

丙、博學、審問

《中庸》給了一個求學的方法；

「博學之，審問之，愼思之，明辨之，篤行之。」（第二十章）漢唐宋明清的學者，歷代實行這種方法，今天的學者，還是要去實行。

博學，在今天專業的時代，大家似乎忘記了。大學每系的系主任，祇知道本系課程的重要，每系的學生，也祇知道自己所學的系，是自己研究的範圍。從大學出來的學生，可以是有專科學識，但專於學術，另外對於人生，缺乏整體觀。對於社會事業的看法，也常多偏差，因此，每次爲一項政策邀請許多專家，聽取他們的意見時，常常覺得他們的意見和實際情形有距離。教育部爲矯正這種偏差現象，已決定在大學開設通識課程，使習理工等科的學生，有幾堂人文科學的課，習人文科學的學生，有幾堂自然科學的課，互相調劑。

但是，博學並不是濫習，一個人的精力和時間常有限，學的科目過於多，便形成「走馬看花」。先要專於自己所選定的學科，由專而後博。

在求學和在工作的過程中，常常會遇到困難的問題，自己「百思不得其解」。這時候便要「審問之」，細心選擇可以向他領教的人，細心認識自己的問題，細心聽指教的人所給的答覆。曾子曾經讚美顏回謙虛地向人請教：自己有才能，去問才能比他低的人；自己知道的多，去問知道比他少的人；有好像沒有一樣，充實好像虛空一樣，別人觸犯他，他不計較。以前我的朋友顏淵，曾經是這樣去做。㈠

這種態度是君子的態度，令人敬佩，一個人不能知道一切的事；讀書做學生的時候，對於老師和教科書所講的，不能都懂，向老師或同學發問可以解釋難題，增進學識。在社會上做事，有時問題複雜，看不清楚，便應虛心向人請教。《中庸》孔子讚美舜王，因爲他的好問：「舜其大知也歟！舜好問而好觀察邇言。」（第六章）孔子自己也好問：「子入太廟，每事問。」（論語　八佾）孔子也稱揚孔文子：「敏而好學，不恥下問。」（公冶長）不向人請教，自己封閉自己，難題解決不了，或解釋錯了，使自己可以失敗，這不是自己看重自己，乃是驕傲，乃是自大。有自大心理的人，很難做到「審問」，他或是不問，或是發問時態度傲慢。對著這樣的人，別人看不起，也不願理他。

「公都子問孟子說：『滕更在夫子的門下，似乎應該以禮貌待人，然而夫子卻不回答他的問題，這是甚麼原因呢？』孟子說：『凡是自恃尊貴來問的，自恃賢能來問的，自恃年長來問的，自恃功勳來問的，自恃舊交來問的，都不配予以回答。滕更有其中兩種。』」㈡

向人發問，要有請教的心：即使在社會裏居上位的人，向自己的屬下發問，也要有禮。學生向老師發問，更要謙虛。先總統 蔣公說：

「看書和研究學問的方法，我以為第一要有恒心毅力，第二要博而能約，第三要以倫理與實際印證，第四要能虛心。」（勁匪成敗與國家存亡）

兩千年前的《中庸》讀書法，和兩千年後的　蔣公讀書法，前後相符合，令人信服。

丁、慎思、明辨

人的特點，在於能夠思考。藉著思考，人才能創新。創新是前進，在學術上前進，在生活工具上前進，在生活方式上前進，人類的文明乃能日新月異。

思考，爲理智的活動。人的理智力有限，不能一眼看透所認識的對象，須要細心分析，才能明瞭對象的內容。對於感官所直接感覺的印象，理智要加以思考，感覺印象才能成爲知識。感情直接所受的感受，也要經過理智的分析，感受才能合理，例如「一見鐘情」，漸漸要冷靜予以觀察，加以分析，才不致於盲目墜入情網。

讀書求學完全是理智的工作，記憶可以從旁協助。若反賓爲主，以記憶爲主思考爲輔，求學的工作便不是理智的活動，而成爲機械的工作，求學將「一無所成」。

孔子曾教學生說：

「學而不思則罔，思而不學則殆。」（爲政）

「不憤不啓，不悱不發，舉一隅，而不以三隅反，則其不復也。」（述而）

求學不加思索，算是罔費心力，必無所得。祇坐著冥想而不求學讀書，必定亂想非非，那就危殆了。孔子教學的原則：凡不是心裏憤發求知的人，他不啓發；凡不是想說話而說不出的，他不開導，凡給他一角，而不知道推到其他三角，就不教導了。這都是指著真正可教的學生，是能自知思考的學生。孔子曾稱讚顏回說：「吾與回言終日，不違如愚，退而省其私亦足以發，回也，不愚。」（為政）子謂子貢曰：「女與回也孰愈？」對曰：「賜也何敢望，回聞一以知十，賜聞一以知二。」子曰：「弗如也，吾與女弗如也。」（公冶長）

求學應多思考，行事也要多加思考。孔子曾說：

「不曰『如之何，如之何』者，吾未如之何也已矣。」（衛靈公）

作事以前，不自己問自己，這件事該怎麼去做，孔子說：對於這種人也不知道怎麼辦。作事以前不思考，任憑直覺去做，看事看不清，不知道後果如何，必定許多次會做錯了事。

思考，爲理智的活動；哲學的理則學（邏輯學）教人運用理智的方法。思考須要有方法，在思考時，先要認識所思考的問題，用一句或兩句話簡單地說出來。問題提出來的，把問題加以分析、正面、反面，內容的成份，問題的來源，然後尋出論證，理論的證據，實事的證據。

論證的成立，有應遵守的步驟和方式。西洋人的論證常取三段方程式：大前題，小前題，結論。中國人的論證，墨子曾有三表法：「本、原、用。」以堯舜禹三聖王的事爲本，以百姓耳目的經驗爲原，以國家人民之利爲用。在通常講話和作文時，不能呆板遵守方式；但是在作研究工作和寫學術論文時，便要有思考的方法。各種科學有各自的研究法，這些研究法祇是爲收集資料，爲作結論，必定要運用理則學的論證法。

思想的目的，在於認識所研究的對象，辨別是非，辨別眞假，辨別好壞。在學校對於老師所講授的，對於教科書所說的，通常都要取信任的態度，老師不會欺騙學生，教科書經過審察。但是孟子曾經說過：「盡信書，不如無書。」（盡心下）假使完全相信古書所說的歷史，以致於相信許多錯誤，倒不如不看這些古書。老師和教科書也能有錯。另外西洋中古史，西洋中古思想史，錯誤連篇，學生也要加以分辨，細心去「審問之」。

在社會上的各種關係裏，對於人際關係，應該知道明辨。孔子雖是兩千多年以前的人，他卻很懂現代的心理學。他說：

「始吾於人也，聽其言而信其行；今吾於人也，聽其言觀其行，於予與改是。」（公冶長）

聽了一個人的話，就相信這個人，孔子也吃過虧，他便改了，聽了一個人的話，再觀察這個人，怎麽去觀察？

「先看他所做的事，再觀察他做事的動機，然後審察他，做了這件事是不是內心所喜歡的；用這種方法觀察一個人的邪正，他怎麽掩藏得住呢？怎麽掩藏得住呢？」

這是一種很符合現代心理學的方法，你們女青年交男朋友時，不要單聽他的「花言巧語」，孔子曾說：「巧言令色鮮矣仁！」（學而）你要觀察和你交往的動機，也觀察他做別的事的動機，又仔細觀察他心的喜好，你就能辨別他是否正人君子。

「審問之，明辨之。」爲求學的方法，也是在社會上做人的方法，抱著懷疑的態度，慎重待人處事，可以避免許多錯誤。在西洋哲學上，笛卡爾運用懷疑法，以求論證。近代西洋學術，普遍採用這種方法。胡適之先生常主張「拿證據來！」對於人和對於事，都抱這種態度。但是懷疑法不能流爲懷疑論，不然就沒有研究學術的餘地。

戊、真理

真理在哲學上，是一個複雜的問題，就好比惡的來源問題；但是這兩個問題，對於人生都是很切身的問題。人的生活對於每一樁事，都要行善避惡；對於每一樁事，都要求是真的，不是假的。

哲學家或思想家，有的說真理祇是相對的，沒有絕對的真理，真理不是一成不變，不是萬古千秋和古今中外，常是一樣。有的說真理是有，但是我們人沒有辦法可以知道，我們所知道的，祇是事件的現象。因此，真理在學術上是一個爭論不休的問題。

在實際生活上，我們必須事事求真，不能是非不分，真假不辨。爲能夠事事求真，我們就要習慣實踐追求真理的條件：第一，遇事不要慌張，須要冷靜思考。第二，把事件看明白，若看不清楚，不要下決定，第三，所有的理由要靠得住。在選擇理由方面，學者們的意見又不相同。胡適主張實用主義，合於實用，可以解決問題的事，便是真的，馬克思主張經驗主義，按經驗說，現在有利的事，則是真的。自然科學家以儀器的實驗爲理由，合於實驗的爲真，我們一般不專門研究哲學和不專門研究自然科學的人，我們對於真理的理由，是普通一般人的常識或共識（Common Sense）；對於一些專門的問題，則須看專家們的意見。

我們所要避免的，第一，不要常自作主張，反對大家的常識。有時，在重要關頭，事件明明和大家的常識相反，那就要自作主張了。第二，不要一心趨騖新奇，常以「新的」爲對，「傳統的」都不對，在社會革新的時代，許多傳統的理由，應該放棄，但不能完全倒於新的面，應該作合理的選擇，第二，不要祇「對人」，而不「對事」。我們看事，要看事情本身如何，不宜祇看事情和有關的人的關係，這種對人的關係，固然相當重要，但不能改變事情本身的意義。

西洋留克爾曾經講述追求真理的條件，中國荀子曾經寫一篇〈解蔽〉講述錯誤的原因這兩位哲學家的主張，大家都應該研究。

至於說真理究竟是什麼意義？中國古人說是名實相符。西洋傳說哲學說是觀念和客觀對象相合。選兩項意義實際相同，也都是對。近代西洋哲學派系裏多以爲理智不能認識對象的本性，所有認識常憑經驗，以經驗評判真理，真理便失去了標準。我們爲求學行事，不能放棄客觀的真理，我們的理智能夠知道客觀的事理，我們便不放棄求真理的努力。昔日詩人陶淵明雖然讀書不求甚解，但若一次知書中真意，則欣然忘食，可知詩人也仍舊喜歡真理。

2. 修身

在古代的教育，學問和修身不能分開。《大學》第一篇開端就說：

「大學之道，在明明德，在親民，在止於至善。」

《中庸》第一章的開端也說：

「天命之謂性，率性之謂道，修道之謂教。」

教育為教人修身，修身為培養品德，以建立人格。青年人受教育，在於學做人，做人要有學識，要有人格。西洋人以人為理智人，求學為發展人的理智；中國人以人為倫理人，求學為培育人的意志。然而西洋人並沒有輕忽的意志，在宗教教育裏，努力修德；中國人也沒有輕忽人的理智，在經史的教育裏，努力求學。因為人為心物合一體，各方面的發展，須有平衡。

現代的教育則偏重學識，發展理智，卻輕忽了倫理教育，以至於學生不能明辨是非。我們積極呼號矯正這種偏差，以人生之道教授學生。《大學》一書講古代的教育，指出了教育的目的，在於齊家、治國、平天下。又講明了教育學生實行人生之道的方法，即是修身的方法，在於正心、誠意、致知、格物，為達到教育的目的，以修身為基本條件。人知道修身，然後才能齊家、治國、平天下。用現代的話說：教育在於培植為服務國家社會的人才，這種人才的基本修件，在於建立自己的人格，有君子的品德。

甲、認識自己

正心和誠意，使人誠心自己，心常正直。爲達到這個修身目的，人要先認識自己。王陽明當時教徒弟反觀自己的心，知道自己心理有天理。孟子也教人存心養性，人心生來有仁義禮智四端，不要自加摧殘。但是這種主張，對現代人說起來，似乎有點渺茫，不著實際。所以，我們講修身方法，先講一個現在青年人都知道的方法，即是認識自己。

一個初入大學的學生，要求作心理測驗，認識自己的能力，自己的傾向。有了這方面的認識，他可以選擇自己研究的學科，決定自己求學方向。這種自我認識，對於每個學生都有益處。古來沒有心理測驗，祇能在暗中摸索，請求老師指導。今天運用這種科學的方法，誰也不必欺騙自己，自己是怎樣，就面對現實，接納現實的自我。

爲修身，也更須要自我認識。認識自己的感情，認識自己的嗜好，認識自己的意志力，認識自己的性格。這種自我認識，乃是修身的基礎。道德是普遍，仁義禮智的意義常是一樣；但是每個人修行道德，則須按每個人的個性，個性就包含上面所列舉的感情、嗜好、意志力、性格等天生和習慣所養成的能力，認識了每個人的這些能力，才可以知道實際修身的步驟。德行常在中道，不偏不倚，不過也不及。有的人天生或習慣常過，有的人天生或習慣常不及，常過的人，須要節制；不及的人，須要努力。

認識自己的方法，現在運用心理測驗。這種科學方法對於情緒，對於心理神經，確實能夠測驗實況。然而在修養品德上，一個人須要時常知道自己修德的情況，這不能借用心理測驗法，而是要自己時常反省。《論語》上曾子說：

「吾日三省吾身，為人謀而不忠乎？與朋友交而不信乎？傳不習乎？」（學而）

自己每天晚間冷靜一兩分鐘，看一看今天怎樣過了，自己有得有失，得的是喜，失的是惡，惡則該改正。改過乃修身的大事，「過而不改，是謂過失。」（衛靈公）人的品德，是一點一滴地積起來的，今天加一點善，改一點過，明天後天再繼續起，品德便自然會高了。

天主教的修身法，很注重反省，每晚有反省時，每月有反省日，每年有反省週，認真去做，還嫌「德之不修，學之不講，聞義不能徙，不善不能改，是吾憂也。」（述而）何況完全不自省的人，怎樣要求他進德呢？先總統 蔣公說：

「時時省察先治，事事忠信篤敬，一天有一天的進境，一事有一事的著落，那就能陳力就列，而所問有功了。」（反攻復國的準備 機勢和戰

力）

「我們要能使自己個人和社會國家能夠日新又新，最要緊的一件，就是要勤於反省與勇於改過，並且要大家互相勸勉，親切琢磨。」（做人革命與建國大道）

行省察而自知的人，可以免於自大。每個人都不是全人，自己知道自己的缺欠，怎麼還敢自滿而驕傲呢？蔣公說：「自滿就是沒落！」（對本黨實行三民主義黨務工作之指示）

乙、克己

本來我想用理學家習慣用的名詞，如持敬、主靜、守一；然而這些名詞在我們青年的心理上，既不好懂，又顯得古老，招惹厭煩。我便用一個普通的名詞：修養。修養原來等於修身，不過，在我們普通一般人的心目中，修養指著一種特別的工作，即是努力培養自己的人格。我們常說某人有修養，某人的修養高。這等有修養的人，謹言慎行，不亂說話，舉動不輕佻，不隨便鬧情緒，不常發脾氣，是一位莊重的人，令人起敬。

我為修身，首先認識我自己，認識了我自己，積極的第一步修身工作，是約束自己。約束自己，在古來說是克己。克己，在於使自己的言行有規矩，不任意放縱。我有我的情感和慾望，《中庸》在第一章說情慾之動要中節，合於生活的情調。使情慾中節，須要克慾；因爲我的情感濃厚，慾望強烈，若隨便動，必定要亂。我便要約束自己，使感情不亂動，使慾望不作惡。孟子曾說：

「養心莫善於寡欲。其為人也寡欲，雖有不存焉者寡矣?其為人也多欲，雖有所存焉者寡矣。」（盡心下）

對現代的人，尤其對現代青年人說「寡欲」，很少有人願意聽，若說佛教的「絕慾」，更聽不入耳了。然而情慾在人本身不是壞，壞是人容易被感官的興趣所吸引，感官的興趣引起人心的反應就是物質性的情慾，物質性的情慾既強，便掩沒理智，使人盲目而動。大家都知道盲目的感情，不能產生好事。因此，須要下決心，控制自己的感情，留著時間給理智，冷靜地想一想。古來的道家倡導避世，不做官，不營利，選擇僻靜的地方佈居，種田釣魚，欣賞自然的美景。陶淵明和王維的詩，充份表現這種清淡生活的樂趣。

「中歲頗好道，晚家南山陲。興來每獨往，勝事空自知，

行到水窮處，坐看雲起時。偶然值林叟，談笑無還期。」（王維 終南別業）

「秋菊有佳色，裛露掇其英，汎此忘憂物，遠我遺世情。一觴雖獨進，杯盡壺自傾。日入群動息，歸鳥趨林鳴。嘯傲東軒下，聊復得此生。」（陶淵明 飲酒之七）

這種隱逸的生活，不是現代人所嚮往的生活。青年人對於國家社會負有重大的責任，應有儒家「以身許國」的精神。然而在儒家的入世生活裏，更須有克己的精神。

佛教主張絕慾，修道的人得做到「六根清靜」，六根是眼耳鼻舌身意，爲六種感覺，將知覺所能引起的感情慾望，完全斷絕，眼睛所看的不能使心重，耳朵所聽的不能使心動，鼻子所嗅的不能使心動，舌頭所覺的不能使心動，手足所摸的不能使心動，意志所想的不能使心動。這等的人是出世的人，是在寺廟裏修道的人。宋明理學家罵佛教絕慾使人變成「枯木槁灰」，使活人變成死人。實際上佛教絕慾使人走入另一境界，所以稱爲「出世」

天主教特別注意克己，在消極方面克制情慾妄動，在積極方面，接納不順意的境遇，決不遇難而退。天主教的修士修女，立誓絕財絕色絕意絕塵世的牽掛，及自由的爲社會和教會服務，有隨遇而安的精神。

丙、自重

積極修身的第二步是自重。

現代人都看重自己的人格，不容別人輕視。兒女對於父母，學生對於老師，僚屬對於首長，工人對於廠主，都要求尊重自己的人格。現在是人格尊嚴的時代。

然而爲能使人尊重自己的人格，自己要尊重自己的人格。人必要自重，而後別人才會尊重他。人必定自己侮辱自己，然後別人才侮辱他。

尊重，不僅在於外面的禮貌，有些人可以看到別人對他非常禮貌尊敬；可是在背後人家對他卻批評譏刺，那是因爲他有錢有地位有權勢，而爲人則品格下流。尊重，應是由心裏發出的佩服敬重，心裏的尊重，以精神的品德爲根據。

我要自重，使自己要站得起來。我對我的職務，努力盡全，自己對得起自己。對於別人，我無所求，不求錢，不求特別待遇。對於事，我有正義感，事情應怎樣辦，就這樣辦，話應怎麼說，就這麼說。當然，中國社會最講人情，然而人情總不能傷害正義。一個人免不了有錯，錯了不要怕認錯，該向人道歉，就向人道歉，有正義感，對於別人，知道尊重；對於事，知道慎重。輕浮，是自重的反面。若自己的言語，行動和衣著，常常輕佻，別人對他所有的印象不佳，便不會尊重他。

中國儒家的歷代修身法，常注意「敬」。敬在外面是「端正」，在內心是「定於一」。近代中國學者對於儒家理學家的「敬」，非常詆毀，罵爲「老學究」，一舉一動都要守禮。胡適之先生便提倡打倒「禮教」，以致於今天的中國台灣社會，成了沒有禮儀的野蠻社會，請客宴會沒有禮儀，婚葬也沒有一定儀式，特別是在衣服上，大家都不知道在那種場合裏該穿什麼衣服。西洋有大禮服、晨禮服、晚禮服、便服；我們中國什麼禮服都沒有。請客設宴，西洋人排坐位，或者由主人吩咐，大家平安入席；我們中國人，大家謙讓，誰也不願上座，拉拉拖拖，大家以爲講禮，實際是沒有禮儀。中國古禮過於繁褥，應該改革。然不能一個社會沒有禮規。同住一棟公寓大樓，進門上電梯，大家表現都是生人，不打招呼，在歐美，同住公寓大樓的人，見面必不缺一聲早安，晚安。

自重的人，說話，行動必有禮貌。一個年青人有禮貌，大家都覺得他可愛。我要求輔仁大學的學生看見師長說一聲「早」、「好」，即是禮貌教育。

敬，在內心是「定於一」，理學家稱爲「主一」，我們的心雖然能力無限，能夠知道，又能夠想無限的事；可是我們的心爲活動須用腦神經和感官，腦神經和感官是物質性的，物質性的則受時間和空間的限制。所以，我的心在同一時間內，只能專心在一件事上，「定於一」，使心專於目前所做的事，把這事做好，不要「心猿意馬」。「定於一」還有一種意義，理學家說是「主於天理」，事事以天理爲原則。我們現代人說是「有原則」，做事要有一定的原則，有固定的志向，這樣心不會亂。

「知止而後有定，定而後能靜，靜而後能安，安而後能慮，慮而後能得。」

（大學　第一章）

心守住自己的志向和自己的原則，心就能夠定下來；心定下來了，才能夠冷靜；心冷靜了，才能夠平安滿足；心平安了，才能夠思慮；心思慮研究，才能夠做事做得好。因此，我要自重，在外面我要端重有禮，以免輕浮急躁；在心裏，要抱定我的原則和志向，事事冷靜地考慮。生活就能有秩序，待人常能有禮，作事合理合情。內心無疚，外面對人無愧。

丁、涵養

我們敬重一個人的修養高，是敬重他有涵養。涵養，是人用修養的功夫，使自己的胸懷又廣又深，在生活上，表示有氣度，有氣概。

有的人生來心是寬大，遇事不計較，對於人，對於錢，表示寬宏大量。有的人生來心量狹小，錙銖必較，別人的一句話也不放過，做事一分錢也要計算。普通一般人，生來不具一定形象，後來由生活習慣，胸懷或大或小。

爲修身，我們標明一種模型，作爲修養的目標。理想的模型：器宇軒昂，胸襟廣大，待人接物常和顏悅色。這種模型不是天生的，由人以修養的功夫磨塑而成。

首先，決定一個高尚的志向，以天下爲己任。志向高，目標也高，眼光看得遠，胸襟逐漸放寬，一己的私利排除在所追求的目標以外，大家的利益進入自己的心中，便不會計較一己的感受。

忍，爲培養度量的主要方法。人無論有何種高尚的志向，一己的感受常有，而且是切身的感受，立時引起心理反應。忍，克制切身感受所引起的反應，使反應不現於外，也不擾亂內心。在開始時，遇見別人失禮，失言，侮辱，心頭必立時生怒，這時便該忍耐，使怒不形於色。修養久了，怒不形於色了，再在內心忍耐，使心不因侮辱而動，修到這步境界，涵養就深了。㈢而且作事的成敗，也看能忍不能忍，孔子說：「小不忍則亂大謀。」（衛靈公）「人無遠慮，必有近憂。」（同上）

人心所貪的，無非財色。若自己立有高尚的志向，定有正義的原則。凡不合於正義而違背自己的財色必不取拿，氣量就可高人一籌。子曰：

「富與貴，是人之所欲也，不以其道得之，不處也。貧與賤，是人之所惡也，不以其道得之，不去也。君子去仁，惡乎成名？君子無終食之間違仁，造次必於是，顚沛必於是。」（里仁）

抱持自己的正義原則，「富貴不能淫，貧賤不能移，威武不能屈，此之謂大丈夫。」（孟子　滕文公下）

一個門生問孟子說：若齊王封你作卿相，你動不動心？孟子答說：不動心，因爲我養有「浩然之氣」。門生再問：什麼是「浩然之氣」？孟子答說：這很難講！「浩然之氣」是由正義和天理而培養起來的，非常廣大，非常剛毅，包含宇宙萬物。㈣

孟子的「浩然之氣」擴大胸襟，提高精神，不爲名利所牽掛，常求貫徹正義的原則，乃能遇事不亂，心常安定。一次，魯平公將出宮拜會孟子，一個小宦官臧倉向平公說孟子的壞話，平公便不去看孟子了。孟子的學生樂正子把這事告訴了孟子，孟子說：「行，或使之；止，或尼之；行止，非人所能休。吾之不遇魯侯，天也。臧氏之子，焉能使予不遇哉！」（梁惠王下）孟子的氣概非常大，成敗都能不動心。孔子也曾說過：

「不怨天，不尤人，下學而上達，知我者其天乎！」（憲問）孔子週遊列國，在陳蔡之間，絕糧，弟子們都餓得慌，站不起來，孔子卻絃歌不輟，子路向他抗議：「君子亦有窮乎？」子曰：「君子固窮，小人窮則濫矣。」（衛靈公）

君子有窮困的時候，窮時，心能固定而安；小人遇到貧窮，則放濫爲非作惡。因爲君子有涵養，貧富不能亂心。

涵養，要忍，要克己，但不是消極摧毀個性，在人事的平面上，涵養使人的個性有所約束，不宜表現。例如怒、愛、喜的情感，不可隨意顯露。然而在上層的精神界，則發展個性的良能，使精神如孟子所說：「充塞天地」。

註：

㈠ 論語 泰伯：「以能問於不能，以多問於寡，有若無，實若虛，犯而不較，昔者吾友，嘗從事於斯矣。」

㈡ 孟子 盡心上：「公都子曰：『滕更之在門也，若在所禮，而不答，何也？』孟子曰：『挾貴而問，挾賢而問，挾長而問，挾勳勞而問，挾故而問，皆所不答也。滕更有二焉。』」

㈢ 明朝夏原吉有雅量，或問原吉：「量可學乎？」曰：「吾幼時，人有犯者，未嘗不怒，始忍於色，中忍於心，久則無惡矣。」（見秦孝儀　進德錄　頁一〇　中央日報出版）

㈣ 孟子　公孫丑上。

第六章　人生的經歷

一、命

人的生命在時間裏發展，時間隨著宇宙的變遷，循環不息。一年四季，一天晝夜，繼續運行。但是人生命的發展，隨著時間的年數，直線地向前進，永不後退。祇有人的記憶，往後回顧，想起所有的經歷。想起的經驗是一椿一椿的事實，和事實發生的當時所有的心情，心情和事實相合，結成每個人一生中的悲歡離合，作爲一生的遭遇，構成一個人的歷史。一個人要看自己的生命時，就祇看自己所有經歷寫成的歷史；經歷便成了人生命的代表。

經歷由人生的遭遇而成，遭遇是一椿椿的事實，事實常可由自己的意志去控制。人爲自己立定志向，志向便成爲人一生遭遇的線索；因爲人向所定的志向走，乃作成和志向相連的種種事實。但是因著人生活在實際的社會以內，社會的各種環境都多少影響人的遭遇，人的意志不能完全作主，人常在求應付環境，也在求勝過環境。但是在人所有一生的遭遇裏，有些遭遇完全超出人的意志力，而且可以影響人的整個一生。例如出生在何等家庭裏，貧家哪！富家哪！又如一生的壽數，短壽哪！長壽哪！對於這些遭遇，人祇有接受，甘心不甘心，都不能改變。普通稱這種遭遇爲命運。

1. 命的來源

命字，在中國的思想裏，起源很早。《書經》裏有天命，湯王和武王都說明自己奉上天之命，起兵征伐桀王和紂王。「有夏多罪，天命殛之。」（誥誓）「今予發恭行天之罰。」（牧誓）皇帝由上天所選，桀王紂王暴虐百姓，上天乃命湯王武王代爲皇帝。這是關於國家大事，古人相信由上天處理。孔子和孟子相信天命，所相信的天命是關於自己本身的事。孔子和孟子都自信奉有上天的使命，傳播堯舜的大道；孔子在匡地被圍，門生都生戒心，孔子卻說：「天之未喪斯文也，匡人其如予何？」（子罕）孟子也說自己不能遇見魯侯，乃是上天的意思：「吾之不遇魯侯，天也！臧氏之子，焉能使予不遇哉！」（梁惠王下）這種天命是使命，上天委託一項重要工作。孔子和孟子又相信對於每個人的生命所有的命；孔子的門生伯牛害了重病，孔子去看他，牽著他的手嘆說：「亡之，命矣夫！斯人也，而有斯疾也。」（雍也）孔子乃說：「君子有三畏：畏天命，畏大人，畏聖人之言。」（季氏）又說：「不知命，無以爲君子。」（堯曰）孟子也曾記孔子的話：「孔子進以禮，退以義，得與不得，曰有命。」（萬章上）孟子自己也說：「莫非命也！順受其正。是故知命者，不立於嚴牆之下，盡其道而死者，正命也。桎梏死者，非正命也。」（盡心上）

中國歷代的學者，都有關於命的話，普通一般人，也莫不相信命。所謂命，是指天生的事，人不能抵抗。這些事，包括窮達、貧富、壽夭。孔子和孟子週遊列國，想得卿相的職位，以行堯舜之道，但都沒有得到，所以說：「命也」。生在貧家，生在富家，「命也」。活到長壽，或不幸短命而死，「命也。」對於這些事，人都不能自己作主，乃是上天所安排。還有由人安排的事，結果卻不能如人所想望的；於是也說：「命也」。例如男女青年互相戀愛，希望結婚，卻不能行，乃說：「沒有緣份」，緣份就是命。兩夫婦結婚多年互相親愛，一旦忽然因事爭執，竟致不能同居，互相分離，彼此嘆說：「命也」。又如：一個青年專心讀書，預備聯考，日期到了，卻生了病，眼巴巴看著考期空空過去，祇好說：「命也。」在人生還有許多的事，事情的變化無法解釋時，便都歸之於命。當然也有人絕不相信命；然而真正不相信命的人，不多！

命，是怎麼來的？古人說是上天所定，天主教人也相信天主所安排。現代不信宗教的人，或者不相信命運，或者說這是自然而然，沒有什麼可以解釋。我出生，不是我自己所定的；我的個性，不是我所願意的；我出生的家庭，不是我所選擇的。我們相信宗教的人，相信這一切乃是造物主天主所定的。不相信宗教的人則說：誰也不知道所以然，祇是偶然而生的。命，對於人生，價值很大，怎麼可以是偶然盲目的遭遇。

2. 應付命運

孔子說君子人應該知命，孟子說君子人「順受其正」。對於命，人要順受，以安於命；然而不是消極地被命運折磨，而是積極地順命以行事。有人說：不向命運低頭，乃是好漢，孔子卻說：「君子畏天命」，畏是敬重，君子人敬重天命，不輕言反抗。反抗命不是人生的常道，任憑命運折磨，更不是人生的常道。「順命以正」，知道我的命是若何的命，善用命的條件和範圍，以完成自己的生命。

富貴、窮達、壽夭，不是人生價值的因素。世界上的偉人，出身貧賤的多於出身富貴家的，年青力強的多於長壽的老人，一生不做高官多於做高官的。這種貧富、窮達、壽夭的命，不能影響人生的成就。安心接受這種命，自己努力工作，可以創造自己的人格和事業。

「人定勝天」，人常引以自豪。這所謂天，指著自然界的環境和現象，用科學的發明，人能加以改善。至於說「不向命運低頭」，自以為「人定勝天」，這種命運不是天設的，乃是人自己造的，人因著自然環境或人事遭遇，常受打擊，遂認為是命運的戲弄，自下決心迎頭痛擊。實際上，他所擊的不是天命，乃是人命。對於人事，天主教人士也相信有天主的安排；然而這種安排，祇是天主對於人事的認可，並不是天主命定這事。我們接受天主對世事的認可，等於祂的安排；然而同時也知道天主鼓勵我們向前，不因逆境而灰心。

應付命運，首先要認識自己是否負有天命，天命的事可大可小。一個婦女自認負有治理家務，養育子女的使命，自己就接受這種使命，努力滿全。一個青年自認負有改革社會的使命，不是空想，便要去實行。國父　孫中山先生自認負有革命的使命，建立民國，便集合同志，前仆後繼地實行革命。再者，對於自己生命，或貧或富，或壽或夭，不以這命運作為工作的限制，祇以作為工作的範圍，平心靜氣地努力向前。最後，對於人事的困難，不認為人生的命運，不計成敗，努力予以克服。顏回死，孔子哭得很痛心，以為太可惜。然而顏回雖短命夭折，他居陋巷而樂，求學舉一反十的經歷，已足為世師。他較比孔子的其他弟子，活到高壽的，更受後人的尊敬。命運不足以影響人生，而是人生建立在命運上。

二、創新

1. 自強

人的生命，時刻在變化；變化隨著時間向前直進，似乎常是前進向上。身體的變化，超出人的意志以外，遵循自然的規律。身體變化的自然規律是由少到壯爲進，由壯到老爲退，但是這種自然律也能受人意志的影響：一個年青人，若荒淫無度，吸食毒物，便會摧殘正在發育的身體。一個年老長者，若飲食有度，工作有節，運動有時，便可以減少精力後退的現象。可是人的生命不祇在身體的變化，而是在心靈的發展；心靈的發展，無論在學在德在事業，則全靠自己的努力。努力則進，不努力則退。人一生的經歷，常在這種進退之中，因爲生命不會停滯，停滯就是死亡。

「天行健，君子以自強不息。」（易經 乾卦象曰）天地的變化以日夜和春夏秋冬四季爲現象，天地變化的現象每天每年常是一樣，所以稱爲「行健」，即是說天地變化的運行，強健不衰。

所以爲自強行健，首先在於保持行動的力平衡不衰，是十分力，常是十分力；是百分力，常是百分力。人在行事上的自強，就要保持自己的意志力，持久不衰。意志的衰弱，第一能來自習慣一個人做一樁事，每天或每週常是一樣，日久養成了習慣，逐漸不多留心對這事的意志力乃漸衰薄，事情容易出錯。第二，行事的困難能使意志力衰弱，須時時加強工作的意識，看著目標，奮發自強。倒了、爬起來，再倒，再起來，不被困難所摧毀。

自強，在於意志力的堅定，意志屬於人的精神。然而身體的康健或病弱，常牽連到精神。身體強健，胸襟開暢，工作的意志隨著加強。身體若多病，精神衰弱，意志便將萎靡不振。所以，每個人須要保養自己的身體，調節自己的工作，常有適度的休閒。

自強，在於鍛鍊意志。鍛鍊意志有如以錘打鐵，身體的神經，心靈的感情，常受震盪，容易崩頹。我們天主教人士便祈求天主助祐，普通一般人可尋求知己朋友的安慰。當一個人體驗自己不是孤單一個人在和困難奮鬥時，心中的勇氣可以倍增。

樂觀的人，才可以自強。認清自己，認清環境，認清困難，然後檢討所擬的計劃，我們信仰宗教的人便在祈禱中向天主說：「既然主樂意我遭遇這些困難，主也必給我相當的助力，我相信必定可以克服。」有了對自己的信心，謹慎地向前走，不計成敗，心中安定。

爲能自強，先要知己知彼，認識自己，認識困難。其次要有信心，相信能夠克服，自己力量不足，則請可以協助的人。其三，集中精神，安心去做。最後，要胸襟寬大，雖以成功爲目標，然不以成功等於自己的生命，成功不驕，失敗不餒。例如參加聯考，先認清自己可讀的科系，滿懷信心地讀書，也請求師友的指教，目標在於榜上有名。若不幸落榜，或是再試，或是改行。人生可做的職業並不祇一種！

自強的成績，是能創新；創新能鼓舞自己的志氣，增加自己的信心。

2. 創新

在量的方面說，每樁事都是新事；人生的經歷像修蓋磚牆，由一塊磚一塊磚堆積起來。加上去的每一塊磚都是新加的，應算是新的。但是從質的方面說，這一堵牆的磚，都是一樣的，沒有新的可說，所以人生的事，常是一樣的事，不能被報館記者認爲有新聞的價值，值得向大家報導。可是人的一生，便是由這些平庸的事所組成，所有非常的事並不多；社會生活也是在這些平庸中轉來轉去。若是這樣，生命怎麼能夠發展？生活怎麼可以有進步？文明怎麼移步向前呢？這些發展和進步，都以新的事件爲因素，人生的平庸事件中能有「新」，非常特出的事則是「新」。

人，能夠創新，創新爲人的特色，禽獸不能創新，因爲祇有人具有理智，理智爲創新的主動力，具有理智，人便思考，能思考乃能想出新的事理，有了新的事理，人的生活才能改進社會，文明才能建立。

平常人們所說的事，常是量的新。兩夫婦結婚、一家生了孩子、建造了一棟大樓，這都是「量」方面的新事，這一類量的新事，所謂新，是「存有」的新，以前沒有，現在有了。在精神方面，也有這一類的新事，我作了一篇演講，我畫了一張畫，我寫了一篇文章。這一類的新事，是「數」的新，即是增加數目。

量和數的新事，在平庸的事中算是新，由人的理智去創設；然而這種新若祇在量和數方面，則和動植物的生活相似，一棵樹結了多少果，一畝田收了多少穀，也算是新事，可是不能使生活進步，使生活進步的新，應該是質的新。質的新，便是理智的功效。在衣食住行各方面，質的新事常出現，衣的質料有新，設計有新；食的品類有新，烹調法有新，房屋的材料有新，建築方式有新，行的工具有新，行的系統有新。這些新事都出於理智所想。理智追求知識，常向新的知識領域伸張，便有新的發明。新的發明應用於人的生活，使生活所用的工具、質料、方式有所革新。新的思想更擴張生命發展的範圍；新的學術，新的藝術，新的生活規律，增加求真求美求善的境界。

但是不能想像人人都有新的發明；發明需有天才，天才是少數人「得天獨厚」的才能。然而在每個人生命的經歷中必要有質的「新」事，生命才得充實，才有意義。所以人都常說在自己的生命中，存些新的經驗。求學以增加自己的學識，所增加的學識是新；在學識方面，人人都能有新。計劃自己的工作，計劃必定不能千篇一律，必定求有新的理想；在計劃上，人人都能有新。另外，在修養上，每人都要建立自己的人格，人格由品德所建立，品德由一樁一樁的善行所積成；在建立人格上，人人都要求新。每改一過，是一樁新善行，每行一善，或是消極的克己，或是積極的行善，都是一樁新善行。積善行而成人格，人格要常新，先總統 蔣公說：「所謂新人生的意義，就是他能夠時刻更新。」(一)

人能求新，便是自強，萎靡不振的人不會以「新」求充實並發展自己的「舊」，反而後退，漸漸失去自己的「舊」。所以稱這種現象爲墮落，因不能保持自己人格所有的地位，而向下去。自強的人，則用「新」的成就，擴展自己人格的地位，一步步向前向上。這是每個人的生命經歷，或是向上，或是向下，但是生命的要求，則是追求向上。爲向上，則須自強不息，時刻創新。

先總統 蔣公曾說：

「我們必須要自強不息，日新又新，必須不斷進取，而不好有絲毫遲疑，卻

頹，頹廢停滯的弊病。古人說：『精神愈用愈出，智慧愈用愈靈。』這就完全是創造的效益。」（訓練的目的與訓練實施綱要）

「人類之所以為人類，全在于由智識而進於智慧，能互助而達到共存，尤其在於不斷力行創造而求得永恆的進步。」（反共抗俄基本論）

精神振作，有益於身體；身體強健，有益於精神。人由身體和心靈相合而成一體，一方的健旺，有助於另一方彼此互相調劑。

自強並不免於失敗，但失敗，心不餒，孟子曾向滕文公說：「君子創業垂成，爲可繼也。若夫成功，則天也。君如彼何哉！彊爲善而已矣。」（梁惠王下）

三、苦樂

人生的貼身經歷，爲苦痛和快樂。在這兩種經驗裏，心靈和身體，緊相結合，互分憂喜。一個人的整體生命，可以視爲由痛苦和快樂所組成。從人一出母胎，一直到嚥最後一口氣，痛苦和快樂不會離開人。知道痛苦和快樂的意義，採取合理合情的接受態度，爲人生的一樁大學問。因爲這兩種經歷，構成人的生命。

1. 痛苦

甲、痛苦的意義

痛苦，是當事實相反我們的要求時，心理上所發表的反應，使人感覺到缺陷和失望。身體上的痛苦，是身體的一部份，遭遇違反身體的天然要求而受傷，產生神經的緊張。例如手指被咬，受了傷，神經緊縮，產生劇痛。精神上的痛苦，是心靈遭遇一樁反心靈的要求，神經緊張，感到痛楚。痛苦的成因，第一、是一種違反人所要求的事；第二、是神經的敏感。因此，若事事如意，身體上也沒有違反生理的事，就不會有痛苦。又若神經痲木，不能感觸，也就不覺到痛苦，在醫學上所用痲醉劑，即是使神經失去感覺，人能不覺到苦楚。

痛苦，在人生命的歷程中，常時時出現。嬰孩一出母胎，第一聲是哭，哭是痛苦的表現。佛祖釋迦牟尼創立佛教，宗旨是四諦：苦集滅道，他認定人生是痛苦，就追究痛苦的結集原因，然後宣講消滅痛苦的途徑，人乃能進入幸福的大道，佛祖以痛苦爲惡，原因來自人的愚昧，人因愚昧以不存在的事物爲有，頓生貪心，貪而不得，遂有痛苦。痛苦的源在於貪，貪生於人的愚昧無明。消滅痛苦之道，以真道光照人心，真道是宇宙萬物皆空。一切都是虛空，連自己本人也是空，還有什麼可貪。

道家也以痛苦爲惡，痛苦由人所造。老子說：「五色令人目盲，五聲令人耳聾，五味令人口爽，馳騁畋獵令人心發狂，難得之貨，令人行妨。是以聖人爲腹不爲目，故去彼取此。」（道德經　第十二章）五色五聲和難得之貨，是人所造，令人起貪心，貪而不得，必有痛苦。老子乃主張。「絕聖棄智，民利百倍。……見素抱樸，少私寡欲。」（第十九章）「不尙賢，使民不爭；不貴難得之貨，使民不爲盜；不見可欲，使民心不亂。是以聖人之治，虛其心，實其腹，弱其志，強其骨，常使民無知無欲，使夫智者不敢爲也，爲無爲則無不治。」（第三章）老子對於身體方面的欲望，主張愈少愈好，人應回到初民的生活，祇求溫飽，其他的享受，祇能添加人的痛苦。「名與身孰親？身與貨孰多？得與亡孰病？是故甚愛必多費，多藏必厚亡，知足不辱，知止不殆，可以長久。」（第四十四章）老子所求的，在於精神的自由，不受事物的拘束。事物的拘束，常造成人的痛苦。

儒家對於痛苦，予以積極的意義：第一、痛苦足以鍛鍊人的意志；第二、痛苦足以培養人的浩然之氣。人的意志，須加鍛鍊。嬌養的人，祇是暖室中的花草，經不起日晒雨打。孟子曾說：

「故天將降大任於斯人也，必先苦其心志，勞其筋骨，餓其體膚，空乏其身，行拂亂其所為，所以動心忍性，增益其所不能。人恆過，然後能改。困於心，衡於慮，而後作，徵於色，發於聲，而後喻。入則無法家拂士，出則無敵國外患者，國恆亡。然後知生於憂患，死於安樂。」（孟子 告子下）

歷史上的偉人，現在的大企業家，多是從貧窮起家，在困難中奮鬥的人。孟子當時就舉出例子：舜王從農民起來做皇帝，傅說從築牆工人被舉爲卿相，膠鬲從販魚的行商被周文王所用，進仲從獄吏中被用的，這樣的例子歷代都很多。偉人的事業越大，一生所經歷的困難必定多。先總統 蔣公一生的經歷就可以作一個明顯的例子。蔣公在西安蒙難，更是危及生命。

儒家更以痛苦可以擴張胸懷，養成達觀的精神。常處在安樂中的人，對於人生不能深入瞭解，不能體貼各種境遇所引起的反應。遭遇了挫折，內心感覺了痛苦，對於人世的事物，如名利愛情，能夠有了切膚的經驗。乃能放寬自己的心，既不爲困難所欺弄，也不被人物所牽制，抱定志向向前走。人生的路途，坎坷不平。人能自強不息，勝過一層困難，再破第二第三層困難，精神越走越向上，最後能像孔子所說登泰山而小天下。孟子走了千里的路，往見齊王，齊王不用他，他離開齊國。

「孟子去齊，充虞路問曰：夫子若有不豫色然，前日虞聞諸夫子曰：君子不怨天、不尤人。曰：彼一時也，此一時也，五百年後必有王者興，其問必有名世者。由周而來，七百有餘歲矣，以其數則過之，以其時考之，則可矣。夫天，未欲平治天下也，如欲平治天下，當今之世，舍我其誰也？吾何為不豫哉！」（公孫丑下）

或許有人批評孟子狂妄自許，然他自信傳堯舜之道，有治天下的能力，困難更堅定他的自信心，在遭遇困難時，寧靜不亂。

天主教對於痛苦的評價很高很積極，視痛苦爲救恩的代價。人常有罪，大則大惡，小則小過。罪過違背倫理誡律，不守天命。孔子曾說：「獲罪於天，無所禱也。」（八佾）天主遣派聖子，降生成人，稱爲耶穌基督，捨生被釘死十字架，爲人贖罪。十字架成爲痛苦的象徵，也成爲救恩的代表。基督曾教訓門徒說：

「不論誰，若不背著自己的十字架，在我後面走，不能做我的門徒。」（路加福音 第十四章第二十七節）

「耶穌便開始教訓他們：人子（祂自己）必須受許多苦；被長老，司祭長和經師棄絕，且要被殺害；但三天以後必要復活。耶穌明明說了這些句，伯鐸（比得）便拉他到一邊，開始諫責他。耶穌卻轉過身來，注視著自己的門徒，責斥伯鐸說：『撒殫，退到我後面去！因為所體會的，不是天主的事，而是人的事。』他遂召集群眾和門徒走，對他們說：誰若願意跟隨我，該棄絕他自己，背著自己的十字架，跟隨我。」（馬爾谷福音 第八章第三一—三四節）

痛苦又被認爲參與基督的救世大業。基督受難以救贖世人脫免罪過，基督的信眾跟基督合成一體，同受痛苦，以參預救世大業。

進而痛苦爲愛心的表現：天主允許人受痛苦，表示天主特別愛他，賜給他贖罪的機會。好比孟子所說上天要降大任於某人，乃使他受苦。人接納痛苦，順從天主的旨意，更以受苦而和基督相結合。從天主和從人兩方面，痛苦成爲愛心的憑證。

乙、對痛苦的態度

積極的態度，按照道家和佛教的學說，可以避免許多痛苦，因爲不參加社會生活，與世無爭，許多事物不必追求，便少了求而不得的苦。然而這種生活，不是普通一般人所可以有的；一般人的生活，擠在社會的人群裏，凡要爲社會工作，困難便隨之而生。天主教的神父和修女，本是棄捨世俗的，名利色都不求；但是要爲教會和社會工作，也就免不了遭遇困難，而有憂苦。

因此對於痛苦，要採積極的態度，不逃避，要面對現實。認清痛苦的來源，可以消除，予以消除。不能消除，安心承擔，瞭解痛苦不是人生的大禍，人生的禍是失去信心，墮落不振，或不顧倫理，挺而走險，陷於罪惡。

在痛苦中鍛鍊意志，教育的功效，在於培養堅強的意志。培養意志，必須經過磨鍊，沒有困難，要自造困難。例如想抽煙而不抽煙，想看電影而不看電影。既然遇到外面環境所造的困難，便要安心接受，努力去克勝。先總統　蔣公曾說：

「天下決沒有不經挫折，不遇艱難而能成功的事業；也沒有保守畏縮，委分安命的人，會有彪炳的勳業。」（當前幾個重要問題的答案）

寧靜忍耐，每當痛苦來臨時，心緒必亂。不言不語，不作決定，極力使心緒平定下來。心平定了，便努力保持心緒的寧靜，然後再思索，再決定應付之道。《大學》說：「定而后能靜，靜而后能安，安而后能慮，慮而后能得。」（第一章）先總統 蔣公有句名言：

「耶穌被審判的時候，他是冤枉的，但是他一句話也不說。」（日記 見蔣經國先生著「一位不平凡的人」）

「祇有靜觀與堅忍，事事以逆來順受之法處之。」（自述 見蔣經國先生所著「一位不平凡的人」）

耐心，在痛苦中，是保守寧靜的最有效方法。不僅使人心安，更使人心向前，百折不撓。

以愛心接納痛苦，父母爲兒女，甘願接納任何痛苦，因爲愛兒女。夫妻爲自己的「半個我」，甘心接納一切痛苦，因爲彼此相愛。爲國家國民甘願冒險犯難，因爲愛國。孔孟曾教訓人「殺身成仁，捨生取義。」因爲愛仁義在生命之上。所以孔子說：「朝聞道，夕死可也。」（里仁）

天主教的聖者，常以痛苦爲愛心的表現，便以愛基督的心，接納痛苦，以受苦爲樂。聖嬰仿德蘭在自傳裏說：

「我於困難，有種種經驗，種種知識，我於世人，所受之苦眞不少！幼穉時代，若要吃苦便愁悶。今也不然，見有苦來，便心安意得，仔仔細細，咀嚼再三，備嘗其苦。」(二)

天主教聖者，誠心愛基督，喜歡同基督一齊受苦，基督受盡痛苦，我既愛祂，爲何不同祂一樣受些苦呢？天主教的聖者便以受苦爲樂，沒有苦，偏要找苦受。痛苦在他們心中，已經提昇到神聖的愛心境界。

凡是信仰基督的人，都能採取這樣的態度，在痛苦中能向聖經的啓示，也能以祈禱以求安慰，以求勇氣。國父 孫中山先生在倫敦蒙難時，誠切禱告上帝。先總統 蔣公在危難中，常讀聖經，常行祈禱。 蔣公特別喜愛聖詠的第五首上說：

「群小在主前，焉能長自保。……求主保我身，莫為敵所得。」

第五十五首上說：

「群小肆炎威，憂心自悄悄。蒙我以惡名，狺狺何時了。被逼於仇讎，死亡周圍繞。……

就中有一人，初非我仇敵，竟亦懷貳心，無所不用極。……

一切委主手，必釋爾重負。善人為主棄，從來未曾有。」

蔣公自述西安蒙難的一段經歷說：

「我在西安被劫持的時候，讀了下面的幾句話：『上帝是我們的避難所，是我們的力量，是我們患難的隨時扶助者……所以我們無所恐懼。』我從此更深信上帝已給了我們信仰眞理的力量。我平生雖經過無數的患難和危險，但是結果終能獲得自由和勝利。」（三十三年耶穌變難節告全國教會書）

當著痛苦，決不能消極，決不能悲觀灰心；否則，痛苦將成爲陷阱，將生命投入，漸漸腐化潰爛。

2. 快樂

和痛苦相反的一種人生經歷，是快樂。快樂，是一種滿足人的要求，所給予人心理的反應。這種反應。也經過神經而達到心靈，使人感覺到舒適和滿足。身體有身體的快樂，心靈有心靈的快樂，兩者互相交流，互相溢注。交流的媒介爲神經，神經一麻木，快樂的感覺就消失。

甲、快樂與人生

在實際上，痛苦和人生不相脫離，人雖不願，痛苦則常在，快樂是人所願望的，但實際上卻不常有；然而人生必須有快樂，沒有快樂，生命不能繼續發展。

快樂和人生的關係，是本體上的關係；痛苦和人生的關係，則是外在的關係，因爲痛苦是由環境所造的，不是人生所本有的。人的生命在本體上就是人的本體，即是人的「存有」。「存有」（Being）本體是真美善，沒有缺陷，祇等待發展。發展在於由「能」到「行」，使能力成爲現行，每次成了現行，生命得一分成全，心靈便有一分滿足，這就是快樂，在「能」到「行」時，遭遇阻礙，能力不能成爲現行，心靈乃感覺不滿足，產生痛苦。痛苦爲外在原因所造成。快樂乃是生命發展應該有的感受。沒有快樂，表示生命沒有發展，生命便萎縮，再不得充實，也失去意義。因此人生不能缺少快樂。

人生有快樂，人心得滿足，精神乃振作，可以積極向前，常常憂鬱悲觀的人，缺乏自信，失去目標，生活沒有前途。孔子常樂觀：

「子之燕居，申申如也，夭夭如也。」（述而）

「燕居」，即平日的生活，不太忙碌。「申申」，一身寬鬆不緊張，感覺舒服。「夭夭」是神色愉快。孔子平居心中覺得快樂。

快樂雖是生命所須要的，卻要人知道製造心理的滿足，以得快樂。求得快樂的原則是「知足常樂」。快樂的關鍵在於知足。人心本是無限的，世上的事物都是有限的，在世上沒有事物可以滿足人心的要求。但是人心和身體結合在一起，身體是有限的，也不能直線地不停向前追求，是要一樁一樁的事去做，因此，人心要在每樁的事上取得滿足，就沒有快樂。因為實際上，每樁事卻多不能滿足人的要求，因而痛苦常多於快樂。明智的人，便要在失意的事中求得心靈的滿足，這種滿足，不由事件的本身而來，而由另一超越的原則，造成一種超越的心境，這種超越的原則，是看重自己的人格，人格能夠提高，無論事件稱心不稱心，心靈仍舊快樂。

由這項超越的原則，能造成超越的快樂心境，基本的條件，是問心無愧。

「子曰：內省不疚，夫何憂何懼？」（顏淵）

「仰不愧於天，俯不怍於人。」自己能夠堂堂正正地站在天地之中，心中便不怕也不愁，一切都可逆來順受。

樂。

另一個條件，是心神淡泊，不熱心於名利色，對於世界的要求不多，便能常心覺滿足而

「子曰：飯疏食飲水，曲肱而枕之，樂亦在其中矣！不義而富且貴，於我如浮雲。」（述而）

把感覺的快樂看得淡薄，不去追求；以自己人格爲貴，可以保養人格了，則蔬菜淡飯，也可以使人滿足。假使汲汲地追求名利色，不顧仁義道德；雖富有天下，貴爲天子，心中仍舊不安，也不得快樂。

「孟子曰：君子有三樂，而王天下不與存焉。父母俱存，兄弟無故，一樂也。仰不愧於天，俯不怍於人，二樂也。得天下英才而教育之，三樂也。君子有三樂，而王天下不與存焉。」（盡心上）

孟子所舉的三種快樂，爲平常人所能企求的，他把做國王不計算在君子的快樂以內，才

能使平常人能有快樂。

目前的社會，已經形成享受主義的社會，享受主義的享受爲物質的享受，向衣食住行去追求；雖然政府也在提倡藝術欣賞，以調節物質享受的偏差，一般人的心理仍舊以物質享受爲快樂的源泉。人民生活在各方面的提高，並不同時提高了生活的品質，從而人心反而不滿足，感到苦悶，引發各種輕重的精神變態病症。人爲心物合一的主體，偏於物質，輕忽精神，精神遂受傷害。孔子曾經說：「君子有三戒：少之時，血氣未定，戒之在色；及其壯也，血氣方剛，戒之在鬥；及其老也，血氣既衰，戒之在得。」（季氏）所謂三戒，是在這三方面，不可追求滿足；色，鬥可以傷害人，躊躇滿志也可以傷害人。其他衣、住，過求華美，飲食過度，使人身體和精神常受害，能保守中庸之道，事事有節，才能「心廣體胖」。

乙、幸福

快樂爲一種滿足的感受，幸福則是由快樂造成的境界。快樂是暫時的，幸福則是長久的。身體感覺的快樂，因爲感覺爲物質性，不能持久，物質的快樂感，不能造成幸福；幸福應該是心靈的精神享受。物質感覺的快樂享受，時間若久，可以使身體崩潰。財富使人滿足而又貪多，色慾使身體感到快樂而又疲倦，飲食使人有快感而又厭煩，感覺的快樂常帶後遺症。

幸福由精神的快樂而成，精神的快樂可以是純精神性，可以是心物合一性。男女相愛而造成的精神愉快，爲心物合一性的，愛成爲心靈的聯繫，乃能持久，造成幸福的境界。天主教信仰者，誠心愛慕基督，心靈平靜安樂，這種幸福爲純精神性的。

幸福的構成，所有因素，都要使人「仰不愧於天，俯不怍於人。」若內心有疚，幸福即不能存在。例如，不合於倫理的愛情，祇能造成心靈的徬徨和憂急。中國古人曾舉出五種事可以令人得到幸福。《書經》出五福六極：

「五福：一曰壽，二曰富，三曰康寧，四曰攸好德，五曰考終命。
六極：一曰凶短折，二曰疾，三曰憂，四曰貧，五曰惡，六曰弱。」
（洪範）

這種幸福和不幸福的觀念，成了中國人傳統的人生價值觀，現代中國人還是這種想法。目前所不同的，是增添了企業成功的幸福。大企業家「白手起家」，成爲天下富翁，除富以外，還有事業成功的滿足感。《書經》的五福，可以說都是心物合一的，然卻偏於現世身體的滿足，雖不是純物質性的滿足，仍屬精神的幸福則祇有「攸好德」。孔子便修改了這種價值觀，他以「道」爲最高價值，「道」爲人生的倫理原則。若人能保持「道」，便可以心安，這種精神性的心安，乃是幸福。孔子的原則是「安貧樂道」。

「子曰：士志於道，而恥惡衣惡食者，未足與議也。」（里仁）

「子曰賢哉回也！一簞食，一瓢飲，居陋巷，人不堪其憂，回也不改其樂。」（雍也）

「君子謀道不謀食。」（衛靈公）

孟子也是這種思想，決不以富爲幸福，不以貧爲禍，而是「窮不失義，達不離道。」（盡心上）歷代儒家的學者，如宋明理學家，都能貫徹這種精神。

天主教的幸福觀，是接納基督的教訓。基督以超越的原則，改革了人生的價值，把人世的禍改成了福。

「神貧的人是有福的，因為天國是他們的。
哀慟的人是有福的，因為他們要受安慰。

溫良的人是有福的，因為他們要承受土地，
飢渴慕義的人是有福的，因為他們要得飽飫。
憐憫的人是有福的，因為他們要受憐憫。
心裏純潔的人是有福的，因為他們要看見天主。
締造和平的人是有福的，因為他們要稱為天主的子女。
為義而受迫害的人是有福的，因為天國是他們的。」
（馬竇福音 第六章第三節—第十節）

「但是你們富有的是有禍的，因為你們已經獲得了你們的安慰。
你們現今飽飫的是有禍的，因為你們將受饑餓。
你們現今歡笑的是有禍的，因為你們要哀慟哭泣。」
（路加福音 第六章第二十四—第二十五節）

這兩段話是在同一次講道裏說的，中外許多社會學者，認爲古今中外最澈底的一篇翻案的文章，將人生的觀念完全倒過來了，中國學者或許要說這是老子的口語，專從反面去說，以進爲退，以退爲進。實際上，在基督的思想裏，乃是一貫的。人的幸福，在於心潔無罪，接受天主的安慰。天主對待世人的原則，乃是：

「他伸出手臂施展大能，
驅散那些心高氣傲的人。
他從高座上推下權勢者，
卻舉揚了卑微貧困的人。
他曾使饑餓者飽饗美物，
反使那富有者空手而去。」
（路加福音　第一章第五十一—第五十三節）

這並不是說天主常使心潔無罪的人，得享現世的財富和權力；因爲財富和權力不代表幸福。天主使心潔無罪的人所享受的，是精神上的滿足，心靈的安寧，人心所追求的爲真美善，獲得和天主的親近，天主乃是絕對的真美善，人心必得滿足而樂。

人心必追求幸福，追求幸福爲人生的固有傾向，因爲人天然地追求自性的成全，《中庸》所謂「盡性」。自性的成全，在於獲得真美善，如能獲得，人心自然而樂。因此，人在行動時，常有目的，目的常是自性的成全，許多時候，認識不清，被私慾所蒙蔽，以假的真美善為真，乃追求惡，以惡為快樂，實則，每次行動，人都在追求自己幸福。若說追求幸福為俗化，為卑鄙，不求幸福為道德而道德，為行善而行善，為藝術而藝術，則為高雅，為清高。實際上，沒有認識人的天性的人才作這種論調。宇宙間的萬物沒有理智，它們的動，不都是為追求自身的好處？人有理智，反而不遵守這項天然的原則！追求幸福，為人生命的自然傾向，人一生的行動都向著這個目標。但是真正的幸福，在於獲得真的真美善，以成全自己。

現世的事物都是相對的和有限的，所有真美善也是有限，不能使人心滿足；而且現世的遭遇，痛苦多於快樂，所以在現世不能有幸福的境界，祇有或長或短，或滲有痛苦的幸福，天主教的信仰，乃信有身後的永福境界。

四、善惡

人生的另一種經歷，貫徹整個生命，成為禍福的根源，深深坎入人心，穿透人的骨髓，乃是善惡的經歷。善惡，是人生的善惡，是每樁行動的善惡，給行為加上一種特質，造成行為的價值。行為構成人生，行為的善惡，乃成為人生的善惡，人便有善人或惡人。善惡的經歷，不是人生外面的經歷，乃是內心的經歷，由心靈所主管，和行爲和人生，溶化爲一，成爲善行爲或惡行爲，善人或惡人。善惡不是行爲外面來的因素，也不是外面的價評，而是行事的本身。因此，哲學家如朱熹從人的本體方面尋求善惡的根源，以人的善惡乃是人性本體的善惡。然而，善惡者是人的本體，便不是人生的經歷，而是人的本體。人祇有伸手接受，和接受人性一樣，或至少和接受命運一樣。對於善惡，人不能加入自己的行動，或善或惡，都天然生成。若是這樣，善惡已經不能作爲人的評價，對於善，也不必讚揚，對於惡，也不必責罰。但是善惡，不僅在法律上，要負責任，惡必有罰，在社會關係裏，更要負責任，善有褒，惡有貶，褒貶對於行善行惡的本人，是責任的後果。因此，善惡是人自己所造成，人自己對善惡負責。

善惡不是行的本身，也不是人的本性，中國哲學的性善性惡問題，不能作爲善惡本身的解釋，祇是解釋善惡的來源。善惡的本身，是一種關係。

1. 善惡的意義

善惡是一種關係，是行爲和行爲規律的關係。一件行爲和行爲規律相符合，是善；不相符合，是惡。《中庸》說「喜怒哀樂之未發，謂之中，發而皆中節，謂之和。」（第一章）發而中節，即是情欲的動，合符規律，稱爲「和」。這種善惡，是「客觀的善惡」，是關係的本身，是抽象不變的。人在行動時，有自己的行動規律，即是良心（良知）。良心和客觀的行動規律本是一樣，然有時也可能不一樣；即是人對於後天人造的規律沒有認識清楚，或者認爲當時的環境可以停止規律的效力，主觀的良心便另有善惡的規律。因此，行爲的善惡，常以主觀的善惡爲定，因爲人對行爲善惡須要負責。但在法律方面，則常以客觀的善惡爲定，一件事在客觀上犯法，不論主觀方面的良心若何，人必對法律負責。

倫理的善惡是人在生活裏，時刻遇到的問題，時刻要人定斷。不是定斷善或惡，而是定斷作或不作。倫理善惡的標準，在第三章已講過，是先天的性律，和後天的人造規律。這些規律要進入人的心理，成爲人的良心規律。先天的性律，天然地在人心中，人天生知道後天的人造規律，則要人學習，由學習而進入人心，由良心發爲行爲的善惡標準。良心的知，能爲情慾所蔽，能爲偏見所歪曲，因此，良心乃有不正的現象。

良心規律爲每人自心的規律，然而以先天性律和後天規律爲根據，不是每人隨意所造。尼采曾以超人爲自己的法律，自己規律自己，不受任何其他規律的約束。但是，這種規律已經不是規律，規律是由高一層具有管理權的主管所訂立，可以管束所被管理的人，大家都奉以為是非的標準，才能成為規律。若每個人自定規律，作為自己是非的根據，他人不以為規律，是非的標準就不能成立。好似莊子所說，你以為是，我以為非，第三者或同於你，或同於你，沒有是非的標準。

倫理的善惡，也不能祇由社會習慣所養成，社會習慣以為善，就善；社會習慣以為惡，就惡。如同歐美的嬉皮運動，成群結隊，在衣食住都反對社會習慣，造出又簡單，又破舊，又髒亂的生活；然而，因反乎人的常情，不為大眾所接受。社會可以造成行為規律，然這些規律要符合更上一層的倫理規律，否則不能成為規律，應當矯正。

善惡是倫理的善惡，由良心評判。人按良心而行，就是善；人不按良心而行，便是惡。王陽明倡知行合一，即是教人常按良心而行。

2. 培養是非感——誠

行善避惡，為人的天性，乃是性律。《中庸》說：「誠者，天之道也；誠之者，人之道也。」（第二十章）又說「率性之謂道，修道之謂教。」（第一章）宇宙內萬物都有物性，都按照自己的性而存在，而動。所以說：「誠者，天之道也。」萬物天然的傾向，按照本性而動，這就是誠。人的生命當然是按著人性而發展，所以說：「率性之謂道」。可是人的心靈具有自由，凡事由自己決定，雖然天性是傾於人性的引導，但也可能不接受。因此，人按人性而行，是人自己的決定，這就是「誠之」。先總統 蔣公說：「誠與信，就是致良知的緊要關頭。」（革命教育的基礎）

既然行善避惡，出於天性；人就該決定自己常行善避惡。人作這種決定，有幾點該當注意。

第一、要有是非觀念，知道何者為是，何者為非。良心雖有良知，不學而知善惡，然所知善惡為基本的和最普遍的善惡。具體的善惡，常以後天人造規律為標準，對於這些規律，應留心學習。原先在中國的家庭裏，父母和長輩親人，必定教訓兒童何者可做，何者不可做。在西洋的社會裏家庭的家教雖比不上中國家教的嚴，然有教會的宗教教育，從旁協助，教育兒童認識倫理規律。目前，我們的家庭，忽略子女的教育，我們的學校，不實行倫理教育，青年一輩，已不知善惡是非，社會才有使人驚心的青年犯罪，長一輩的人，也不辨別是非了，凡事祇求利益，經濟犯罪日漸加多，色淫新聞充斥社會。有心人都疾首蹙額，大聲疾呼加強倫理教育，使人人辨別是非。不過，大家又問：究竟什麼是善？什麼是惡？老的倫理規律已經不適用了，新的倫理規律何在？我們當然不能祇說恢復固有倫理道德，而不使固有倫理適合目前的時代。這種適合的工作，就是現在所講的中國傳統的現代化問題。然就在這個問題沒有解決以前，有基本倫理規律存在，大家現在祇要反問自己的良心，又看看已往的傳統，就可以知道這些基本倫理規律。戀愛雖是自由，但是性泛濫，大家都知道是惡。賺錢，是合理的，但是欺騙人，或是逃債，或是倒會，或是假冒，大家都知道不對。所以大家要養成這種是非感。

第二、要有恥。孟子曾說：善惡之心是天生的。人作了惡，內心自然不安，便有內疚。王陽明說良知（良心）不會消失，一個慣作賊的，你叫他是賊，他還是忸怩不安。內心有疚，在外便怕人指責，這就是恥，既然怕人指責，便不敢作惡。

「子曰：行己有恥，使於四方，不辱君命，可謂士矣。」（子路）

「孟子曰：人不可以無恥，無恥之恥，無恥矣。」（盡心上）

先總統　蔣公說：

「變化氣質，入手要道在知恥。」（改造教育與變化氣質）

「只要稍有羞恥之心，那便是懦夫也有立志，弱女也能抗暴，無形中的勇氣就平白地生出來。這種由恥生勇的力量，往往可以勝過任何頑強的敵人。」（禮義廉恥的精義）

頑強的敵人，不是別人，乃是自己。自己要因恥而戰勝自己好財好色好名的種種貪慾，固守倫理規律。

第三、要培養意志力。王陽明爲致良知曾主張克慾：他以善惡都在「意」上，要使「意」不爲慾情所蔽，良知所指示的善惡，才能在行爲上實現。良知指示爲善，則行；指示爲惡，則不行；良知乃能合一。

人爲定奪，由意志定奪，意志使人作自己的主人。所以爲行善避惡，便須培養意志力，不爲慾情所牽引，不爲外力所威脅。意志力要像一條鍊錚的鋼條，可伸可屈，但不會折斷。

在人一生的經歷史，必定有多少次意志薄弱的經歷。不被這些經歷所摧折，意志力仍然可以伸張；終必可以克勝困難。在天主教的聖經新約上，有一位意志最剛強的聖人，名爲洗者若翰。他以一介之夫，公開指斥黑落德王不該娶自己的弟婦黑洛莉雅爲妻，黑洛莉雅唆使黑落德王牢禁了他。耶穌向群眾講道，稱讚若翰說：

「你們出去到荒野裏（若翰曾住在曠野裏）是為看什麼呢？為看一枝被風搖曳的蘆葦嗎？你們出去到底是為看什麼？為看一位穿細軟衣服的人嗎？啊！那衣著華麗和生活奢侈的人是在王宮裏！你們出去究竟為看什麼？是看一位先知嗎？是的！我告訴你們；而且他比先知還大。」（路加福音　第七章　第二十四　二十五節）

意志薄弱的人，像一枝蘆葦，隨風搖擺；若翰則屹立不搖，有如鐵柱。意志薄弱的人，喜歡美衣美食，奉養身體；若翰在曠野裏吃蝗蟲和野蜜，衣著駱駝皮，是一位苦身克己的隱者。他置生死於度外，保護正義，諫責國王，終於被黑洛莉雅所害，被斬而死。

在孔子和孟子的心目中，一位讀書的主人，應該是意志堅強的人。

「子貢問曰：何如斯可謂之士矣？子曰：行己有恥，使於四方，不辱君命，可謂士矣。」（論語　子路）

「子曰：士志於道，而恥惡衣惡食者，未足與議也。」（里仁）

「曾子曰：士不可以不弘毅！任重而道遠。仁以為己任，不亦重乎！死而後已，不亦遠乎！」（述而）

孟子有同樣的思想：

「王子墊問曰：士何事？孟子曰：尚志。曰：仁義而已矣！……居仁由義，士人之事備矣。故士窮不失義，達不離道。」（孟子 盡心上）

「『見危授命，久要不忘平生之言。』（憲問）我們讀書人要有勇氣，心目中常擁著為國家為民族服務的志向。為達到這個志向，要不怕犧牲。基督教訓自己的信徒，背著自己的十字架跟隨他，他自己背著十字架在前面走。先總統 蔣公常以基督為模範，在生命危險的時候，常能鎮定不搖。讀書人看來文弱，但是內部的精神，剛強不屈。現在不是文弱的時代，乃是剛勇強毅的時代。」(三)

培養意志力，剛勇不屈，良心指示善，努力實踐，良心指著惡，決意不做。善惡常看得分明，意志常使良心的知和行爲一。一生的經歷，乃是善的經歷。便有孟子所說的君子三樂中的第二樂：「仰不愧於天，俯不怍於人，二樂也。」（盡心上）

註：

㈠　吳經熊　蔣總統的精神生活　頁一七四　華欣書局　民國六十五年再版。

㈡　靈心小史（聖女小德蘭自傳）馬良譯　上海土山灣發行　一九三三年。

㈢　羅光　現代的讀書人　見哲學與生活　頁四五二　時報文化出版公司　民國七十二年。

第七章　人生的範圍

人的生命不是抽象地懸在空中，而是具體地在地上發展；又不是孤獨的發展，而是在團體裏進行。人一出母胎，就活在家庭的團體裏。年長成人，走入社會，參加社會生活，由鄉村社會，進入城市社會，由一鄉一城，走到別鄉別城，在一個國家裏活動。國家、社會、家庭，則都在宇宙以內。人生的範圍，便是家庭、社會、國家、宇宙。

一、家庭

家庭是人類天性所結成的團體，爲延續人類的生命，先由夫妻結合而成，復由子女擴大。中國古代，家庭可包括四代五代血統相連的人，爲大家庭制。目前，社會制度改變，中國家庭已改成小家庭制，兩代或至多三代同堂。我們要討論的，是這種小家庭，研究三個主要問題：一、婚姻；二、子女（孝）；三、安老。

1. 婚姻

生命的本性，傾於繁殖，繁殖常由陰陽兩動因而成。人的生命，由父母而來，父母即是陰陽兩性。父母爲生子女，互相結婚，組成家庭。在中國古代，婚姻爲「結兩姓之好，繼萬世之嗣」，男女結了婚，仍留在男子家中，現在，男女結婚便成家。

甲、婚姻的要素

婚姻爲人生的大事，出於人性的要求。人性的要求，必有本來的目的。婚姻的目的，在於傳承生命。這一點，在古代婚姻的意義裏，非常明顯，也非常重要。《禮記》上說：

> 「婚禮者，將以合兩姓之好，上以事宗廟，而下以繼後世也。故君子重之。」（禮記 婚義）

在自然界，一切動物都以陰陽兩性的結合，以傳承生命，兩性的交配，天然的目的，是在於化生新的生命。陰陽兩性的動物爲了化生新的生命，乃相結合，交配以後，彼此分離，人類則在身體以外，還有心靈，男女兩性的結合，不僅是身體的性交，也要是身靈的結合。因此人的婚姻乃有兩層意義：第一、爲傳生人類，人類的生命賴著婚姻而傳承下去；第二、男女兩方在生活上，互相協助，在人格上，互相調協。古來家庭制度爲社會的基礎，婚姻更是「合兩姓之好」「繼後世之嗣」，現在社會則是以婚姻來完成夫妻的生活和人格。

婚姻由男女兩方結合而成，男女兩方便是婚姻的要素。男女相結合，成爲婚姻，大家都懂。然而男女作爲婚姻的要素，有幾項不可缺的條件。第一、男女兩方，是單獨一男一女，不能是多女一男，也不能是多男一女。爲生育新的生命，天然地應是一男一女的結合。爲著尊重男女的人格，又爲養育子女，男女一結合就常是同一的人，而不是像鳥獸的亂婚。古代雖有一男多女，然妻子祇有一個，其他女人是妾，妾的地位，不同於妻子。第二、男女結合成婚，是長久的結合，中國古語說：「白頭偕老」，不應中途離異。中國古代法律上准許休妻，唐律定有七出三不去㈠現行民法准許離婚，或同意離婚，或因罪而由法院判離。天主教則不准離婚，基督說：

「你們沒有念過，那創造者自起初就造了一男一女，且說：『為此，人要離開父母，依附自己的妻小，兩人成為一體。』的話嗎？這樣，他們不

是兩個而是一體了。為此，凡天主所結合的，人不可拆散。」（馬賽福音第十九章 第四節）

男女兩方結婚，要有結婚的意向，即同意結婚；結婚的意向，也是婚姻的要素。在中國古代，婚姻是由「父母之命，媒妁之言」，但男女兩方在婚禮中也表示『不得不同意』的同意。一同拜天地，拜父母，彼此交拜，入洞房。現在的民律，以男女兩方的同意結婚爲婚姻要素。若父母強迫兒女結婚，婚姻將爲無效。

男女雙方的同意，當然要爲結婚，若祇爲試婚，或祇是同居，雙方的結合，不合倫理，也不是婚姻。

若是以婚姻的首要意義，在於完成男女兩方的人格和生活，男女兩方，已經不能同居、生活受害、人格受損，則婚姻已經失去了意義，因此便可以離婚。但是我們認定婚姻的首先意義，在於生育子女。子女的教育要求父母長久共居。因此，人類的婚姻應該是「白頭偕老」。現在的離婚制度所造成的受害者，常是子女。這一點也證明婚姻的本來意義，是生育子女，因而必須是長久的結合。

乙、婚前的預備

婚姻爲人生大事，男女兩方白頭偕老，則在婚前，不可不謹慎去選擇對象。在以往婚姻是結兩姓之好，婚前選擇對象時，父母特別注重門戶相當，對於對方的家世，慎加選擇。現在婚姻由男女當事人結合，就不必問對方的家世若何，而要慎重考慮對方本人所具有條件。結婚爲男女兩方以心靈和身體互相接受，以成一體，營共同的生活。因此，選擇對象，第一、要注意心靈的條件；心靈的條件是品德。細心觀察對方的嗜好，言行的態度，生活的價值觀，平日的習慣和脾氣。第二、心靈的條件也包括對方的理智力和意志力；作事的才能。第三、注意對方身體的條件。身體的條件，有像貌、有健康、精神的正常和生育的功能。則宜在婚前作體檢。至於金錢和家世，可以不在考慮之列。

普通常說：「一見鍾情」；但更好還是用相當的時間，互相觀察。普通又說：「緣份」，社會上常說「天作之緣」，緣份有些牽涉到命運，可信也可以不信。在本人方面不妨一方面冷靜觀察，一方面熱心追求。

社會通行的訂婚，在法律上不生效力，然而具有道義的責任。所以，在訂婚前，雙方要已經互相瞭解，又已經謹愼考慮。

婚前，最重要的預備，乃是雙方感情的增進，在法律上，愛情不是結婚的要素，沒有愛情的婚姻必定有效；然而在實際的生活上，愛情則是重要的要素。

愛情的培養，靠理智和意志，盲目的感情不是愛情。試婚，不能培養愛情，而且是不道德。婚前的性交，也是惡行，而且常造成「始亂終棄」，受傷害的常是女方。保持自己的貞操，必獲對方的尊重。對方若不知道尊重貞操，則不配作選擇的對象。儒家對於交友，主張慎重擇交，何況結婚擇夫擇妻，更須慎重。

丙、婚姻生活的維持

婚姻和生活，本是合成一事；然而在事實上可以分開。有些婚姻，在外面的制度，沒有破裂；但在婚姻生活上，裂痕很深，不僅是「同床異夢」，心靈已不結合；而且口角紛爭，層出不窮。這類婚姻的生活，是種破碎的生活，是種痛苦的生活。

愛情，爲婚姻生活的動力。維持夫妻的愛情，便能維持美滿的婚姻生活。

愛情的維持，在於夫妻互相尊重，尊重的要件，是相信對方。懷疑，常能蛀破甜蜜，豐厚的愛情。言語行動，不宜傷害對方的人格。作妻子不忘記爲「悅已者容」，天下沒有十全的人，誰無過失？夫妻雙方互相諒解，婚姻生活便可以維持圓滿。《詩經・國風章》詠新婚說：「窈窕淑女，琴瑟友之……窈窕淑女，鐘鼓樂之。」—《國風》〈柏舟章〉詠夫妻不睦，婦人自訴：「我心匪石，不可轉也；我心匪席，不可卷也，威儀棣棣，不可選也。」—男女夫妻的遭遇自古就多變故，必須同心保持相愛相敬。

夫妻感情的維持，也靠兒女。不生育的夫妻，婚姻生活很寂寞。生了子女，夫妻忙了，家庭遂熱鬧。

2. 子女、孝

甲、生育

生育子女，爲婚姻的天然目的。以往，人們以多子多孫爲福氣。拜年，見面拱手就說：「恭喜發財！多生貴子。」目前，卻以多子多孫爲禍；原因，說是人口問題，又說：子女少，則照顧好。其實，子女少，常被溺愛，反而不成材，古今偉人，多是貧家出身。

夫妻的婚姻原本的意義，爲傳生人類的生命，男女的性交行爲，本有的意義爲化生新的生命，同時，也可以增進夫婦的感情；因此不能以人爲的方法，破壞夫婦性交的原本意義，僅爲增進夫婦的享受。

父母對於生育子女多少，本來有權作決定，政府不能加限制的，父母生育子女多少，應適合情理。若決定少，所用的節育法，不宜改變性交行爲的天性，祇宜以自然節育法。

墮胎更是違反人性道德，使母親殘殺親子女。因爲胚胎一受孕就是人。墮胎法案說是保障女權，婦女將不被迫暗地找尋密醫墮胎，危害身體；其實，墮胎合法後，被強暴的婦女，或未婚母親，誰願意公開到醫院申請墮胎呢？又說墮胎法乃爲順應世界潮流，走向社會進化，實際上是追隨歐化，即是事事崇拜，忘記了中華民族的文化。中華民族的文化，素來愛惜生命，以生命爲上天好生之德。(二)

在這裏要提到貞操的問題，通常以貞操祇對女人而講，實則男人也應守貞操。在《胡適文存》第一集卷四，有一篇文章「貞操問題」討論這事。現在有人攻擊女人的貞操，謂祇是一件生理上處女膜的問題，沒有道德價值，但在中外的社會裏都以貞操代表男女的人格，另外在女人，象徵她的純潔。另外還有一問題，即天主教教士（神父）和修女守獨身，不娶不嫁，這不表示天主教輕視婚姻，而是爲著另一種高尚目標，放棄結婚之權，守貞終身，爲社會服務，爲教會服務。

乙、教育

人和禽獸的分別，就在於受教育，父母生了子女，不僅有責任去養育，還有責任去教育；教育子女，爲父母的天職。中國幾千年來，學校很少，人民的教育全靠家庭。《禮記》書裏，記有古代的家禮，歷代有名的學者也作有家訓，如《朱子家規》，《顏子家訓》，

《曾文正公家書》，都肯定家庭教育的重要。天主教更主張父母有天生對子女的教育權，且在國家的教育權以先，國家政府不能剝奪。爲子女的教育，父母可以選擇學校，可以監督學校。

目前，社會環境，幾乎使父母無法執行這種權利。一則，社會制度變了，男女出外工作，父母早出晚歸，沒有時間照顧子女。再則，政府包辦國民教育，設立學區，規定抽籤入學，父母完全不能插手，家庭教育目前乃成爲一重大社會問題。然而青年的好壞，跟家庭教育關係非常密切。一位母親若教養了好的子女，她的貢獻較比任何社會工作的貢獻都要高。

中國古代有孟母和岳母的芳表；可是目前，若向婦女講「賢母良妻」，則視爲侮辱，不合時代。然而，若一位母親，在社會上建立事業聲譽卓著，卻誤了子女的教育，她將愧對丈夫，更愧對先人！

丙、孝道

孝道在中國社會裏和中華文化裏是一根中心棟樑。《孝經》曾說：

「孝者，德之本，教之所由生也。」（開宗明義章）

儒家的倫理，建立在孝道上。孔子和孟子以仁爲倫理道德的總綱，仁爲愛的理由。爲什麼要愛？因爲萬物都愛惜自己的生命，仁就是生命。父母和子女的關係，是生命的關係，父母傳生命給子女，子女從父母接受生命。因此，儒家的孝以生命爲根本，而儒家的仁就以孝爲意義。孝既以生命爲根本，便包括兒子的一生。在縱的直線上，兒子從生到死，要孝敬父母，就在父母死後，也要事死如事生；在横的層面，兒子的一切事都包括在孝道裏！一切好事是孝一分，惡事都是不孝。儒家更規定孝道的項目；「大孝尊親，其次弗辱，其下能養。」（禮記 祭義）

現代中國社會已經改變了，大家庭改成了小家庭，每個人都有爲自己生活的意識，已經不能以兒子生命的意義完全在於孝敬父母。又再加上，許多青年人往美國留學，父母留在台灣，這輩美國化的中國青年，更不知道中國傳統的孝道。

儒家的孝道，節目雖然繁複，然而要點可以說是兩點：一是遵命，一是奉養，其他一切都是這兩點的枝節。儒家孝道的枝節，現在已被時代剪裁了；這兩個重點，也受到重大的打擊。

遵命，是遵從父母的命。古代連皇帝也要遵從母后的話，達官平民更一律奉行父母之命。現在，時代變了，興起代溝問題和兒子人格問題，遵命一事也就成了難題。然而，父母對兒女負有教育之責，教育則要求受教育者聽命。遵命，包括兩件事：尊敬和順從。父母，不僅代表教師，代表長者，特別是代表愛心。子女對於父母的話，應需尊重，即使不合理，不應予以非薄。兒女尚未成人成家，應請命於父母；未成年子女，對於父母，既應愛，又應敬，還應順命。

奉養，是兒子供養父母。在古代兒子有奉養父母的責任；父母可以告官，強迫兒子盡責。現在，兒子沒有奉養父母的法律責任，但是仍有倫理方面的道義責任。父母將自己的積蓄，全部花為兒女的學費，兒子學成有業，並且在美國支高薪，若讓父母受窮，必受社會群起責備。最近報載社會調查，多數父母已不存「養兒防老」的觀念，因為許多事實已使父母不敢再存這希望。但是我們仍舊要保留一份傳統的孝道，提倡三代登堂。

遵命和奉養的孝道，在適合現代社會生活的方式下執行，具有倫理教育的意義，又具有安定社會的意義，孫輩得有管教，祖輩得有安養。㈢

3. 安老

老人在現在的社會裏，竟成了問題。在古代，老人不僅在家族裏受尊敬，在社會裏也受尊敬。孟子曾說：

「天下有達尊三：爵一，齒一，德一。朝廷莫如爵，鄉黨莫如齒，輔世長民莫如德。」（公孫丑下）

社會裏有三等人，普通受人尊敬：一等是有爵位的長官，一等是年長老者，一等是德高望重的君子。現代社會裏所尊敬卻是另外兩等人；一等有財的企業家，一等是有名的演員歌星和運動員。學問、德行、官職，不再吸引社會人士的注意。大家的價值觀改了。孔子曾說自己的志向，在於

「老者安之，朋友信之，少者懷之。」（公冶長）

這種志向，今天仍舊要是我們的志向，對於老人，應讓他們能夠安享天年。；老者安享天年，以在家庭中安居爲要。設備齊全的安老院，無論若何科學化，常缺乏感情的溫暖。家庭雖窮，天倫的溫情，可以補滿物質的缺點。但若是政府所建國民住宅，若不合三代同堂的

標準，怎樣能提倡孝道？社會上若不建設各種老人福利的機構和制度，又怎樣可以養成敬老的風氣呢？

老年人應受尊敬，因為他對於家庭，對於社會，對於國家，都盡了責任，都有了貢獻。今天的社會，不是他們工作所建立的嗎？青年人和成年人對於老年人應有報德的心情！老年人活了幾十年，決不白白度過年月，他們有豐富的經驗，青年人和成年人，對於他們應表示敬意。老年人年歲已高，精力衰弱，行動常靠別人，需要後一輩人的扶助，對於他們後輩應有同情。

在天主教的聖經上，對於小孩，表示特別愛護，對於老年人，卻表示嚴厲指責。舊約達尼爾先知為蘇珊伸冤。蘇珊被兩老人誘迫苟合，蘇珊不從，兩老人遂誣她和一少年通姦，判處死刑。達尼爾先知翻案，罵老人說：「你這一個一生做惡的老妖。你以前犯的罪，現在已臨到你身上了。」（達尼爾先知書 第十三章 第五十二節）新約記載：「一次民眾送來一個淫亂的婦人，問耶穌，是否應按摩西法律處死，耶穌不答，低頭在地上用指寫字。他們又催他，耶穌昂首說：『你們中那個沒有罪，就拿石頭打她。』群眾便無聲地一個一個地溜走了，從年老的開始到年幼的。」（若望福音 第八章 第九節）耶穌是天主，先知，代表天主，有權指責人的惡，我們人和人，則沒有判為惡的權，耶穌明明告誡門徒「你們不要判斷人，免得你們受判斷。」（馬竇福音 第七章 第一節）聖經教訓老年人不可自滿自大，孔子也曾說老年人「戒之在得」，年青人和成年人祇應對老年人表示尊敬。現代退休制度在各機關都已實行，退休的人，並不算年歲很高的老年人，爲安定退休的人，政府、社會、家庭，應有適當的制度和設備。㈣

二、社會

青年人到了成年，走進社會；他的生活範圍漸漸擴大了。青年人在學校時，已經進入一種社會團體中，開始發生團體的關係，學校團體的關係，包括在兩種關係裏：即師生的關係和同學的關係。這兩種關係，在畢業後走入大社會裏時，仍舊可以保持。成年人進入學校以外的大社會，社會的關係就複雜了，社會，由人、由事、由工作所組成。古代社會祇是農村社會，以家族爲主，在中國古代的五倫裏有三倫關於家族，對於社會關係，僅祇有朋友一倫。在現代工商業的社會裏，人、事、工作，三方面都有關係，不如同在古代的社會裏，祇有人對人的關係。古代人對人的關係分爲三輩：長輩、平輩、晚輩。長輩的關係和晚輩的關係，比較父母兄弟的關係；平輩的關係，即朋友關係。今天的社會關係，應當放寬，從三方面去講：一、對事的關係是禮；二、對人的關係是仁；三、對工作的關係是義。

1. 禮

儒家講論道德，有所謂「達德」，西洋哲學講道德，有所謂樞德，都是指著重要的德行，如同四通八達的大道，如同樞紐的關鍵。儒家達德有孔子的智仁勇三德，有孟子的仁義禮智四德，有漢儒的仁義禮智信五德。西洋樞德有仁義智克四德。我們現在不講倫理學，我們由社會關係，講道德的實踐。

在社會裏，有些事帶有社會性，雖然事的本身屬於私人，但是事的意義有社會的意義；如結婚、生子、請宴、開會、開幕、祝壽、出殯、祭祀等等。這些事，人人都可以有，社會人士也參加，因此稱爲社會事件。對於社會事件，由於政府，或由於習慣，訂有禮節。

禮，在中國古代，非常被看重，代表倫理規律。禮儀祇是禮的一部份，現在講禮，祇指著禮儀。禮和樂，爲禮儀的兩項要素，禮是分，分別參禮人的位置，分別典禮進行的次序，樂是合，結合參禮人的感情，符合典禮的意義。中國素常稱爲「禮義之邦」，行事講理，行事守禮。古代，人在社會裏都遵守禮節，在家裏有家禮，在軍隊裏有軍禮，婚姻有婚禮，守喪有喪禮，請客設宴有宴禮，連講話走路都有禮節。例如，和父親長者講話，有問才答，有話要講，先請命。和長者走路，不能並排，須後一步。民國革命以後，胡適喊打倒禮教，廢除一切禮節，以往禮節的原則強調尊卑，現在社會主張平等，古禮都不適用，雖已訂定幾種簡單的禮規，大家不遵守，中國便成了沒有禮儀的野蠻社會。

歐美人很看重禮儀，飲食起居都有禮節。對於一個不懂禮貌的人，便說沒有受過教育，禮貌成爲教育的象徵。

我常要求輔仁大學的學生要養成守禮的習慣，遇到校長和老師要起立，要問安。學校舉行禮貌週，畢業生有西餐禮儀示範，有舞會示範，大學生彬彬有禮，招人看重喜愛。開會按時到，聽演講不私語，參加宗教典禮和祭祀典禮要肅嚴靜默，請宴不杯盤狼藉，骨屑滿桌，起坐言笑不亂。婚禮莊重，酒菜適宜。衣著，新郎新娘有禮服，其他典禮若沒有規定，則應端裝，適合典禮的情景。社會上有人生來「不修邊幅」，「不拘小節」，別人不以爲怪；但不足以爲法。

2. 仁

社會由人所組成；自然環境爲人生的基礎，社會環境爲人所建立。社會沒有人，則沒有社會。社會既由人所組成，人在社會的第一層關係，應該是合力組成社會團體，而不是分化或拆散社會團體；合作乃是社會關係的最重點。人在社會裏生活，是爲發展自己的生命；爲發展自己的生命，人須要旁人的協助。每個人既都有這種需要，互助便成爲社會生活的普遍現象；因此，互助也是社會關係的重點。

合作、互助、代表人和人的關係，而不是馬克思的階級鬥爭。合作和互助在倫理道德，倫理，合併在一種道德範疇裏，即是仁。

仁，在孔子以及後代儒家的思想裏，稱爲德綱，統攝各種善德。《易經》以「天地之大德曰生」，朱熹以人心得天心爲仁，在天地爲生，在人爲仁。仁即愛生命而使生命化生不息，乃爲愛之理。人與人的關係，都是生命的關係，因著求生命的發展，彼此須要互助，乃彼此相愛。

在消極方面，仁愛在於「己所不欲，勿施於人。」（論語 衛靈公）以己之心，推人之心，自己所不願別人對我做的，別人也必不願我給他做；這是仁愛的基本條件。在積極方面，在於「己欲立而立人，己欲達而達人。」（雍也）也是以己心推知人心，自己追求自己可以在人格和事業上，站得起來，而且還要通達；因此，就幫助別人也能獲得同樣的實效。

在實踐方面，有仁愛的人，必是忠厚的人，也是善良的人，處處能爲別人著想，常有同情之心。(五)

耶穌基督的福音，以仁愛代表祂的精神，總攝一切的誡命。聖保祿宗徒說：

「誰愛別人，就滿全了法律。其實『不可奸淫，不可殺人，不可偷盜，不可貪戀』，以及其他誡命，都包含在這句話裏，就是『愛你近人如你自己』。愛不加害別人，所以愛就是法律的滿全。」（致羅瑪人書　第十三章第八—第十節）

天主教以對人的愛，和對天主的愛相配，人都是天主的子女，誰愛人就等於愛天主，愛人如己的誡命，和愛天主在萬有之上的誡命，同為天主教的兩條最大的誡命。聖保祿描寫得非常生動：

「我若能說人間的（各種）語言，和能說天使的語言；但我若沒有愛，我就成了發聲的鑼，或發響的鈸。我若有先知之恩，又有明白一切奧秘的各種知識，我若有全備的信心，甚至能移山；但我若沒有愛，我什麼也不算。我若把所有的財產全施捨了，我若捨身投火被焚；但我若沒有愛，為我毫無益處。愛是含忍的，愛是慈禮的，愛不嫉妒，不誇張，不自大，不作無禮的事，不求己益，不動怒，不圖謀惡事，不仁不以為樂，而與眞理為樂，凡事包容，凡事相信，凡事盼望，凡事忍耐。」（致格林多前書　第十三章　第一節　第七節）

基督自己以事作則，貫徹愛人的誡命，爲救人而捨生。在受難的前一夕，囑咐門徒說：

「我給你們一條新命令，你們該彼此相愛，如同我愛了你們，你們也該照這樣彼此相愛。如果你們之間彼此相親相愛，世人就可認出你們是我的門徒。」（若望福音　第十三章　第三　四節）

基督還命信徒愛仇人：

「你們當愛你們的仇人，當為迫害你們的人祈禱，好使你們成為你們在天之父的子女；因為祂使太陽上升，光照惡人，也光照善人；降雨給義人，也給不義的人。……所以你們應當是成全的，如同你們的天父是成全的一樣。」（馬竇福音　第五章　第四十三　四十八節）

中國的傳統道德，對於別人是「以德報德，以直報怨。」這種原則本來公平，否則德怨沒有分別。但是，基督從另一個角度來看，還是人同是天父造物主的子女，人都是兄弟。看在天父的情面上，不計較別人對我的態度，我都以愛心相待。至於德和怨，天父會報應，我自留給天父判斷。天主教的愛，把愛天主愛人合在一起，理由就在這裏。目前，共黨主張報復，主張暴力的階級鬥爭。自由中國的電視劇，事事都講有仇必報，父仇不共戴天。我們必須消失暴戾之氣以求社會的和諧。

3. 義

人在社會中，生命常追求發展，生命發展靠各種動作；動作習成常規，就成為職業。職業便是人在社會中的工作，生命的發展以職業工作謀求生活費用，職業的意義，為謀生活，然而職業工作，以求生活的創新，建設人類的文明，這是職業工作的較高意義。人對於職業工作的關係，以「義」為原則。

義，為一種善德，在中國傳統哲學裏，意義在於養我，培養自己的品德，即是盡自己的責任，作自己該做的事。孔子曾講正名；因爲在社會裏，每個社會名詞，代表一種社會地位，和這種地位所產生的名份；名份帶有權利和義務。在西洋哲學裏，義，指著尊重別人的權利，不加侵害，如有侵害，應予賠償。所以說「義無中道」，權利的賠償，一分不能少，不能折中打半折。

對於職業，義就是現在所講的「職業道德」。職業道德的義，有兩方面的職責；一是對於工作本身，一是對於工作有關的人。

對於工作本身，應當勤謹負責，工作爲人能力的表現，又爲人品德的象徵，人對工作的態度，若有喜歡的心情，態度必將積極謹慎。若能以工作培養自己的人格，更必求工作的完善。學生讀書不能看作工作，更不該看作職業，學生求學乃是如同飲食，吸取生命的需要，以發展自己的生命，應以求生的心情，追求學識。

對於工作有關的人，即是對於工作的對方，在工業方面，工作有和雇主的關係，雇主有和工人的關係。這種相互的關係，以國家有關勞資法令爲根據，兩方有責任按法履行義務；履行義務乃是正義。在商業方面，工作有買賣的關係，批發商業常簽訂商約，零星商務則有發票。現在的經濟罪犯，常在不履行商約。中國以往商場交易最講信用，不用文件，口說即爲憑。目前，我國的國際貿易，常發生欺騙罪行，我方商人第一批貨物常符合商約標準，以後第二批第三批就有假冒品；這樣傷害我國的國際信譽很重。報紙也登載海關查出貨櫃中以磚塊和廢紙假充貨物。這種罪行極不道德。目前還有騙款倒會，逃至國外。上天天主有眼，這樣所騙的錢，必不能供犯罪者享受。良心的譴責，必使終生不安。

明禮義，知廉恥才是人生的幸福。㈥

三、國家

國家，爲一種法律組織。組織國家的法律來自性律，爲人本性的要求。人既須聚族而居，族大必須有保障，爲保障族居的權，遂有國家的組織。國家兩字，在中國歷代的思想裏，國由家族而積成，《大學》所以說齊家而後治國。孟子曾經說：「民爲貴，社稷次之，君爲輕。」(盡心下)民，爲人民；社稷，爲土地；君，爲主權；這三者，爲組成國家的要素。人民爲國家的基本，現在也說爲國家的主人。土地，爲供人民生活需要；主權，爲人民服務。然而在法律哲學和政治哲學上，國家主權的來源有多種學說。古代君主專制制度，以主權來自君主，現代民主制度，以主權來自人民，盧梭的《契約說》主張主權由人民結合時所結契約而來，《三民主義》的民權說以主權來自人民的本身。中國儒家以國家主權由上天經過人民而授與君主，天主教法學主張國家主權由天主授予國家，由國家以適宜方式授予政府。天主教的法理和三民主義的民權並不衝突。

一個人活在國家以內，應受國家的保障，保障他的權利不受侵害。同時，他對於國家也有應盡的義務。在中國傳統的五倫裏，有君臣一倫，「君待臣以禮，臣事君以忠。」代表人和國家的關係。現在這種關係，我們要用另外的名詞來代表，因爲現在沒有君臣的分別，對於國家，政府人員和普通平民，一體平等，同是國民。所以人和國家的關係有三點：一是盡職，一是守法，一是民族意識。

1. 盡職

全國國家，對於國家一體平等，但所有職務各有不同，概括分爲兩類：一是政府人員；一是普通國民。

政府，爲國家執行主權的機構，保障國家的權利，爲國民謀幸福。儒家的政治哲學素以「仁政」爲政治原則，仁政爲養民教民。以往養民在於發展農業，教民在於家教；現在國民的教養，包括政府的一切措施，一面發展國民經濟，一面提高學校教育。政府主管首長有責決定政策，政府上下人員，有責執行。孔孟的政治哲學，以從政爲實行堯舜之道，謀求人民的福利和國家的安全。從政者，先要正身，身正而後國家治，今天政府的公務員，奉行三民主義，謹守公務人員的道德，「廉潔從公」，「盡職愛民」，才能挽回清朝衰頹時所遺留的腐敗風氣。民國以來，政府繼續在清代末葉的頹廢氣象中，偏安台灣以後，先總統　蔣公痛定思痛，勵精圖治，今天的政府，才有賢明的印象。然而公務員出於人民，人民的道德不高，公務員怎能道德特別高。

因此，必須提高國民對國家的責任感，國民對國家有權利要求政府給予生活的優良環境，另一方面國民對政府的要求愈高，國民對於國家的義務也愈多。國家的安全和自由，爲國家存立的基本條件，國民對國家的安全和自由，有義務保全。先總統　蔣公說：

「我們必須使個人和國家融合為一，個人的力量要成為國家的力量，個人的意志要服從國家的意志，必先國家獲得自由而後個人才能享有自由，我們每個人都要以國家民族的利益為至上。」（第二期抗戰國民參政會的中心工作）

國家爲謀國民生活的福利，常須繼續計畫各建設。建設的要件是人才和物力，人力和物力都來自國民。政府有責任培養所需人才，積蓄所需的金錢。國民則有重大的義務，配合政府的政策，以完成國家的人文和經濟的建設。尤其國家處在危急的時候，以建設為謀求生存和發展，國民更不能祇圖一己的安全和利益，逃避責任，遷居國外。目前的科技人才，常以國內科技教育低弱，缺乏高度的研究機關，因此，寧願留在國外。但是國內科技教育和研究機關的提高，全靠有高深科技學識的人才，若科技人才不能犧牲一己福利回國來謀國家的建設，國內的科技教育和研究機關將永遠不能革新！蔣公說：

「決定國家地位的高下的，不僅在於他的國力強大，而其最重要的基本條件，還是在他國家有沒有人才，及其組織和紀律如何。」（對於幹部教育之回顧及今後剿匪戰術之檢討）

「僅僅我們自己個人能夠自強自立，做一個獨善的人還不夠的。一定要更能夠努力從事濟世救人的實際工作，做一個『兼善天下』的聖賢豪傑，要去不斷地教導感化十人百人千人萬人，使全國同胞都能明禮義，知廉恥，成功一個健全的國民。」（立志為學與服務）

目前，我們的國家須要每一個國民，上自總統，下至鄉村平民，盡全職責，以求得民族的復興，國家的統一。

2. 守法

國家的組織，以法律爲基礎；國家的活動，以法律爲規範。中國儒家重禮不重法，法家重法不重禮。歷代的皇帝常外表則講仁義以博民心，實則常嚴刑峻法以求治，一般人民祇求不受刑罰，對於法律不知不問。中華民族乃養成講情不講法的習慣，社會的組織到今天還不能健全。

法律在一個國家裏，爲國民權利的保障，爲國家建設的動力，更爲國家安定的關鍵。中華民族的文化傳統，重情不重法，然而國家的基礎很穩，社會的秩序也很安，那是因爲中華民族的血液裏深深藏著儒家的道德規律、家族的教育能夠使儒家的道德見諸實踐，又因以往人際關係很單純，到了今天，社會的人際關係，較比以往增多了千百倍。例如以往在街市上行走，大家步行，最多有幾輛馬車或牛馬，交通用不著規則。今天，在台北街上，公路局車，貨車，計程車，小轎車，各類機車，還有腳踏車，步行的人已被擠到人行道上，人行道上又堆各種攤販。在這種的情形下，若還沒有交通規則，街上的交通必定要癱瘓了。但是大家知道有交通規則卻不守，造成台北市交通的混亂，名聞全球，而且還有身負立法責任的各級民意代表，常替不守法而被處罰的人，向警務機關講情，破壞法紀。因此，守法的教育，成爲當前社會教育最重要的一環。先總統　蔣公說：

「國民必須以守法為道德，以負責為光榮。不以個人的利益，妨害國家的公益；不以個人的自由，侵犯別人的自由。」（中國之命運）

守法，不爲逃避刑罰，而是爲國家爲民族。國家的建設和發展，須要國民同心合力，有秩序地工作。

3. 民族意識

民族意識，是國民自己意識自己是一國的國民，而且體認自己血統裏含有民族文化，因此，自己愛自己的國家，以民族的文化爲榮。中華民族的民族意識非常強烈，在堯舜時代已經有華夏和夷狄的分別，後來雖經過蒙古人和滿洲人的統治，中華民族的民族意識竟能使元人和清人接受漢人的文化。航海交通發達以後，中國人到東南亞和美國僑居，常保持了中國國籍和中國風俗。

民族意識是國家的國魂，國家的存在靠民族意識的支持。殖民地的人民，常缺乏這種意識。中國人自認爲中國人，以作中國人爲榮，愛自己的國家，愛自己的文化。先總統 蔣公說：

「凡是一個民族，能夠立在世界上，到幾千年不被人家滅亡，這個民族一定有其立國精神所在，就是所謂國魂。」（革命哲學的重要）

「一個人之所以能叫做一個人，全靠有靈魂。換句話說，就是有精神，有感覺，有靈明思想，能動作行為，否則這個人就是只有一個軀殼，不能叫做一個活人了。所以有靈魂，就有生命，就叫做人；一旦失掉了靈魂，便馬上失掉了生命，這個人就是死了。國家也是一樣，國家既是一個有機體，一定也是有一個靈魂的。如果國家失了這個靈魂，這個國家便沒有生命，就是要滅亡的。所以我要說國家的

盛衰存亡，即繫於國魂的強弱興替。」（中國魂）

在今天，中華民族立在生死的邊緣，民族的文化在大陸被共產主義所摧毀，在台灣遭西化潮流的衝擊，假使中國人若不意識自己是中國人，愛惜祖傳的文化，民族的復興就沒有希望。

民族意識，並不意識復古；因爲中華民族的文化常隨時代而更新。民族意識也不意識自誇，輕視其他民族，而是自己知道自己的根，不以自己民族國家的衰弱爲恥。民族意識是意識對國家民族的愛心，因愛而共赴國難，謀求國家的建設。

意識，常須培養。自我意識，須要培養；宗教意識，須要培養；民族意識，也須要培養。三民主義的教育，是爲培養民族意識；中華文化的認識，是爲培養民族意識；對國旗的敬禮，是爲培養民族意識；對民族英雄偉大的敬愛，是爲培養民族意識。

民族意識，不是狹隘的國家主義，不是閉關主義。儒家素倡大同，中華民族從未壓迫其他民族，從未實行殖民主義。民族意識，追求自己國家的自立自強，也尊重別的國家的自立自強，而且還以孔子所講人和人的關係；「己立立人，己達達人。」實行於國與國的關係，「立自己的國，也立別人的國，達自己的國，也達別人的國。」

四、世界

人生活在家庭，社會和國家中，這一切又在世界中，人便生活在世界裏，世界是什麼？淺顯地說：世界是人世的界限，人世上有天，下有地，世界便是天地中的人世，但對哲學方面說：世界乃是宇宙，中國古人以爲「上下四方之謂宇，古往來今之謂宙。」宇宙就是時間和空間，人是活在時間和空間以內。時間和空間在哲學上，問題就難了，簡單地說：空間是物體的量所成的平面，由平面而造成的距離，時間是物體存在的延續，延續由一共同標準去計算，乃有延續久暫的數字；計算久暫的數字便是時間。這種哲學上的意義，對於人生之道沒有太大的影響；人生之道所求的；在於人生活在世界應有什麼原則，人生的原則乃具體的實踐原則，不討論空間和時間的意義。

人生活在世界上，有兩種關係：一是和世界人類的關係，即是現在所謂的國際關係；一是和世界物體的關係，即是現在所謂生態關係。

1. 國際關係

世界的人類，同是生活在有組織的國家裏。世界的國家不祇一個，而是將近兩百個。這種國家向春秋戰國的國家和歐洲中古的國家又不相同。春秋一百多個國家共同擁戴周朝皇帝，形成一個天下。歐洲中古的國家共同擁戴羅瑪皇帝，形成一個神聖羅瑪帝。現在的國家各自獨立，互爲平等，各保自己的主權。國與國的關係有國際公法，國民與國民的關係有國際私法，對於海空交通，也都有國際法律或公約。在這些國際關係上，大家都應遵守所有法規；除法律的規定外，尙有倫理和習慣的規律，也應遵守。大漢民族在五千年的歷史上，對於別的民族，雖稱之夷狄，然從未加似壓迫，更未予以剝削，更以文化教育提高他們的生活。天下大同，素爲儒家的傳統思想。再者，「入境問俗」，又是儒家的傳統。

今天的世界，消息的傳播，飛機的旅行，已經使天下成爲一家；對於外賓的接待，我們中國人素富於感情，有禮又有熱忱，外國客人，受寵若驚。但是出國觀光，則多不懂別國的人情習慣，鬧出笑柄。因此，出國以前，宜有國際知識。與外國人接觸，宜表現中國人謙和誠實的美德。

國與國的交涉，由政府循外交途徑進行。交涉的原則：互相平等，各保主權。但是在國際政壇上，各國俱以本身利益的先，藉武力爲後盾。因此說「弱國無外交」，我們政府常處在弱國的地位，更加中共的排擠統戰，處處事事常受不平等的待遇。全國國民要能忍辱負重，努力國家建設，以作外交的後盾。三民主義的民族主義，講論中華民族在國際上的關係。先總統 蔣公說：

「中國求自由，求獨立，求進步，求發展，其目的在與世界各國『並駕齊驅』，更在與世界各國擔負世界永久和平與人類自由解放的責任。換句話說：中國的自立自強，以義務感與責任心為出發點，而不以權利慾與功利心為出發點。」（中國之命運）

現在的國際關係，被兩個超級強國所統制，蘇俄企圖赤化全世界，美國圖謀保護世界自由。在兩超級強國之間，有第三世界的不結盟國家協會。我們的國家政府處在反共產的集團中，雖不和美國結集的自由國家結盟，然不在不結盟的第三世界裏。因著經濟的發達，我們的國家已經排列在第一開發國家的世界裏。今後的國際外交，希望能由弱轉入強國，步日本的後塵。

2. 生態環境

人類的世界，受自然世界所包圍，中國古代常說「天覆地載」。自然世界不僅供給人類生活的資源，而且直接影響人類生活。在自然世界裏，一切物體互相連繫，互相調協，互相幫助，具有天然的平衡，土地幫助植物，植物幫助生物；同時，植物又幫助土地，動物又幫助植物，森林在沒有開發以前，礦、植、動、各種動物，各謀生存，互相依賴，保持平衡。研究生物的人，必能明瞭這其中的道理。

人類的聰明，逐漸發明各種科技，科技爲謀人類生活的福利，開發自然世界的資源。但是，同時，卻產生污染自然環境的大害，傷害自然世界的平衡生態；生物絕種了，植物被斬除了，山陵被挖平了，自然世界的天然平衡被破壞了。自然世界的天然平衡，對於各種生物的生命都有直接影響；平衡被破壞了，人類生命也受傷害。因此，一方面，須保持生態環境，不遭破壞；一方面，在遭破壞後，力行修補。例如挖山開路，被挖的山壁，須以科學的方法予以修補，以水泥射入山壁內，如同向身體打針，再加修石壁。否則山崩石落，永無寧日。山脈視爲無機體，實則有機，土壤石塊，全山相連，貫有脈絡，一脈被斷處，全山鬆弛，土石便將瓦解，須種樹木和科學方法以恢復脈絡的組織。同樣，樹木的空氣有益人生，樹木被斬伐，空氣被污染，人的生命發生危險。造物主創造萬物，小自一草一葉，大至宇宙全體，都顯露無上的智慧。科學只能逐漸去發明，不能繼續去摧殘。人對宇宙萬物應愛而又應尊重。

註：

(一) 唐律戶婚，七出：一無子；二淫佚；三不事舅姑；四口舌；五盜竊；六妒忌；七惡疾。三不去：一經持舅姑之喪；二娶時賤後貴；三有所愛無所歸。

(二) 附錄一　墮胎是以罪易罪。

(三) 參考羅光　儒家孝道的現代意義　見哲學與生活　時報文化公司出版。

(四) 附錄二　三代同居。

(五) 參考羅光　儒家的仁　中國哲學思想史、清代編附錄　學生書局出版　儒學哲學的體系　學生書局。

(六) 附錄三　人文意識的社會。

附錄一 墮胎是以暴易暴以罪易罪

天主教反對墮胎在於對生命權的保障

天主教中國主教團主席羅光二十八日表示，天主教堅決反對墮胎合法化，最主要的理由在於對生命權的保障，胎兒自受孕開始，即已是人的生命，因此，墮胎就是殺人，不論就天主教所秉持的精神，或就維護中國傳統的倫理道德觀點而言，天主教都反對墮胎合法化。

羅光在接受訪問時表示，天主教反對墮胎的合法化，和神父、修女不結婚毫無關係，天主教的神父、修女不結婚的意義，是希望能專心於永久的精神生活，與在從事教會的神聖工作時，使個人的心、力與時間能更專注而不分散。天主教認爲婚姻是人生合理的大事，神父、修女不結婚是爲了崇高的生活目標所作的自我犧牲。

他說，科學界與生物學界，曾經對胎兒在母體內幾個月之後才算是生命的問題有過爭論，有人曾指出，胎兒必須發展出器官才是生命，然而目前在生物學上，早已得到「懷孕開始就是生命」的定論，僅就這個生物學的觀點來說，墮胎就已經是殺人了。

他並分析說，墮胎殺人，和法律上判的死罪，兩者並不相同，必須分清楚，不能互相援引；死刑是因爲一個人的生命已經妨害到別人的生命，或侵害到他人的人權，造成了嚴重的公害，殺人者死，是法律上的一種補償作用。

「然而，胎兒在母體內並沒有作惡，本沒有罪，即使胎兒本身有不正常或畸型的發展，在天主教看來，也不能成為墮胎的理由」。

天主教認爲唯一可以墮胎的情況，除非是胎兒危害到母親的生命，爲了保障母親的生命，在兩者之間必須作一取捨時，間接的流產，天主教認爲在倫理上是說的過去的。

羅光說；墮胎是「以暴易暴」，「以罪易罪」的手段，不是好辦法，並且會導致倫理道德的低落與兩性關係的混亂，墮胎一旦合法化，男性在兩性關係中，更會不負責，強暴者在內心所受的譴責，也會蕩然無存，如同間接受到鼓勵。

他並指出，主張墮胎合法化者，事實上是基於人口問題，希望以墮胎補避孕方法的不完全有效。但天主教堅決認爲，不應當把墮胎納入減輕人口壓力的方法之中，如果企圖以墮胎減輕人口壓力，效果不會大，因爲實際上，女人結過婚之後再去墮胎的比例不多。

這位新聞評議會委員說，在天主教反對墮胎合法化的主張下，他認爲有兩點是國人應可以配合加強的。

一、對於強暴案件，新聞不該報導，即使要報導，也絕不應當報導受害者姓或名。目前的報導方式，往往暗示受害者的身份。

二、多設置「未婚媽媽」，收容未婚母親與非婚生子女，使未婚媽媽或受強暴的婦女，能放下心中的牽掛，並使非婚生子女得到妥善的教養。

對於發展不健全的胎兒，羅光認爲也應當維護他們的生存權，這是國家的責任，國家應普設社會機構予以撫養。

歐、美國家，都已經實施墮胎合法化，其中義大利，並且是天主教國家。羅光指出，這主要是因爲歐洲近百年來，生活和宗教脫節，我國所以會提出墮胎合法化的主張，也是因爲現代生活和傳統道德脫了節，但他強調，中國傳統本重生命與倫理，墮胎如果合法化，將使道德倫理產生更多的危機，不論墮胎合法化最後是否通過，站在宗教與傳統文化立場，他有必要加以說明。

錄自中華日報，七三年四月二九日

附錄二　三代同居

好久想把擱在心頭的話，向大家說一說，可是沒有時間執筆，這幾天舊病氣喘症因身累而忽發，住進榮總，過了兩天，一切正常，趁著難得的空閒，便執筆把擱在心頭的話寫出來，請大家一起來想一想。

在輔大行政樓，我常常看見小孩子，都是女職員的子女，寒假時，幼稚園放假，家裏沒有人，只好帶到辦公室來，我也不好講話。還有早晨八點鐘上班，有些太太晚到，總務處和訓導處想了許多辦法簽名或打卡，我說還是算了罷，想想她們一早起床，煮早餐，準備先生上班和子女上學的便當，自己再拿著提包急著走，校車已經趕不上。

這些事還算小事。剛生出的子女沒人管，祇好請保母，或放托兒所。小孩天生需要母愛，而且天生懂得母愛，保母是不能替代的。小孩稍大，送入幼稚園，送入小學，放學後，父母不在家，小孩到那裏去？子女進入國民中學，父母都想子女成龍成鳳，但是偏偏中學教育因著聯考，學校專門補習和考試，一些學生生性不好讀書，多不喜歡每星期的考試，便曉課在外，結交歪朋友，造成了社會的青少年犯罪率日增，犯罪青少年的年齡越來越低。就是好青年，每天都手拿書本，對著老師背誦，和父母的教訓更少，這輩青年長大以後，對父母的親情並不深厚，不會有真摯的孝心。

另一方面，工業的發達，在台灣已由人工密集的程度進入技術精密的程度，工廠自動化，農產品過剩，工產品也將到這程度，退休人漸漸多，休閒的時間漸漸增加，半老人和老年人都將沒有工作，休閒生活將成一社會問題。爲什麼不爲休閒的人，找一份「含飴弄孫」的工作，增加一份天倫樂趣？同時，改良小孩和青少年的家庭教育，培養傳統的孝道呢？

目前，中小學提倡親職教育，把媽媽召集到學校去，校長們卻不想媽媽們大多數在家庭以外工作，她們那裏還有時間去集中精神爲教養子女？爲什麼不能請祖父母和外祖父母來做親職教育呢？許多專家要說老年人不懂青年人心裏，老年人跟不上時代，但是事實上，祖父母或外祖父母對於孫兒女和外孫兒女的心理更能了解，他們的關心也不下於孫兒和外孫兒女的父母，他們的話，小孫和小外孫更能夠接受。最近，在報紙上，我們看到蔣故總統經國先生的孫女作文哭祖父，懷念祖父對她的關心和照顧，情感是多麼深！我的一個近房侄外孫女，她和丈夫都每天上班，她的兩個女兒，由公公照管，孫女兒對祖父比對媽媽還更親近！可看中國傳統所說祖孫兩代感情好，是有天生的根據。

孟子曾說小孩生來就知道愛父母，但是祖孫的愛也是天生的，祖父母和孫輩也是血脈相通。保母則屬外人，和小孩沒有天生的關係，小孩和保母也沒有天生的親情，保母的教養，雖能有科學化的方法，總不能像祖父母或外祖父母一樣地深入孫兒心。

青年犯罪的原因，多半來自缺乏家教和親情，再一半則因升學聯考而使中小學教育脫離正軌，變成不正常的補習教育，忽略了倫理生活的培養。挽救之道，第一、是建立愛心的家庭教育，祖父母或外祖父母，撫養孫輩。第二、是改革聯招，以中學分數算入聯考，使中小教育重入正軌，校長和老師有暇管教學生的生活，提倡師道。

目前台灣社會，殘暴時見。但是儒家的傳統以人心爲仁，仁的實以親親爲要。目前台灣社會既解放了傳統的大家庭，小家庭祇有夫婦兩口帶著小子女，對於傳統的孝道拋棄殆盡。人既不孝父母，人心的仁消失；人心的仁消失，殘暴無情日出不窮。爲改良這種可怕的現狀，最適當的途徑是培養孝道。三代同居，便是培養孝道的最良方式。孝愛父母的愛心，不是一天或一年的，乃是終生；一個人終生有愛心，不輕易變成殘暴無情。

我所以極力提倡三代同居，使幼有人教，老有人養。國家興建國民住宅，應設計三代同居的房間，贍養金和所得稅應適合三代同居的需求，老人大學和空中大學應有家教的課程。我也呼籲社會有心人士同心合力發起這種三代同居運動，對於社會的安定，將來必有莫大的功效。

附錄三　人文意識的社會

民國七十七年六月十七日逢甲大學畢業典禮講詞

一

近年來，我們所看見的社會，是一種「飛蛾趨燈」的社會，在工商業方面，若一項產品銷路好，工廠家和商家，就一窩蜂地趕向那方面跑，在學校方面，若一門學課，畢業後就業機會好，學生就一窩蜂地向那一系報名。在社會，若一次自救活動得了效果，政黨、農民、環保鄉民，甚至於學生，一窩蜂地街頭遊行，發展成暴力事件。我們稍為深入研究，這些一窩蜂的行動中，有幾個主動人，心目中有種理想，其餘百分之九十參加的人，都是跟著走，任人指揮，都沒有考慮自己行動的意義，都是盲目隨從。社會乃呈現一種非理性的現象，成了野蠻的社會。這種社會是獨裁政治家容易運用的社會，而不是民主自由的社會。

民主自由的社會是要每個人對民主自由負責的社會。每一個人都是人，人有理性，自己行動時，先要想一想，對於自己的行動，要能說出理由，而且理由是合理合法，而不是祇憑一己的慾望和私利；更不能由於少數野心家高聲呼喊叫罵，便跟著他走，任憑他們驅使。民主自由的社會，是人人對民主自由負責的社會，是一個有理性的社會，不是盲目衝動的社會。大學生乃社會中受高等教育的青年，平日習慣追求真理，對學業上每項問題都要說出理由，而且都學過邏輯學，知道辨別真假；因此大學生的行動應該是理性的活動，變成有理性的社會；使社會的人知道自己是人，自己的社會有人文社會的意識。

二

人不僅是有理性，中國傳統的哲學常常肯定人有仁心，孟子說：「仁，人心也，義，人路也。」（告子上）又說：「仁也者，人也。」（盡心下）《中庸》也說：「仁者，人也。」（第二十章）因爲嬰孩天生知道愛父母，大人見小孩將被車壓斃必自然地奔往救護。朱熹說這是因爲人由天地之氣而成，得天地之心爲心，天地之心則是仁，常使萬物化生，時刻不停。《易傳》曾說：「天地之大德曰生」（繫辭下 第一章）孔子曾以「仁道」貫通他的全部思想，而仁道的實踐則在於孝道。中國以往的社會是家族意識的社會，「老吾老以及人之老，幼吾幼以及人之幼。」（孟子 梁惠王上）仁道和孝道的表現，使社會成爲和平有禮的社會，也可以說是君子的社會。

今天我們的社會，從報章電視所報告的新聞，又從我們親眼所見到的，乃是一個殘暴的社會，搶奪、強暴、綁架、下毒、械鬥，天天都有。另外還有經濟犯罪、欺騙、惡意倒閉、捲款潛逃。整個社會只有一個利字。因著「利」，六親不認，那裏認得朋友，這種社會是違反人性的社會，是小人的社會。

為改造這種社會，須要有勇氣提倡社會道德，在每座學校的牆壁上，都寫著「禮義廉恥」，又常寫著「忠孝仁愛信義和平」，這就是為教育年輕的一代，要養成合於人性的、有仁心的人。在大學生的社團活動中，有服務的社團，輔仁大學有為盲人服務的社團，有為癩病人服務的社團，有為社區兒童服務的社團，我想逢甲大學的同學也必定有服務社團，發揮自己的愛心，孟子曾說：「老而無妻曰鰥，老而無夫曰寡，老而無子曰獨，幼而無父曰孤，此四者，天下之窮而無可告者，文王發政施仁，必先斯四者。」（梁惠王下）我們的社會也少不了這幾種人，大學生對他們發展愛心，在社會帶動愛心工作，以改正暴戾之風。使社會是一個有愛心的社會，是彼此相關的社會，是充滿人文意義的社會。

三

孟子又曾經說過，人有小體有大體，小體為耳目之官，大體為心思之官，「從其大體為大人，從其小體為小人。」（告子上）小體是我們的感覺的官能，大體是我們的心靈，順從感官的人，追求物質的享受；順從心靈的人，追求精神的享受。今天，台灣的社會，因著經濟的迅速成長，變成了一個暴發戶的社會，滿街都是餐廳飯館，滿街都是錄影帶和傳真的店舖，耳目口舌的享受，盡量使用，青年人還要飆車，喝生啤酒。

人生來固然追求享受，不能實行老子所講的：「聖人之治，虛其心，實其腹，弱其志，強其骨，常使民無知無欲，使夫智者不敢為也，為無為則無不治。」（道德經 第三章）我們不能使整個社會成為貪利享樂的小人社會，卻要使社會成為充滿心靈享受的社會。社會的城市鄉間設有圖書館、藝術畫廊，各縣市設有文化中心，設有音樂廳，也有宗教教堂。社會一般人，每天閱讀報章，有空往聽音樂，往觀畫廊，文化的氣氛，洋溢在整個社會間。

大學生在改造文化氣氛的社會上，可以有許多貢獻。自己在學校養成愛藝術的心情，每天閱報，喜歡讀書。然後到附近社區，作音樂或舞蹈的表現。到老人康樂中心，相幫老年人得點學識，這些都是文化工作。

各位同學，我講的已經很長了，使你們的畢業典禮拖得太久。我就作結束，恭賀你們學業成功，恭祝你們前程遠大，事業有成。

第八章 人生的成就

俗語說：「望子成龍，望女成鳳。」龍鳳象徵吉祥，更象徵成就。龍代表天子皇帝，鳳代表后妃；兒子若成爲天子，女兒成爲后妃，登天下最高的座位，乃人生最大的希望，也是子女最大的孝敬。《中庸》曾讚美舜王說：

「舜其大孝也歟！德為聖人，尊為天子，富有四海之內，宗廟饗之，子孫保之。」（第十七章）

然而皇帝祇能有一位，若另有一人想當皇帝，就犯叛逆天罪；何況現在已經沒有皇帝，誰也不想了。成龍成鳳的希望，象徵有大志向，有好的作爲，一生有高的成就。人生有成就，乃每個人的希望。成就，是做事有成；所成可以給人看見，而且可以長久存在，甚而存留到後世，成就所以是一種事實，可以是精神的事，可以是物質的事。這樁事實代表一種社會價值，因著價值這樁事在人們心中，引起敬佩的心理。敬佩心理結成一項社會輿論，便成爲美名。因此名譽便代表成就，有名就是有成。俗語說：「一舉成名」。

孔子很看重「成名」，他說：

「君子疾沒世而名不稱焉！」（衛靈公）

名傳後世，稱爲「不朽」。《左傳》曾講三不朽：

「太上有立德，其次有立功，其次有立言，雖久不廢，此之謂不朽。」（左傳 襄公 二十四）

「三不朽」，在中國歷代已成追求事業的動力，使讀書人心目中常懸著這種理想：「留芳百世」，同時常警惕著，不要「遺臭萬年」。孔子作《春秋》，依照倫理的標準，評斷古代的人物，善爲善，惡爲惡，使「亂臣賊子懼」。

胡適之批評這種不朽論爲狹隘的少數人不朽論，他主張「社會不朽論」，一個人的小我有死有滅，社會的大我是永遠不死，小我存於大我之中，小我也就永存不朽。「冠絕古今的道德功業固可以不朽，那極尋常的「庸言庸行」油鹽柴米的瑣屑，愚夫愚婦的細事，一言一笑的佃微，也都永遠不朽。」㈠胡適之的大我不朽論，是一空懸空的大話，大我由小我積成，一個人若不知爲自己求不朽，而要他求社會的不朽，那是空話。

適之先生的批評，說得含糊。中國古代本來已經有所謂「社會不朽」，即是家族的不朽。人的生命和宇宙的生命一樣，長流不息；一個人的生命傳給兒子，兒子傳給孫子，一代一代傳下去，祖宗的生命在後代的子孫裏延續，延續的象徵是祭祀。嗣子祭父母，祭祖宗，象徵他們的生命沒有斷，先總統　蔣公說小我的生命在民族的生命裏長存。

「我們自己個人的壽命與軀殼，不是眞的生命，我們一定要知道整個民族之歷史的生命，纔是我們的眞生命！民族的生命和歷史的生命，是繼續不斷的，是永久不死的，我們的生命，也就是繼續不斷的，永久不死的。」（現代軍人須知）

人的生命在宇宙中，由家族和民族而繼續流傳；但是每一個人的生命，乃是一個整體。這個整體有自己單獨的存在，不會消滅；宗教乃有長生和身後之生的信仰。然而一個人的生命，在現世的社會裏，也應該有不朽的存在。如果說「物質不滅」，那麼一個人在世活了一生，有了各種物質和精神的活動，這些活動便也該「不滅」；這種不滅象徵人生的成就。

每一個人的生命，在一生的歷程中，常在追求生命的成全；因此，人的每一樁行動，在自己的生命上要留下一種痕跡，一樁行動合於人本性的要求，使人的生命取得一份成全；即是人生的一份成就，稱爲善。一樁行動不合於人本身的要求，使人的生命遭受一份傷害，乃是人生的一度墮落，稱爲惡。善或惡是每樁行爲的特性，在生命上留下痕跡，這種痕跡，留在生命上，「傷害」須要「成效」去治療，「成就」可爲「傷害」所破壞。若是「破壞」加「破壞」，便愈陷愈深，惡上加惡；若是「成就」加「成就」，則生命愈加發揚，善上加善。善惡既是人的每樁行爲之特性，每個人便都能有成就，能有破壞。

人是心物合一的主體，心物合一的主體所有行爲，常表現於外，人的行爲乃常有社會性。行爲既常有社會性，行爲的「成就」和「破壞」也就常帶社會性。因此，人行爲的成就，創造了社會的建設，人的破壞，摧毀了社會的建設，結果，創造社會建設的人，「留芳百世」，摧毀社會的建設的人，「遺臭萬年」。不過這種人究竟稀少，社會建設是一粒一粒地建立起來的，在社會生活的人，每人的小小成就，都參加了這種一粒一粒的社會建設工程，他們的成就，就在社會裏留傳不朽。這就可以說是胡適之的「社會不朽」。

社會文明的建設，雖然是一粒一粒的沙，一塊一塊的磚地砌上去的，然而文明的創新，社會的改革，是要靠大德大智大功的偉人，創建新的思想，新的發明，和新的事業。因此，每個青年人能立大志，要使一生有大成就，以造福千千萬萬的人；他的成就必將不朽。

一、人格

1. 人格的意義

三不朽的第一不朽，是立德。立德，是修德；修德，是在行爲上，養成善的習慣，善的習慣建立一種善的型態；善的型態建立了，這就是立德了。立德，還有另一種意義，即是善德對人的影響，善德的影響有的是直接的恩惠，有的是間接的善表。一個善心人，救濟了許多窮苦人，他是立德；一位聖人賢人，引許多人向善，他是立德。立德所以是建立自己的道德型態，也就是建立自己的高尚人格。

人格是什麼?人格是一個人自我的代表，是他自己的表象。一個人有許多代表，他的名字代表他，他的職位代表他，他的個性代表他；但是真正代表他的「整體自我」，則是人格。

人格包含什麼？第一、包含他的品格，即是道德的型態；第二、包含他的名譽；第三、包含他的權利。人的權利在基本上是同樣的，凡是人都有。不侵害別人的人格，即不侵害他的人權。例如說：父親不傷害兒子的人格，老師不傷害學生的人格，即是不傷害兒子和學生的人權，予以看重。因此，人權，不算是代表每個人的自我，不要和人格相混。目前，有許多人就祇以人權代表人格，還是一種不完全合理的意識。

名譽，爲人權的一種。每人都有權要求別人不說他是惡，是壞，是小人；除非他真的作了惡事，才失去保守名譽的權利。所以名譽常和品德連在一起，有品德的人，則有名譽。

在人格所包含的要素裏，所以祇有品德真正是人格的主要要素；有品德便有人格。品德愈高，人格也愈高尚。品德和人格相連，沒有品德就沒有人格；許多人似乎不願意相信。一個犯法的人，在警署裏還需求刑警尊重他的人格，不能用刑求；這種人格，是基本人權。但是刑警和法官很可以罵他，爲非作歪，沒有人格，他則無話可對；這種人格，便是真正的品德人格。

人要有人格，務必要修德，理由何在？一個人既是人，他便有人格，爲何要修品德呢？品德不是從外面加上去的嗎？人格應是人本體所有的。

每個人當然是人；可是人之所爲人，不在於具有美麗雄偉的軀體，甚或具有美麗雄偉的軀體，而是在於營人的生活。人的生活是遵循人性的生活，使生命發展；生命的發展要求生活完成人性而不破壞人性。完成人性的生活是善，是道德；破壞人性的生活，是惡。因此，一個人不修品德，即是沒有道德，破壞人性的發展，竟至墮落，別人就罵他是畜生，不是人。因此，品德乃是人格的內在要素，而不是外面加上的附加品。

人格不是個性的表現；處處表現個性的人，並不表示他有人格。因爲個性祇是每個人天生的特性，特性可好可壞；例如天生溫良的人是善，天生暴燥的人是壞。人格乃是經過修鍊的品德，就如天生的寶石，雜有石砂，經過了磨鍊，纔能純淨光瑩。個性經過長期的修鍊，成爲品德，乃是人格。

一個人在品德上的成就，算是人的真正成就。品德的成就，純淨由人意志的努力而成，跟外面的環境沒有關係，跟人的遭遇也沒有關係，跟人的才能更沒有關係，完全靠自己意志的努力。貧家富家可以出聖人，逆境順境都可以修德，愚婦和博士同樣可以成爲聖賢。因此，命運不能限制人修德，社會勢力不能阻止人成聖。至於別種成就，學業事業和官爵，都要靠外面的因素；唯獨修德完全由人自己去做，而且祇能由自己去做。產業，學術，文化是累積性的，前代人可以爲後代人留下遺產，後代人在前代人的遺產上再往前進。道德，不能由別人幫助去累積，父親的道德不能留給兒子，最多祇是足以激勵的榜樣。每一代人的道德，是這一代人自己重新修的；每個人的道德，是這個人自己修的。

因此，品德是每個人真正的成就，人格也就是一個人自我的代表。

立德，可以不朽；而且爲最高的不朽。因爲道德是生命的完成，道德愈高，生命越得成全。宇宙間繼續不斷的，是生命的延續。人的生命爲宇宙裏最貴的生命，人的生命在宇宙裏長流不息。當一代的人認識自己生命的意義時，便瞻望前面世紀中生命最成全的人，佩服他們生命的完美，而景仰他們道德的崇高。因此，立德的人，在宇宙間乃能不朽。

2. 培養人格

立德爲一生的工作，人格的培養沒有止境。道德在人間沒有累積性，但在一個人的生命上，則是累積的。因爲道德發展個人的生命，生命的發展繼續向上；一個人的品德便要一步步地升高，一生不能止息。「自強不息」乃是培養人格的基本修件。

爲培養人格以建立品德，先要樹立一個理想。理想的人格，爲一成全的人格。孔子曾講「成人」，即成全的人：

「子路問成人？子曰：若臧武仲之知，公綽之不欲，卞莊子之勇，冉求之藝，文之以禮樂，亦可以為成人矣。曰：今之成人者，何必然。見利思義，見危授命，久要不忘平生之言，亦可以為成人矣。」（憲問）

孔子對於「成人」的理想本來很高，朱熹作註釋說：「成人，猶言全人。武仲，魯大夫，名紇。莊子，魯卞邑大夫。言兼此四子之長，則知足以窮理，廉足以養心，勇足以力行，藝足以泛應，而又節之以禮，和之以樂，使德成於內而文見乎外，則材全德齊，渾然不見一善成名之跡，中正和樂，粹然無復偏倚駁雜之蔽，而其爲人也亦成矣。然『亦』之爲言，非其至者，蓋就子路之可及而語之也；若論其至，則非聖人之盡人道，不足以語此。復加曰字者，既答而復言也。授命，言不愛其生，持以與人也。久要，舊約也，平生，平日也。有是忠信之實，則雖其才知禮樂有所未備，亦可以爲成人之以也。」

孔子對於成人的理想，要求有智仁勇三德，再加以禮樂文藝，即是有德有才。但這未免過高，一般人不能達到，孔子乃說祇要守義、負責、信實三點，也可以稱爲成人。按照這種理想，我可以說現在的人，能夠言行莊重，做事負責，對人誠實，就能稱爲一位有品德的人。

有品德的人，要有三個字：重、責、信。重，是自重，言語行動衣著，有自重之心，孔子曾說：「君子不重則不威，學則不固。」（學而）威，不是傲，不是氣態，而是令人敬重。青年人雖不可以令人敬，然要令人看重。所以言語行動和衣著，不宜輕佻，不宜暴露。責，是有責任感，作事力求完善，不怕犧牲。不合自己責任，破壞自己責任，有損廉恥的事，都不應做。信，是誠實，對人要誠，對事要信。

品德和個人的「我」有密切關係，個人是男是女，品德便不完全相同；男性剛強勇敢，有進取心，女性溫柔閑雅，富同情心。若反換了，男的柔弱，女的剛強，大家都會感到不適合。個人的職位也有關係、教師、軍人、商人、工人、實業家、電視電影演員等等，各有各的職務所要求的品德，一位教授像一位商人，一位武人像一位演員，都不適宜。培養人格，便應注意自己的職務。

至於培養品德的方法，我前面第五章講修身時，已經提出修德以培養人格的方法和步驟；認識自己，常加反省；克制情慾，以鍛鍊意志；忍耐不屈，跌而再起；有過則改，知善必行。在這些方面，須要持之有恆，必定可以有成就。

二、事業

1、功勞的價值

三不朽的第二項爲立功。功，爲功勞。功勞，爲勞苦以立功；功則爲對社會，對國家，對人類有益的事業。一椿事祇對自己本人有益，或對自己一家有益，不足以稱爲功勞。古來修路修橋，爲一方社會有益，便稱爲積功德。建立義田義倉以救濟鄉村貧戶，也是對地方有功。古代治理地方的官，對地方人民作了許多有益的事，地方人士便爲他建立生祠，以紀念他的功德。對國家有建樹的人，如古代的聖君，賢臣，良將，歷史上記載了他們許多偉大的事蹟，稱讚他們對國家有功。科學發明家，大思想家，加發明電，無線電，原子能等等科學家，對全人類有功。這些對社會，對國家，對人類有益的事，便是使人不朽的功勞。

所謂不朽的功勞，不是事業本身不朽。事業或爲工作，或爲建設，或爲思想，都要成爲歷史過去的事。例如郭子儀救了唐朝，曾國藩救了清朝，這是救國的工作，工作完了，事情就過去了。秦始皇修萬里長城，米開蘭基羅建聖伯鐸（彼得）大殿，他們的建設今天仍舊存在，然須時加修理，否則早已頹廢。基督的福音，孔子的思想，則因爲精神性，可長留人間。然而所謂功勞，不指事業的本身，是指事業對人的益處，益處可大可小，可廣可狹，可久可暫。功勞因此也有大小，廣狹，久暫。但是，不朽並不在於事業的益處，而是益處所造的名譽，名譽留到後世，立功的人乃有不朽。

功勞既是事業，事業又是工作，立功則是由工作而來，功勞的不朽，理應歸於工作，工作便可有不朽的價值。爲使工作成爲不朽，先應有作大事業的志向，志向連繫一貫作業的工作，完成所定的志向。

志向，是每一個人生活的目的。目的高，志向也就高。先總統 蔣公說：

「我們人生的目的，到底是什麼？就是在增進全人類的生活，如果各人自私自利，不顧百姓飢凍痛苦，這算得是什麼人？還有什麼人格？」（革命黨員要做強毅的無名英雄）

「生活的目的，究竟是怎樣呢？如果一個人的生活，只管他自己個人的生活，而不問團體的生活怎樣，全人類的生活怎樣，這是一般動物的生活，不是人的生活。所謂人的生活，是要增進全體人類的生活為目的的。」（怎樣盡到做人與革命的

責任）

在造物主的計畫中，或者說在自然界天生的次序裏，每件物體的「存有」，和宇宙間物體的「存有」互相連繫，互相協助，決不是「物競天擇，弱肉強食」。自然界的物體，沒有理性，沒有自由，天然地以自己的「存有」對大自然作一分貢獻。即是一株小草，一隻小蟲，在大自然中有牠的意義。人有理性，能自由選擇，本應按照人性的規律，以仁心服務爲目的。若祇自私，那便禽獸都不如。立志向，作大事業，即是爲廣大群眾服務。歷史上的偉人，莫不是身懷大志。祇要翻開《史記》，便可證實。

「項籍少時，學書不成，去學劍，又不成，項梁怒之。籍曰：書，足以記名姓而已，劍，一人敵不足學。學萬人敵。於是項梁乃教籍兵法，籍大喜。略知其意，又不肯竟學。」（項羽本記）

「里中社，平為宰，分肉食甚均，父老曰：善！陳孺子之為宰。平曰：嗟乎！使平得宰天下，亦如是肉矣。」（陳丞相世家）

「王曰：誰可使者？相如曰：王必無人，臣願奉璧往使，城入趙而璧留秦，城不入，臣請完璧歸趙。」（廉頗藺相如列傳）

孟子也曾說：

「夫天未欲平治天下也？如欲平治天下，當今之世，舍我是誰哉！」（公孫丑下）

蔣經國總統於民國七十三年教師節賀辭，勉勵教師人人具有孟子的志向。

「今天我們國家民族正面臨興衰榮辱的強烈挑戰，希望全體教師們繼續發揮熱忱，以『當仁不讓』、『捨我其誰』的精神，致力於國家建設與社會改造最根本的有才工作，作學生青年和一般民眾的先驅。」

先總統 蔣公勉勵青年學生，立志遠大：

「青年學生，只要能立志，就個個人可以做歐陽修，王安石陸象山和文天祥，為一鄉一省增光，為國家民族增光，但先不能立志耳！古人說：『與滅國，繼絕世。』『為天地立心，為生民立命，為往聖繼絕學，為萬世開太平。』我們現此就要如此立志，我們為學的目的也就是如此。」

（立志爲學與服務）

天主教有一個很大很有勢力的團體，名叫耶穌會。他的會祖名叫依納爵，爲西班牙的一位聖人。當他壯年從軍，受傷，被棄，在拘禁所讀聖經，讀聖人列傳。一天，他對自己說：「既然聖人們都是人，他們可以成聖，我爲什麼不能？」便立定志向，棄軍求學，在巴黎大學結合同志，創立了耶穌會，既成了聖人，又成功了許多大事。

天下的事，定靠有心人去做國家的一切建設，民族的文明，都是人所建立的。垂名不朽的偉人，是各種事業的先知先覺，率領眾人從事建設，以他的才智、毅力和勇氣，使事業有成，造福社會人類。

2. 工作的價值

事業由工作而成，工作分有事業不朽的價值。工作在自己的本身上，就是不成爲不朽的事業，也有自身的價值。人的「存」有的生命，生命的活力，常在求進取，使自己的「能」，成爲現實的「行」。每一工作，即是生命力的表現，爲每一個人生活的活動。生命的「能」成爲現實，使生命得到一分的成全，多一份的發展。所以工作的本身價值，即爲發展人的生命。

工作又是一種「動」，「動」有起點和終點。工作的起點，常是工作的本人，工作的終點，則是本人或他人從事。工作終點的意義，爲有益的服務；如終點爲本人自己，例如修德，修德爲本人有成全生命的益處，又如讀書，讀書也有成全生命的益處。如終止爲他人，例如修建房屋，爲住的人有益。在政府機關辦公，爲民衆有益。耕田，爲大家有益，所以工作的終點，常爲生命有益。不過，生命表現的活動，應守生命的原則和規律；動而合於原則和規律爲善，對生命有益；不合，爲惡，對生命有害。例如偷竊，搶奪，強暴，種種惡的活動，不配稱爲工作。

工作重複，繼續不斷，便成爲職業。職業在社會生活裏，成爲工作的代名詞。社會生活，須要各方面事物，這些事物，由人們工作去製造。衣食住行爲人類生活的基本，在這些方面所需要的事物，在原始時代，由本人或本家人自己去造。社會生活進行以後，衣食住行所有的需要逐漸增多增高，不是每一個人的才智所能造的，於是有專業的人來製造。到了工業發達以後，出現了各種的工廠，工廠中有成百成千的工人。社會生活越進步，社會生活又需要娛樂保健的事物，因而出現從事這些方面工作的人員。這些工作，分類集成各種職業，所有職業都是爲應社會生活的需要而產生。以往的職業分爲士農工商，以士爲最高。至於兵和戲子不稱爲職業。現在，社會的職業則加多了，普通有公務員，有自由職業，有農漁工商，還有文化界的各種工作人員，職業的高下，常隨社會價值觀而定，按照目前社會的價值觀，以金錢的收入作爲職業高下的標準。因而造成不合道德有害社會的賤業，如娼妓，如慣竊。

職業的本身本來沒有高下，都是爲供應人類生活的需要；而工作的本身也是沒有高下的等職。但是因爲工作所用的或是用腦，或是用手，腦比手要算高貴；於是用腦的工作較用手的工作爲高。工作又是爲賺取薪金爲謀生，高薪金的工作便被人看重，薪金低的工作便被人輕視。但是按職業的意義去看，若職業使受益的人愈多愈廣愈久，價值便愈高；又若職業使人精神受益，則較比使人物質受盡的職業，價值要高。教師本來不是職業，乃是使命；神父教士也不是職業，也是使命；因爲都不爲謀生。爲使命而工作，工作的價值很高尚。

但是，爲謀生而工作，工作的價值並不貶低人的人格，人的生命是最寶貴的，造物主給我們爲保持和發展生命的工具，是工作。我們運用工作的勞力爲謀生，自食其力，是天然的現象，也是人的人格表現。大學的工讀生，夜間部的大學生，一面工作謀取學費，一面上課求學，他的工作精神，很可佩服。

大專學生畢業後尋工作，當然應能學有所用，選擇合於所學之專長的工作。但若不能得到適當機會，接受別種工作，也應以喜愛和負責的心去做。

人人若工作，人人可以有社會的不朽。創業立功的偉人，則爲立功成名的不朽。

三、立言

1. 言的意義

我們人是社會性動物，生活在人類社會裏，在生命發展上互相關連，彼此便應該溝通，溝通的管道是言語。言是每個人表現內心的工具。人的內心有理智，有感情，人和人相處時，要向人表現自己所想的，和所感受的。首先用臉色，再以用手勢，再後用言語。最後用文字。臉色和手勢，算是天然的符號；言語和文學，則是人造的傳達方式。所以表現內心的工具，有符號，有語言。

符號有天然的，也有人造的。天然的符號所有表現力，很簡單，容易被認識。人造的符號則常複雜、而且神秘，如宗教方面所用的符號，常帶神秘性，人們製造符號，要用圖形或顏色。如中國社會用紅色代表喜事，用白色代表喪事。西洋則用黑色代表喪事，用白色代表喜慶。圖形和顏色既是符號的原素，這種原素的應用，逐漸進爲圖畫，再進爲彫塑的各種藝術，藝術的作品都是表象，以象表現作者內心的感受，藝術作品的表現力，屬於符號的表現力，簡單而又直接。我們欣賞藝術作品時，直接體驗到作者所要表用的內心感受。假若，觀者對著藝術作品，須要經過思索，以懂得作品的意義，由意義再分析作品的美；這種藝術作品，已成爲宗教符號一類的符號，以表現抽象意義爲主，不以表象之美爲主。

言語，是一種聲音，這種聲音經過人工的連繫，表達人的思想。思想常先有觀念，存在內心，觀念成爲言語，表現於外，言語和觀念常合而爲一，沒有觀念的言語，祇是一種沒有意義的聲音。言語是聲音，聲音一出來便消逝了。使言語可以存留，傳遠傳久，人乃製造了文字，文字代表言語。

人們的聲音，還另有一種表達，即是音樂。音樂也由人製造的連繫，把聲音連成樂調，表達內心的感情。樂調的音符，也稱爲符號；但音樂不是符號，因爲符號是圖象，音樂則是聲音，和言語相似。言語以邏輯方式表達思觀、音樂以樂調表達情緒。

因此，立言，包括美術、文字、音樂的作品，以符號和聲音，由人的智慧，表達人的內心，達到真美善的境界。言語的表達，首先要善，所表達的思想不能是惡，惡則傷害生命；其次要深刻，淺薄的思想人人都有，不足以流傳於後，要美，文字的結構，明瞭而又動人。音樂的表達和美術的表達同樣須有美，孟子曾說：「可欲之謂善，有諸己之謂信，充實之謂美，充實而有光輝之謂大，大而化之之謂聖，聖而不分知之謂神。」（盡心下）立言而能不朽，作品須要是「可欲」、「有諸己」、「充實」、「充實而有光輝」，即是善、信、美、大。

三不朽立德、立功、立言；立德者少，立功者多，立言者最多。立德者少，因爲立德爲終身的努力，克治私慾，和天心相合，「窮不失義，達不離道。……得志，澤加於民，不得志，脩身見於世，窮則獨善其身，達則兼善天下。」（孟子 盡心上）

「所過者化，所存者神，上下與天地同流。」（孟子 盡心上）這等的修身工夫，普通一般人不能有始有終，孔子已往嘆說：「已矣乎，吾未見能見其過，而內自訟者也。」（公冶長）「矣乎！吾未見好德如好色者也，」（衛靈公）立功者多；功勞爲益於社會的工作，工作因著對勢而發生重大的影響，「英雄造時勢，時勢造英雄」，時勢爲外在因素，常因社會的需要而迫成，順著時勢的要求，便可建立事業。孟子引齊國的俗語說：「齊人有言曰：雖有智慧，不如乘勢，雖有鎡基，不如待時。」（公孫丑上）又引曾子批評管仲說：「管仲得君，如彼其專也，行乎國政，如彼其久也，功烈，如彼其卑也。」（同上）立功，在有毅力，在乘時勢。立言者最多；因爲每個人都天然地要表達自己的內心，爲表達內心因而尋求表達得美，「十年寒窗」，必能有得。因此，圖書館的書，「汗牛充棟」，美術館的作品，從地面疊到天花板作者都留了名。

2. 立言

然而立言者雖然最多，真能不朽者仍舊很少。中國的文人、詩人、畫家，在美術史上成百成千，在人心目中則寥寥無幾，文章和美術雖爲表現內心工具，表現內心雖爲每個人天生的要求，但是要表達得美，則需要天才。哲學家、思想家、科學家、須要有過人的智慧；過人的智慧是天才。音樂家、畫家、彫刻家，須要有過人的敏感和表達的靈妙，這又是天才。

可是，誰敢說自己是天才？又誰不能說自己有天才？僅僅靠著天才而不自加努力，仍然不能有立言的成就。因此，每個人都該努力，按著自己的傾向，以求有成。

言語文字為每個人所必須，既然是必須的，便求語言文字能夠通達，思想能夠正確，表達能夠邏輯。一個啞巴，有話要說不能說，他內心的痛苦是何等大，俗語說：「啞巴吃黃連，有苦沒法說」。一個不會好好說話，不會好好作文的人，就像一個啞巴，不能表達自己的思想和感情。相反的，若一個「能言善語」，「行文流水」的人，在講過一篇演講，寫成一篇文章以後，能夠「暢所欲言」，內心的話都說出來了，心中感到舒服痛快。

一個人雖不是音樂家，雖也不是畫家；然而自己有感於心時，彈一曲鋼琴，奏一曲提琴，或畫一幅畫，琴奏完，畫也撕了，心中卻也流暢了。

言，不論文章，不論藝術，都為表達內心。立言，則是表達內心，表達內心求得其當，使心靈舒暢，應是每人所想望的。若說立言而不朽，使內心所有，表達於千萬人，表達於千年萬代，應更是合於人的心願。

四、每個人的成就

1. 個人的成就

立德立功立言，爲人生的成就；世界的文明，由這些成就而造成。中國的文明，由孔子、漢武帝、唐太宗、李白、杜甫、司馬遷、韓愈、關漢卿、文同、吳鎮、朱熹、王陽明、董其昌、孫中山、蔣中正等等不朽之士所創造，所發展。他們和歷代其他名人，立了德、功、言，把他們一生的成就，貢獻給中華民族，作爲中華民族的遺產。

但是幾千年來，億萬的中國人，難道就沒有成就了嗎？聖賢豪傑和名士的成就，成爲國家民族的成就；可是每個人的生命是每個人自己的生命，他們的生命雖然要聯合以謀團體的共同生命，然而在生命的根本上，生命是每個人的，生命都是活的生命，都追求生命的成全，使自己所有的「能」，成爲現實，生命乃更圓滿這種圓滿，便是每個人的人生成就，所以每個人的一生，應該都有成就。這種成就對於國家民族的文明，乃是基層的成就，配合聖賢豪傑和名士的成就，民族文明才可以建立。

每一個人的生命追求發展，以達到生命的圓滿。生命追求圓滿，以生命的活動爲途徑，生命的活動即是人的生活，人的生活常在具體的環境中進行，受環境的限制，祇有聖賢豪傑和天才藝術家才能夠突破環境的限制。在具體的環境中，各人發展自己的能力，達到自己所追求的目的，便是人生的成就，一個家庭婦女，看到自己的子女自立成人，她便感到生命的滿足，她就有了成就。一個經商店舖的商人，看到自己的生意，受到顧主看重，商務流暢，他心中滿意，這就是他的成就，士個農夫看到自己田裏的稻穀豐收，心中快樂，這就是他的成就，一位教師，看到自己的學生，學業和人品都好，自己感到歡喜，這就是他的成就。所以每個人在自己的崗位上，盡好了自己的職責，他就有了成就。

《中庸》說人生之道，若說容易，匹夫愚婦都可以做到；若說難，就是聖人也不能都做到。人生的成就即是人生之道的成就，淺近地說，每個人都能有成就；高遠地說，聖賢豪傑的成就，也不能算圓滿的成就。

作惡的人，破壞了自己的生命，不能有生命的成就。懶惰不進取的人，使生命不能發展，反而萎縮衰敗，也不能有生命的成就。

自強的人，則不論在任何環境中，滿全了自己的責任。建立了自己的人格，發展了自己的生命，便有了自己生命的成就，對於國家民族也有了貢獻。孟子曾說『窮則獨善其身』，既能好好地修身，「窮不失義」，建立了人格，一個「善其身」的人，乃是國家的一個好份子。國家好似一棟大廈，除了棟樑以外，須用一塊一塊的磚，每個「善其身」的國民，乃是一塊好磚，國家靠他們而建立。因此，每一個人的成就，對於自己，是生命的發展；對於團體，爲建立團體的成素；兩方面都有價值。

先總統　蔣公說：

「一個國家的建立，國民精神和體力的建設；是不可少的兩個先決條件。一定要全國國民，人人有強健的身體和飽滿的精神，然後立國的查根本纔算鞏固，古人所謂『民為邦本，本固邦寧』，就是這個道理。」（建國要素、精神、和必成的信念）

每個國民的人生成就，在於生命的發展，身體的強健和精神的飽滿，當然是人生的成就，何況還有每人的善盡職責，更能使立國的根本鞏固，因此，每個人的人生成就，發展了自己的生命，也發展了國家的生命。

從我們天主教的信仰來說，個人的人生成就，更有一種最內在又最不朽的價值。天主教相信，人的精神生命，不在今生就完結，要等到來生才完成。人心追求無限的真美善，今世的事物沒有一件具有無限的本性，沒有一件可以滿足人心的追求。在來生，人的靈魂面對造物主天主，乃能得到無限的真美善。欣賞無限的真美善，即是來生永久的幸福。欣賞是愛，不是研究；來生欣賞無限的真美善，以靈魂的愛而欣賞，愛心高，欣賞高；愛心愈高，欣賞也愈高；幸福隨欣賞成正比。靈魂的愛即人心的愛，人心的愛由今生去培養，來生只是運用。今生培養對天主的愛，在於平日行善，滿全職責，建立品德。因此，每人今生的成就，培養自己來生欣賞無限真美善的愛心，建立來生永久的幸福。每人今生的成就，無論大小，都有永生幸福的價值，永生幸福的不朽，乃是自己「生命」的不朽，較比人世自己的「名」的不朽，意義更重大了；何況每一個人，不論在人世，有或不有不朽的「名」，個個以自己人生的成就，都能取得「生命」的不朽，進入「天人合一」的幸福境界。

2. 個人的幻想

年青人富於情感，想像活潑，對於人生常多幻想。

幻想，普通說是不著實際的想望，沒有客觀的基礎，祇是自己主觀的想像，繪聲繪色。所以說是「天想霏霏」，或是說「常在夢想裏生活」，莊子曾經說自己夢作蝴蝶，醒來以後，竟懷疑自己蝴蝶是夢或莊周是夢。

幻想雖普通說是夢想，然而實際上所謂幻想並不都是一樣，有的是在實際上有幾份基礎，有的是幾份可能，有的則完全是夢想。對青年人說幻想有益處，因爲幻想可以激起青年人的向前情緒，加強青年人對將來的希望，對人生的活力。一個青年完全講實際，年少老成；他作事可以少犯錯誤，但常缺乏進取精神。

青年在愛情上，多有幻想，在事業上多有幻想，心情便常活潑，追求幻想的實現。但是危險性也較高，失敗的次數一定多。一旦美夢完全破滅，幻想變成了虛無，心情立時冷卻，失望的情況就會發生。因此，青年人要緊知道辨別幻想和實事，心中雖然可以對事件存著幾分幻想，但要保持自己的心情，不因失敗而失望。既然所追求的是幻想，就是幻想有幾份客觀可能性，也該預備自己的心，接受失敗的經驗。青年人不宜過於老成，祇求實際，也不宜過於幻想，常以虛爲有；應該在求學時學習推理的方法，知道對事實常加分析。這樣，若對人生前途，存些幻想，可以說能有益處，雖然美夢難圓，然也可以加增青年的幹勁，但當美夢破碎時，要能屹立不亂。

註：

(一) 胡適 不朽 胡適文存第一集卷四 遠東圖書公司

(二) 史記 項羽本記

(三) 史記 陳丞相世家

(四) 史記 廉頗藺相如列傳。

第九章　人生的提昇

柏拉圖曾講人有精神性的靈魂，原來生存在觀念世界，後來和人的體軀相結合，成爲一個人；然而靈魂覺得被困在物質性的軀體內，生活不舒適，常願脫離軀體再回到觀念世界，繼續原有的精神生活。

黑格爾曾講絕對精神體，爲唯一的實體。絕對精神體向外有所表現，所有表現成爲宇宙，爲絕對精神體的非我（異化）。宇宙漸漸意識到自己是精神，由藝術、宗教、哲學層層恢復精神的意識，乃回歸到絕對精神的自我。這種歷程，爲正反合的辯證式。

這兩位西方大哲人，所講的不完全合於事實；然而講到人生的一個重點，這種重點在中外的哲學和宗教裏成爲討論的焦點，即是人的生命，不能包圍在物質以內，要求向精神界發展，使人的生活，提昇到超於物質的層次，進到欣賞眞美善的境界。這就是人生的提昇。

人的生命爲活的生命，活的生命要求自由發展，在軀體方面要求肢體的發育健強，在心靈方面要求知識和感情的發揚加高。生命得到自由發展，立刻感到舒服，使生活快樂。追求快樂所以是生命的天然傾向，生活快樂也就是生命的正常狀態。

快樂的來源，不是物質。物質是量、是重、是笨、是呆板？快樂是活潑，是和諧，是交流。因此，爲得生活的快樂，必須人生超越物質，提昇到精神界。

人生的提昇，有自己的層次。遵循提昇的層次，人的生活逐漸超出物質的束縛。最低的一層爲娛樂，娛樂雖尙在物質的範圍內，卻已經能使軀體能到活動的自由，使心靈從日常的職務生活裏得到解放。上一層則爲藝術，藝術雖用物質的圖形和顏色，然已經作爲精神的表現，使作者和欣賞者升入精神的交流。再上一層爲學術，學術爲理智的活動，使人生活在精神的觀念界。最上一層爲宗教，正當的宗教信仰絕對不是迷信，引導人的心靈向至高至上的精神體以求結合，人的生命達到追求眞美善的目的。

人生的提昇，不能是毀滅或捨棄軀體，否則是破壞人本體心物合一的生命，而是提昇軀體，予以精神的意義，使軀體不以物的物質的重量壓迫精神心靈，心靈超升物質以上，軀體也得到輕鬆空靈的感覺，從日常的生活中暫時得有解脫。

一、娛樂

1. 體育的意義

先總統　蔣公在《三民主義》的〈民生主義〉後面，加上育樂兩篇，對於康樂的意義，蔣公說：

「第一就是一般國民的身心能夠保持平衡。第二就是國民的情感與理智能夠保持和諧。……

我們中國古來的賢哲，特別重視國民情感與理智的平衡與調和。從前中國號稱禮樂之邦，到了現在，一般人不探討禮樂的本義，只是把禮樂當做陳舊的東西，一筆勾銷。殊不知禮的本義是節制情感，樂的本義是調和情感。所以《禮記》說，禮的作用是『節』，樂的作用是『和』，在這節與和兩重作用之下，達到情感與理智和諧的境界。這才是禮樂的本義。

一個人要身心保持平衡，纔是眞實的健康；要情感與理智得到和諧，纔是眞正的娛樂。」㈠

蔣公講述身心的平衡和理智情感的和諧，以身心平衡屬於體育，以理智情感和諧屬於娛樂。

體育是教育身體運動，使身體健康。蔣公說：

「怎樣算是健康？一個人能夠充分工作，抵抗疲勞，就算是健康。健康不僅是生理狀態，也是心理狀態。一個人要在生理和心理上都能適應他的事業，纔算是健康的人。」㈡

人的身體是物質物，物質物常動必然要消耗，也自然會疲倦。爲補償身體的消耗，我們要有適當的飲食；爲消除疲勞，我們要有適當的休息。但是，爲積極地保持身體的動力，則要有運動。

運動，是用適當的方法，運動身體的肢體和筋骨，使身體發育，血脈流通，精神愉快。

運動的對象，是身體在生理方面的活動，另外是動手動腳，同時整個身體也隨著動。運動的效果，在於生理方面的強健，又在於心理方面的愉快。因而，得到身心的平衡，人成爲健康的人。

運動成爲體育，爲學校教育的一部份，因爲青年學生的身體正在發育時期，需要有系統的導以運動方式；又因學生求學時，常習慣靜坐，需要以運動使身體在生理上有平衡。體育因此成爲學校的必要課程，且須以考試強迫學生實踐。再者，運動雖爲身體的生理動作，然須伴有倫理的規律和精神。運動道德即是運動的精神，由學校體育加以報導，予以培養，運動的道德首先在於群體的意識，雖以個人的動作，作爲運動的基本，然運動時常有團體的行動，常以團體的名義，如某某學校隊，如某某球隊，如某國代表隊。參加者應有團體的意識，又有爲團體利益的意識。運動道德又爲求有正義感，比賽的方式，裁判的決定，都須合於正義，而又以負責的正義感予以接受。運動的進行常有規律，正義感強迫參加的運動員切實遵守。運動員還要有一種高尚的精神，超於金錢，不爲錢而運動；超於團體界限，不是團結而成仇敵；超於勝負，勝不驕，敗不餒。組織比賽的團體，也不宜以勝負加諸運動員心理的壓力。例如我國青棒、少棒出國比賽，奪冠軍的心理壓力太大，運動員不勝負擔。

運動成爲全民運動，乃是近年所有的現象，意義正確，也有實際價值。全國人民注意身體的健康，實行健康運動，足以改良社會邪僻消遣的不良風氣。但是目前，我們國人的心理，在教育和道德上尚缺成熟，常有一窩蜂的傾向。在商場、在思想、在社會行動，時常出現這種缺乏成熟意識的現象，在民衆運動裏也時常看見。例如登山，一天裏幾萬人群起登一座山，成了大家「趕集」，失去運動的意義，成爲一種宣傳。至少，應在同日，分成許多隊伍，走向不同的目標因此每個人要知道自己身體適於何種運動，然後有意識的常去實行。運動成爲經濟的不正當行動，目前各國很盛行。例如足球勝負賭，賽香勝負賭，還有以金錢買通球員以決勝負。這些行動都是不道德行動。

先總統　蔣公還說：

「今日國民體育，只是運動場上的班隊與體育等各種競賽，這是不夠的。我們更要提倡山林川原上的各種運動和技術，最重要的是下列幾種：

(一)射擊……古人說「射者必正其身」這種修養在今日仍然有其重大的意義。

(二)駕駛……我們要做現代國家的國民，對於現代交通技術便不能沒有正確的知識和能力。

(三)操舟、游泳、滑冰與滑雪……

(四)國術。中國的拳擊不僅是角鬥的方法，更有其體育的意義。拳擊的最高境界是心平氣和，意到力到。這種修養是外國拳擊所不能企及的。……

（五）舞蹈。……舞蹈在個人是發抒其內心的情感，表現其合群的天性。在群眾是鍛鍊其集體意志，養成其合作的精神。……」㈢

這些運動為民眾運動，跟娛樂不分，成為娛樂的部份，為民眾健康的娛樂，以娛樂去強健身體。

2. 娛樂的意義

我把體育和娛樂分離，體育屬於教育，具有學習知識的意義。體育的技術，體育的規則，都具有知識的價值；體育的道德，更屬於教育，以培養學生的人格。

娛樂，是消閒，以輕鬆的活動，消除身心的疲倦。娛樂，具有調節的功效，調節身心的勞力。因此，為有娛樂，人須放下日常的工作，或是勞心的工作，或是勞力的工作，都須放下。放下了這些工作，人可以在家睡眠休息；然而睡眠休息，祇是偶而在必要時或老年時，白天有閒而睡眠，但不能成為假日的習慣。假日或沒有日常工作時，須有別種的輕鬆工作，一面散心，一面運動，使工作的精力得以恢復。

先總統 蔣公說：

「從放任主義者來看，一個國民一天工作之餘，有了閒暇，這本是他個人的私生活範圍，國家不應過問，社會不必關心，但我們要得下列三點來研討，就可知現代社會中閒暇利用問題的嚴重性：

（一）在農業手工業時代，一個人的工藝不僅表現他的個性，並且陶冶他的人格。到了機器工業時代，分工愈細，個人工作的程序愈是簡單，每一工作者的技能在成品中是無從表現的。每一工作者的個性在工作的過程中是完全埋沒的。因此，在工業社會裏，一般勞動民眾的人格如何陶冶和個性如何修養都成了工作閒暇時間的問題。

（二）在農業手工業社會裏，個人的起居作業，有其自然的節奏。所謂日出而作，日入而息，閒暇並不成為特殊問題。到了機器工業時代，特別是城市裏，起居作息成了社會問題，怎樣利用閒暇，也就成了社會問題。國家對於這個問題便不能不關切和過問了。

（三）在農業社會裏，一個人去工作，享受田園之美，國家休息，享受天倫之樂。過年過節的時候，家人團聚，共度良辰，一般娛樂可以說是以家族為中心。

到了工業社會，娛樂漸從家庭生活脫離，而有商業化的趨勢。特別是在城市裏，群眾的閑暇大部份用到商業化的娛樂上。那些組織娛樂來營利的商人，為了爭取多數主顧，便一意迎合群眾的口味，更使他們作為商品來出賣的娛樂，漸趨於低級。無論是戲劇，音樂、電影、廣播或是舞蹈，甚至報紙雜誌的文藝，在今日，都不免走向低級趣味的道路。所以國家如對國民的閑暇和娛樂問題，沒有計畫來解決，其結果就是讓那些組織娛樂來營利的市儈來代替國家解決，這是何等嚴重的事情。」(四)

目前，還有其他的現象。青年學生，全國是百萬以上，假期都不在家中，常在外面找娛樂。成年人作工，因工業自動化，機器精密化，工作的日期減少，閑暇的日時加多，消度閑暇便成了問題。老年人因有退休制度，不繼續作工，醫藥進步，壽命加長，於是老年人的康樂，遂成為社會大問題。因此，現在，娛樂，已不僅是私人的生活，已經成了國家政策的一部份。

娛樂的意義，本為調節勞力，恢復身心的工作能。這種的娛樂，應該是輕鬆，又能解散心神的活動，既不能有傷身體，又不能傷害心靈。

娛樂成為假日的消遣，已經不是調節體力，而是利用時間。學生的假期，成年人的休假，老年人的退休，都有長的時間，應好好利用。既是假期或退休，則這段時間不能用爲休假的人所有的日常工作，而須要用於其他的輕鬆工作。這些工作既能有益於他們的身體，也要有益於他們的心靈，以增加智識，學習技能，開拓胸襟。因此，這些娛樂須要和教育，和藝術，和宗教相結合。現在青年救國團爲學生舉辦各種的寒暑假期活動，市縣政府舉辦各類的藝術週或藝術季，社會各界籌設老人多處康樂中心，都爲適應社會人士的娛樂要求。當然，也有如先總統 蔣公所說營利的商人、在社會設置各種的娛樂場所，其中常有不正而有害身心的節目，造成社會的一大問題。 蔣公說：

「一個國家的文化，從國家的娛樂上考察，纔看得親切，看得顯明。我們中國國民的娛樂以什麼為最普遍呢？漢代的人喜歡射獵，唐代的人喜歡蹴踘，這都是山林原野上的娛樂，使國民養成其尚武精神。現在一般國民應娛樂，大抵走向賭博一類斲喪身心的道路，這是我們革命建國事業上必須痛加改革的。」(五)

幸而年青的一代，現在已漸漸走向登山、露營、航海、游泳的娛樂、鍛鍊自己的身體、培養自己的人格。

體育運動和娛樂，目的爲調節身心，使人從日常的生活裏得有暫時的解放。日常生活常多帶物質性，所以體育和娛樂應少有物質的意義，遠離食、色、金錢，否則失去了運動和娛樂的意義，傷害人的身心。

二、藝術

人的心靈，天生有求美的傾向，美感爲人的天性。宇宙萬物不是偶然而湊成的，也不能自然地盲目而成的；而是由造物主有計畫而造成的。科學家研究宇宙的各種物體，越往深處研究，越體認到每種物體的奇妙和美麗。生物學家、地質學家、天文學家，常在種種的奇妙和美麗的自然物體中，感到驚喜。造物主是絕對的智慧，祂所想的是反映祂本體的神奇美妙；因此，祂所造的萬物都或多或少分享祂的神奇美妙。每種物體都具有自己的美，而人有靈敏能欣賞物體之美。因此，天性就傾向美而有美感。

藝術，爲美的表現，爲美的象徵，也是美的代表。美，是什麼？孟子曾說：

「可欲之謂喜，充實之謂美，充實而又光輝之謂大，大而化之之謂聖，聖而不可知之謂神。」（盡心下）

孟子所擬的層次：善、美、大、聖、神，一共五級，依級而上；美，爲第二級，有善而後有美。這一點以從本體論去看。本體講物的本體，本體是個「有」；「有」爲能夠有，應該有自己本性應該有的一切，否則不能有，這是真，也是善，又是美，是真，因爲是他自己，不是假的；是善，因爲他有自己的一切，沒有缺憾；是美，因爲他是成全的，所有成份則得其當。孟子所說善，以爲是「可欲」，因爲一物體對別的物體成爲可想取得的；一定爲他有益，使他的生命取得成全。所談的美，以爲是「充實」的，即是沒有缺憾，具有自己應有一切。然而僅僅充實，祇有美的基本條件，美能爲美，還要有各成份子的和諧，而還有光輝。所以，孟子所說的大，應和美相連。因爲，一個人可以稱爲美，必須他的眼、耳、鼻、口臉、四肢、軀體，都各得其當，不大不小，不偏不差，互相和諧，而且有光輝的神色。美，便是份子的和諧及全部的光輝。

人體美是自然美，花草的美是自然的美，山水的美也是自然的美。自然的美，必是份子和諧而全體有光輝。在自然美中，有外像的美和內部構造的美。外像的美以顏色的光輝表現各份子的和諧，例如一朵玫瑰花，顏色和花形非常美麗。植物學家和生物學家進而研究一朵花的結構，一個動物的內部生活，發現內部結構非常美妙。又如天文學家研究宇宙的結構，更發現宇宙的結構大而神妙。科學家便感覺物體內部結構非常美，這種美是觀念的美。

藝術，表現內外的美，爲人造的美。人爲創造美，或者仿效自然界外在之美，或者表現自己內心所有的美。仿效自然界外在美，爲畫和彫刻；表現內心之美，爲詩歌、散文、戲劇、舞蹈。自然界外在之美；有人體之美和物體之美；內心之美，有感情之美和思想之美。雖然，在藝術哲學上，可以討論藝術爲表現自然界外在之美，不能是模仿自然，必須經過作者內心的構造。也又可以討論畫和彫刻不僅爲表現自然界外在美，也可以爲表現內心觀念之美。例如抽象畫。

但是，我在這裏不是講藝術哲學或美學，我是講人生哲學，是講美和人生的關係。

人心自然傾向美，喜歡自己有美，又喜歡欣賞外物之美。實際上對於自身之美，也是爲著自己的欣賞，又爲著別人欣賞。所以，美和人生的關係，是在於欣賞。

欣賞是什麼?欣賞是人心認識美，因著欣賞而引起愉快的感覺，對於美的認識，是直覺的，不經過思索。美學上便討論對於美的直覺是否有一種特別的美覺感官，不是理智也不是感官，然又會有理智又會有感官。實際上，我們不必添設一種美覺感官，美感是理智和感官結合的一種直覺。因爲芟沒有理智，感官不能認識美；若沒有感官，理智對於外在的美也不能認識。

人在欣賞美時，得到什麼？得到一種美所引起的愉快。美所引起的愉快，不在感官上，而是在心中，不僅在心中，由心靈又傳到感覺上，身體也因而覺到舒服。因此，欣賞美的愉快，是心靈的精神愉快。

在我們的生活裏；我們可以有機會欣賞自然之美；欣賞花草之美，欣賞山水自然景色之美。但欣賞美的最多機會，乃是欣賞人造的藝術之美；欣賞畫，欣賞音樂，欣賞戲劇和舞蹈。

欣賞美給人生有什麼影響？可以提昇人的精神，進入天人合一的境界。對著自然界的美景，人的精神超拔，昇入造物主的美中，濾清心中的污濁情慾，心靈純淨清白。欣賞藝術家的作品，精神和藝術家的心相融合，被藝術家引入美的深奧，真能物我兩忘。聽音樂，因音樂之美，可以聽得入神。普通常說陶醉於美感中，使人忘記了軀體。

欣賞藝術之美，誰也超不過藝術作者自己。藝術作者對於藝術的工作，更有「表現自我」的興奮，時同又陶冶自己的性情。先總統 蔣公說：

「中國過去的學術文化界，講究個人品德的修養，與性情的陶冶，把琴棋書畫看得很重要。書畫兩者是相通的，能畫的人必能書。並且能書能畫的人又往往長於雕刻。士人說：『志於道，據於德，依於仁，游於藝。』美術的最高境界便是智德合一，身心合諧的境界，到了今日，我們更不能以個人的修養為止境，必須把美育普及於一般國民，總算是盡了教育的天職。」㈥

但是，藝術之美應和善和真聯合一起，假和美而變爲惡，則已不是美。藝術之美，所以態度爲惡，因爲人有私慾，私慾尋求軀體的刺激，泛濫到倫理規律以外，而演變爲罪惡，美學上與研究美和倫理的關係，有的人說藝術自身和倫理無實，美並不受倫理的約束。例如人體之美，不能因爲裸露而被排斥，中國歷代則有「文以載道」的主張，大家也知道誨淫誨盜的小說爲不良讀物。藝術本身若要成爲美，須要本體的美，即本體的充實，又須要有倫理之善，因爲藝術是人的作品，供人的欣賞，和人生相連。和人生相連的工作和作品，不能不受倫理規律的約束，否則，不是人的藝術了。

藝術之美，常常可以結合一起，成爲人最好的消遣品，青年，成年，老年人，都可以在閑暇時，從事藝術工作，書畫琴棋，可以陶冶性情；陶磁，雕刻，珐瑯也可似悅情適應。藝術較比運動，更能提高人的精神，使人的生活不爲物質所埋沒；而且又能滿足人的創作慾；當自己看到自己滿意的作品時，心靈必然感到快樂。中國古代的文人騷客，在辦公的餘暇，常遊山玩水，臨觴賦詩。今天的社會則在週末假日，大家往山上和海邊；但是欣賞自然美的興趣，已被求肉體之樂所掩蓋，沙灘和露營，爆露肉體，充滿俗氣，已不便於求精神的舒適了。

三、學術

學術，爲人理智的活動。按西洋哲學所說：「人爲理性動物」，學術就能表現人之所以爲人，也就作爲人的代表。這也就是西洋人注重學術，發揚了各種科學，中國哲學以人爲倫理之人，人的活動爲意志活動，代表人的不是學術而是倫理的善，然而中國哲學所講的倫理的善，包括有理智的知，因爲要知天理才能行善。儒家所以主張修身的第一步爲「致知格物」，也又主張「尊德性而道向學」。但是到了今天，中華民國和大陸已經掀起追求精密科技的熱潮，大家以求學術知識爲人生大事。

學術，無論人文科學或自然科學，常以認識對象爲目的。學術的認知，不是感覺的認知，是理智的認知。理智進入所要認識的對象以內，加以分析，以得到一種系統的知識。在教育不普及的時代，學術祇是少數幸運者的所有物。普通一般人被拒在學術的門外，連表達自己內心的文字都不認識，作爲文盲，怎麼可以登學術的大門？歷代少數的學者，登堂入室，研究學術，留下了自己的學術思想。

在古代學術還沒有分門分類時，學術都包括在哲學以內，後來自然科學和人文科學發達了，學術的名目就多了。各科的學術，各有自己的對象。研究越深，所研究的對象越狹，學術的分類越細，結果，各科學術自成一體，不互通聲氣，研究的學者成了這門學術的守家，對於其他學術盲然不知。可是，人的生命和別的生命互相連繫，別的生命又互相連繫；因此各科的學術所研究的對象彼此間必定有連繫，不知道這些連繫，各科學術的知識便不成全，而且一個人的生活不能被限制在研究一門科學以內，人的生活以宇宙爲範圍，並且要超出宇宙以上。因此，研究學術的人，對於學術應有通識，對於人生更要有切身的體驗。所以，我們大學開有通識課程，又開有人生哲學。

在現在教育普及的時代，學術的研究已不是少數人的專有品。學術的門敞開著，大家都可以進去。但是每個人的個性和生活的環境，並不讓人人都去研究學術，何況社會的生活千花百門，須要多方面的工作者，假使人人都從事學術研究工作，社會便要僵化了！

研究學術，爲一種艱辛的工作，需要理智力高，意志力活，有耐心；但也是一種充滿心靈快樂的工作。發揚人的最高能力，即理智能力，使人進入物體結構的堂奧，窺看造物主的奧妙，人心必能得到滿足。黑格爾曾以思想是異化自我的意識，研究學術是自我意識化的一個異我，即非我，「這個自我意識把它自己的人格化出來，從而把它的世界創造出來，並且把先創造的世界當作一個異己的世界看待，因而，它現在必須去加以佔有。」㈦我不主張研究學術是理智創造異我世界，但確實人的思想對一對象構成系統知識時，他創造了自己思想的世界，給所研究的對象，給予新的意義，爲一種精神的創造。

黑格爾曾以藝術、哲學、宗教三者，爲宇宙精神的自覺，從而回到絕對的精神，「藝術從事於真實的事物，即意識的絕對對象，所以它也屬於心靈的絕對領域，因此它在內容上和專門意義的宗教以及和哲學都處在同一基礎上。……除掉內容上的這種類似，絕對心靈的這三個領域的分別只能從它們使對象，即絕對，呈現於意識的形式上見出。」㈧

藝術和學術，尤其是哲學，使人的心靈歸向美和真，不僅開擴了心靈的視線，又使心靈嚮往無限的美和絕對的真，人的精神因而常向前，向上。

哲學在學術中，常受人的輕視，因爲似乎是玄談，沒有著實的基礎。實際上，哲學追求事物的最高理由，基礎就是實際的事物，所研究的最高理由，也就是在事物之內，若憑空而談哲理，在哲學中也免不了，則已不是哲學。

哲學研究事物的最高理由，使人對於事物能夠深明事理，瞭解事物的本性，科學對於實際的事物，以實驗或實證作證明，加以分析，予以剖解，事物的真相必能大明。然而科學祇能講事物的「實然」，即實際如此，但不能講事物之所以然最後理由，這就靠哲學去研究。哲學還不能達到的地方，則須靠宗教。

哲學使研究學術的人對各種學術，知道連繫；因爲事物的最高理由，常相類似，而且有許多點相同。人文科學的歷史哲學，法律哲學，社會哲學，有許多相同點；自然科學的物理哲學，生物哲學，以及天文地質哲學，又有許多相同或類似點，研究過哲學的人，對於這些科學的哲學，便能研究學術互相連繫的理由。

哲學更能使人了解人生，建立正確的人生觀。中國歷代的學者，都是具有哲學知識的思想家。他們從事經史子集的研究，從事書畫詩詞的創作，常由人生出發，然後又歸到人生。求學爲求爲聖人，求知爲求知天理。孔子說：

「君子謀道不謀食。」（衛靈公）

孔子以人生之道，爲一切學術的中心，人爲學所求的就在知人生之道，人一生所做的，也在實行人生之道。目前，在學術界的危機，在於學術研究，過於專門化，學術的分類，愈來愈精細，研究學術的人，也愈來愈專心自己所研究的學術，因此造成了許多專家，他們祇知道自己的研究知識，對別門學術沒有知識，對於人生多茫然不知。整個社會在生活的運作上，產生怪異的現象。宇宙間的萬物，沒有一件是孤立，尤其人類的生活，不能孤立，學術的研究一定應該有共識；而且也不能脫離現實的人生，否則爲人生所造成的結果，不是益處，而是傷害。

四、宗教

先總統　蔣公說：

「現代心理學家也嘗試以科學方法來治療人類的精神病，如果是神經系統有了病，在醫學上並不是沒有治療的方法，但是要使一個人收拾其破碎的心理，養成其完整的人格，科學還是無能為力的，惟有宗教信仰和人生哲學的基本思想，纔是人格的內在安定力。」(九)

但是在社會上最受人冷視的，卻是宗教；他們認爲宗教近於迷信，或者根本就是迷信，和科學相反。他們認爲宗教爲建立倫理生活，中國則以孔子的哲學建立了倫常之道，中國人不必信宗教。

宗教是什麼？中國和歐美的看法不同，中國人肯定宗教爲人和神靈的關係，這種關係由對神的敬禮而表現，宗教便是對神的敬禮。敬禮爲求福免禍，所求神靈越多，越多得助佑。中國人所以敬拜佛教的菩薩，道教的神靈，儒家傳統的關公，不問各教的教義。歐美的宗教觀念，以宗教爲對神的信仰，以信仰建立人生，人生的一切都以宗教信仰爲基本，以宗教誡律爲倫理規則。一個人祇能信一種宗教。

哲學研究事物的最高理由，對於宇宙萬物的源起，祇能說應有一個源起，源起應該是絕對的自有體。其他的道理，哲學就不知道了。宇宙源起是誰，人和源起的關係若何，哲學也不能講述。哲學既不能講，祇有由宗教信仰來講。中國的宗教觀既然和西洋的宗教觀不同，道教便不講宇宙和萬物的起源，也不講人生的歸宿。佛教由印度而來，帶有印度的思想色彩，以宇宙起於緣會，一切歸於空。中國佛教的天台宗和華嚴宗以及禪宗，仿道家的思想，以一絕對的真如，作爲宇宙萬物的緣起。至於中國最古流傳的宗教信仰，則以上天爲造物者，皇帝代表人民祭祀上天。

宇宙萬物由造物主所造，造物主應爲一自有的絕對實體，自有一切，純淨精神。造物主創造萬物用祂創造的德能，不由本體而自化，祂所以超越宇宙。

造物主上天創造宇宙事物，製定萬物變化的原則；人爲萬物之靈，受上天所造，懷有上天的規則，生活必定要有倫理。人來自造物主，受得精神的心靈，能知能主宰。人的心靈又分有造物主的美和善，乃傾向美和善。人能知，從萬物中求知識；人傾向美善，從造物中求美善；然而造物所有的知識和美善；然而造物所有的知識和美善的對象，都是有限的，不能滿足人心的追求，人乃傾向無限的絕對真美善。

宗教信仰指示人生命的來源，也指示人生命的歸宿。人來自絕對真美善的造物主，人要歸到絕對的真美善。人因來自絕對的真美善，人心天生有對真美善的渴望。人在一生的生活裏所追求的，無論是物質的金錢，名，色，或是精神的藝術美和學術智識，都是因著對於真美善的渴望而去追求，從外面看來，許多次和真美善沒有關係，但實際上都是人自己認爲所追求的真美善。人若沒有達到真美善，人心從不會止，便不會安。宗教信仰指示給人，在現生以後必有來生，在來生人的心靈可以面對絕對的真美善，心靈便能安定，且永久幸福。

在現世的生活裏，人心已經奔向絕對的真美善。中國儒家雖然不是宗教信仰，然因講人生之道，乃講天人合一。天地以生物爲心，人得天地之心爲心，人心以仁而愛萬物，「與天地合其德」(易經 乾卦 文言曰) 人的精神提昇到萬物以上，和天地相當，便「與日合其明，與鬼神合其吉凶。」（同上）人心有「浩然之氣」，「萬物皆備於我」（孟子　盡心上）然而人心尚留在天地以內，儒家哲學不能使人升到宇宙以外，或宇宙以上。

道家的莊子，主張人摒棄形骸，精神遊於宇宙，和大氣相合，冥合於「道」，乃能長存不死，成爲眞人。然而道家哲學既不以道爲造物主，又不是神靈。莊子的眞人祇是寓言中的假設，不能成爲現實。

佛教禪宗教人頓悟，立地成佛。假我和眞我「眞如」相融。眞如爲絕對實體，人和眞如相融合，入於絕對實體以內，乃有「常樂我淨」。頓悟使人得道，解除人世的一切；但在頓悟以前，人必須已經絕慾，度出世生活。佛教的人生觀，乃是出世人生觀。

天主教的信仰，啓示造物主的仁愛，造物主天主因愛而造萬物，因愛而救人。人心和天主的愛相連，人的生活應是愛的生活，上愛天主，下愛世人。宇宙萬物既係天主所造，帶有天主的眞美善之標記，帶有天主的愛。人心對著萬物，求知，求美，求善。由萬物的小小眞美善，人心漸漸舉起，超越物質，在物質的生活中，心靈常在精神界活動。宗教信仰表現成宗教禮儀，宗教禮儀引人心和造物主天主相接，由天主的愛中觀察事物，瞭解世物的意義，無非表達造物主的愛。痛苦的乃是愛的表達方式，天主以痛苦洗淨人心的貪慾，淨化人的思慮。

先總統　蔣公曾說：

「余信奉耶穌將近十年，讀經修道，靡日或間，客歲西安事變，事起倉卒子然一身，被困於叛部者二週，嘗向監視者索讀聖經，益覺親切有味，而救主耶穌博愛精神之偉大，更使我提高精神，以與惡勢力相搏擊，卒能克服仇魔，伸張正義」。(十)

蔣夫人宋美齡女士在民六四年向輔仁大學應屆畢業同學訓詞曾說：

「我們人靈的天性受上帝的靈性，這個靈性，就是仁愛的精神，這個仁愛就是宇宙眞理的所在，也就是我們人類生命意義的所在。……若是我們每一個人恢復了這天性，以仁愛的靈性，充實了我們今日內心的空虛，建立了我們對上帝的信仰，那就是重新得了生命，也就能充實我們一切的生活。」(土)

「很多人都頌揚　總統之豐功偉業，這固然是　總統應得的讚仰。可是我認為　總統最大的成就，還是　總統追慕基督耶穌大仁大慈的修養。」

吳經熊先生所著的《蔣總統的精神生活》一書中，最後作結論說：「現在我們可以作一個結論。蔣公一方面是位標準儒者，一方面又是位模範基督教友。在他身上，宗教與倫理通過碧血丹忱的實踐和切身體驗，融爲一爐，打成一片，自然而然地演成一個活的綜合。這一活綜合不但是匯集了中華文化的大成，而且構成了中西文化的交融。」㈩

宗教信仰提昇人的生活，使人在現世的複雜和矛盾的世物中，而且還在污染人心的罪惡社會裏，心靈可以飛揚在罪惡和世物以上，積極發揮仁愛，爲人類服務。《中庸》讚揚這種發揚天性的至誠之人：「肫肫其仁，淵淵其淵，浩浩其天。苟不固聰明聖知達天德者，其孰能知之。」

民七三年十月七日玫瑰聖母節脫稿　此書謹獻於玄義玫瑰

註：

㈠　蔣總統言論彙編　第三冊專著　民生主義育樂兩篇補述　第三章　第一節　正中書局。

㈡　同上。㈢　同上　第四節。

㈣　同上，第一節。

㈤　同上，第四節。

㈥　同上，第五節。

㈦　黑格爾　精神現象學下卷　頁四六　賀自昭譯　仰哲出版社　民七十一年。

(八) 黑格爾 美國(一)。朱孟實譯。頁一三八 里仁書局民七十年。

(九) 蔣總統 言論彙編 第三冊專著 第三節。

(十) 蔣總統 民國二十六年耶穌受難節證道詞 國父蔣總統及夫人宗教言論輯要 劉耀中輯 中央文物供應社。

(土) 蔣總統 民國四十七年耶穌受難節證道詞 同上。

(圭) 吳經熊 蔣總統的精神生活 頁二四四 華欣:文化中心 民六五年。